# ESTUDOS JURÍDICOS

CONTRACORRENTE

**GERALDO PRADO**

# ESTUDOS JURÍDICOS

São Paulo

2018

CONTRACORRENTE

**Copyright © EDITORA CONTRACORRENTE**

Rua Dr. Cândido Espinheira, 560 | 3º andar
São Paulo – SP – Brasil | CEP 05004 000
www.editoracontracorrente.com.br
contato@editoracontracorrente.com.br

**Editores**

Camila Almeida Janela Valim
Gustavo Marinho de Carvalho
Rafael Valim

**Conselho Editorial**

Alysson Leandro Mascaro
*(Universidade de São Paulo – SP)*

Augusto Neves Dal Pozzo
*(Pontifícia Universidade Católica de São Paulo – PUC/SP)*

Daniel Wunder Hachem
*(Universidade Federal do Paraná – UFPR)*

Emerson Gabardo
*(Universidade Federal do Paraná – UFPR)*

Gilberto Bercovici
*(Universidade de São Paulo – USP)*

Heleno Taveira Torres
*(Universidade de São Paulo – USP)*

Jaime Rodríguez-Arana Muñoz
*(Universidade de La Coruña – Espanha)*

Pablo Ángel Gutiérrez Colantuono
*(Universidade Nacional de Comahue – Argentina)*

Pedro Serrano
*(Pontifícia Universidade Católica de São Paulo – PUC/SP)*

Silvio Luís Ferreira da Rocha
*(Pontifícia Universidade Católica de São Paulo – PUC/SP)*

**Equipe editorial**

Carolina Ressurreição (revisão)
Denise Dearo (design gráfico)
Mariela Santos Valim (capa)

**Dados Internacionais de Catalogação na Publicação (CIP)**
**(Ficha Catalográfica elaborada pela Editora Contracorrente)**

---

P896     PRADO, Geraldo.

Estudos Jurídicos | Geraldo Prado – São Paulo: Editora Contracorrente, 2018.

ISBN: 978-85-69220-45-9

Inclui bibliografia

1. Direito processual penal. 2. Direitos fundamentais. 3. Devido processo legal.
I. Título.

CDU: 343.1

---

Impresso no Brasil
*Printed in Brazil*

*Para Léo, Malu, Felipe, Gabriela e Gi*: meus amores

# SUMÁRIO

APRESENTAÇÃO ............................................................. 9

1. OPERAÇÃO LAVA JATO E O DEVIDO PROCESSO LEGAL: PARECER JURÍDICO AO TRIBUNAL EUROPEU DE DIREITOS HUMANOS ............................................. 11

2. CONFISCO ALARGADO ............................................ 93

3. A SEGURANÇA JURÍDICA E A DEFESA DA LIBERDADE COMO DOIS VETORES ORIENTADOS À PRESERVAÇÃO DA DIGNIDADE DA PESSOA HUMANA .................................. 125

4. A SEGURANÇA JURÍDICA E O ACORDO DE COLABORAÇÃO PREMIADA .................................... 139

5. INFILTRAÇÃO POLICIAL E INSTIGAÇÃO EM CADEIA: TENSÃO NO ÂMBITO DA LEGALIDADE PROCESSUAL PENAL: NOTAS AO DIREITO BRASILEIRO ............................ 171

6. AÇÕES NEUTRAS E A INCRIMINAÇÃO DA ADVOCACIA .... 241

7. O ÓDIO IRRACIONAL ÀS GARANTIAS DO PROCESSO, O JULGAMENTO DE SALEM E OS FAMILIARES NA "SANTA INQUISIÇÃO NAS MINAS" .......................................... 249

# APRESENTAÇÃO

Minhas primeiras palavras são de agradecimento ao amigo e professor Rafael Valim pela iniciativa da edição destes estudos jurídicos que foram produzidos em um contexto muito específico da história brasileira contemporânea.

Os textos em sua maioria são fruto de consultas concretas que ensejaram a emissão de pareceres, salvo por "O ódio irracional às garantias do processo" e "Ações neutras e a incriminação da advocacia". "O ódio irracional às garantias do processo" inaugurou a coluna *Justiça e Liberdade*, publicada no ano passado no sítio eletrônico Justificando-Carta Capital. Neste caso sou grato a Salah Khaled Jr. e Brenno Tardelli pela experiência enriquecedora da convivência com pessoas muito cultas e sensíveis, como sou grato à Aline Gostinski pela publicação, originalmente no sítio da Empório do Direito, da primeira versão do artigo "Ações neutras e a incriminação da advocacia".

Como sublinhado, os pareceres e artigos eleitos filiam-se a uma conjuntura específica: no contexto do necessário controle que as autoridades públicas brasileiras pretenderam impor às práticas promíscuas entre mercados e governos, com ênfase à investigação dos crimes de corrupção, o Direito Processual se viu às voltas com antigo dilema: como levar adiante a imprescindível reprovação de comportamentos delituosos que por sua magnitude representam atentado à democracia sem abdicar das garantias do processo essenciais ao Estado de Direito.

9

Em muitos casos as autoridades brasileiras – particularmente a Polícia e o Ministério Público Federal – foram bem-sucedidos na empresa de investigar crimes de mercado e crimes de Estado, valendo-se de recursos de inteligência como os que resultam dos acordos de cooperação penal internacional.

A conjuntura política sugere, todavia, que a sedução que a mentalidade inquisitória inspira em determinados setores da nossa sociedade terminou por conduzir muitas das iniciativas de controle da corrupção ao perigoso caminho das derivas autoritárias, interferindo no próprio processo de legitimação do exercício do poder.

Ainda é cedo para avaliar as consequências dessa guinada autoritária. Mas não é tarde para, conhecendo-lhe as históricas consequências danosas à liberdade e a democracia, contrapor a resistência democrática à tendência autoritária. Um dos pareceres foi endereçado ao Tribunal Europeu de Direitos Humanos e entre outros assuntos descortina a realidade dramática das prisões brasileiras ao tempo em que aponta para o que é quase um consenso na nossa doutrina do processo penal: como um juízo criminal federal de primeira instância foi definido ignorando-se solenemente as regras de fixação da competência. A conclusão sobre as razões para isso, nos termos postos no estudo, é de minha inteira responsabilidade.

Os estudos aqui reunidos são exemplos tímidos dessa resistência, mas buscam ser uma contribuição a ela. Por isso o propósito de compartilhar com o leitor a minha experiência do tempo presente.

Não há verdades absolutas e as conclusões apresentadas sujeitam-se às críticas, que serão muito bem-vindas.

# *OPERAÇÃO LAVA JATO* E O DEVIDO PROCESSO LEGAL:
## PARECER JURÍDICO AO TRIBUNAL EUROPEU DE DIREITOS HUMANOS[1]

## 1. A Consulta

Consulta-me R. S. F. J., por seus advogados, sobre questões atinentes ao regime jurídico-penal que de modo específico relaciona-se ao tratamento dado ao conjunto de processos criminais reunidos no Brasil sob a denominação genérica de *Operação Lava Jato*.

Esclarece o Consulente que em um destes processos, precisamente o que tramita no Juízo da 13ª Vara Federal de Curitiba, Estado do Paraná (n. 5039475-50.2015.4.04.7000), formulou-se acusação em seu desfavor.

O Consulente é cidadão português, residente em Lisboa, e por essa razão a República Federativa do Brasil formulou pedido de extradição à República Portuguesa, ensejando a instauração de processo de extradição autuado sob o n. 483/16.7YRLSB.

---

[1] Parecer apresentado ao Tribunal Europeu de Direitos Humanos no âmbito da Medida Cautelar no Processo n. 12.836/18. Requerente: R. S. F. J. Estado contra o qual a queixa se dirige: Portugal.

GERALDO PRADO

Em oposição ao pleito de extradição, o Consulente objetou, entre outros fundamentos, que no contexto midiatizado dos maxiprocessos da *Operação Lava Jato* violam-se sistematicamente regras convencionais de garantia do processo equitativo. Acrescentou, com base em inequívocas decisões dos próprios tribunais brasileiros, que ademais do desrespeito sistemático às normas jurídicas pertinentes ao devido processo legal, também de maneira ordinária as práticas da execução penal conflitam com os mandamentos mais elementares de preservação da dignidade da pessoa humana.

Como ressaltado pelo Consulente, "no interesse de evitar a sujeição a (e a legitimação de) práticas judiciais em desacordo às mais elementares prescrições dos Tratados de Direitos Humanos e das decisões dos Tribunais de Direitos Humanos", aquele pretende a tutela do Tribunal Europeu de Direitos Humanos (TEDH).

Neste sentido formula a presente Consulta, que tem por objeto as seguintes indagações:

1. No contexto dos processos criminais que caracterizam a *Operação Lava Jato* os direitos e garantias previstos em tratados e convenções internacionais sobre direitos humanos são ordinariamente respeitados?

2. No Brasil, no âmbito da execução das penas privativas de liberdade, são observadas as prescrições dos Tratados de Direitos Humanos e das decisões dos Tribunais de Direitos Humanos?

O estudo está estruturado da seguinte forma: o capítulo 2 aborda de maneira resumida a trajetória do Direito Processual brasileiro a partir da edição do Código de Processo Penal de 1941, no auge da Ditadura Vargas, demarcando os pontos dentro do sistema penal que permaneceram impermeáveis ao mais recente processo político de redemocratização, iniciado em 1985. No âmbito dessa abordagem ressaltam-se, entre as permanências autoritárias, o subsistema de responsabilização criminal pela prática em tese de crimes de mercado e crimes de Estado e, de modo bastante específico, o papel que desempenham a *Operação Lava Jato* e o juiz Sérgio Fernando Moro; o capítulo 3, mais sucinto, tratará da

12

# OPERAÇÃO *LAVA JATO* E O DEVIDO PROCESSO LEGAL: PARECER...

persistência das violações sistemáticas aos direitos humanos no campo da execução penal.

Por derradeiro, anota-se que no Brasil imputa-se a R. S. F. J. a prática dos crimes definidos no artigo 317,[2] combinado com artigo 327,[3] ambos do Código Penal Brasileiro (corrupção passiva), artigo 1º da Lei n. 9.613, de 3 de março de 1998[4] (crime de lavagem de dinheiro e ativos de procedência ilícita) e artigo 2º, §4º, incisos II, III, IV e V, da Lei n. 12.850, de 02 de agosto de 2013[5] (crime de promover ou integrar organização criminosa).

---

[2] Corrupção passiva

Art. 317. Solicitar ou receber, para si ou para outrem, direta ou indiretamente, ainda que fora da função ou antes de assumi-la, mas em razão dela, vantagem indevida, ou aceitar promessa de tal vantagem:

Pena – reclusão, de 2 (dois) a 12 (doze) anos, e multa. (Redação dada pela Lei n. 10.763, de 12.11.2003)

[3] Art. 327. Considera-se funcionário público, para os efeitos penais, quem, embora transitoriamente ou sem remuneração, exerce cargo, emprego ou função pública.

§ 1º – Equipara-se a funcionário público quem exerce cargo, emprego ou função em entidade paraestatal, e quem trabalha para empresa prestadora de serviço contratada ou conveniada para a execução de atividade típica da Administração Pública. (Incluído pela Lei n. 9.983, de 2000)

§ 2º – A pena será aumentada da terça parte quando os autores dos crimes previstos neste Capítulo forem ocupantes de cargos em comissão ou de função de direção ou assessoramento de órgão da administração direta, sociedade de economia mista, empresa pública ou fundação instituída pelo poder público. (Incluído pela Lei n. 6.799, de 1980)

[4] Art. 1º Ocultar ou dissimular a natureza, origem, localização, disposição, movimentação ou propriedade de bens, direitos ou valores provenientes, direta ou indiretamente, de infração penal. (Redação dada pela Lei n. 12.683, de 2012)

Pena: reclusão, de 3 (três) a 10 (dez) anos, e multa. (Redação dada pela Lei n. 12.683, de 2012).

[5] Art. 2º Promover, constituir, financiar ou integrar, pessoalmente ou por interposta pessoa, organização criminosa:

Pena – reclusão, de 3 (três) a 8 (oito) anos, e multa, sem prejuízo das penas correspondentes às demais infrações penais praticadas.

[...]

§ 4º A pena é aumentada de 1/6 (um sexto) a 2/3 (dois terços):

[...]

II – se há concurso de funcionário público, valendo-se a organização criminosa dessa condição para a prática de infração penal;

GERALDO PRADO

## 2. As persistências autoritárias no processo penal brasileiro pós-Constituição de 1988: as forças reativas e a violação sistemática das garantias do processo no âmbito da *Operação Lava Jato*

### 2.1. *Processo Penal Brasileiro: uma história de autoritarismos e de lampejos de respeito aos direitos e garantias*

2.1.1. Para os fins do presente estudo o marco temporal de análise do processo penal brasileiro é fixado pela data de entrada em vigor do atual Código de Processo Penal (CPP): 03 de outubro de 1941.

Em 1822 o Brasil declara sua independência de Portugal, mas permanece adotando as leis portuguesas do processo até a entrada em vigor do Código de Processo Criminal do Império (1832). Na época vigia a unidade da legislação processual, aplicada com base no mencionado Código em todo o território nacional.

Após a proclamação da república (1889) e com a eleição de um sistema federalista temperado, que levou à conversão das antigas Províncias do Império em novos Estados da Federação, a Constituição da República (1891) possibilitou aos Estados a edição de códigos processuais locais, vigorando, no entanto, em todo território nacional, o Código Penal de 1890, diploma que também contemplava regras de base do processo penal.[6]

---

III – se o produto ou proveito da infração penal destinar-se, no todo ou em parte, ao exterior;

IV – se a organização criminosa mantém conexão com outras organizações criminosas independentes;

V – se as circunstâncias do fato evidenciarem a transnacionalidade da organização.

[6] BUENO, José Antonio Pimenta. *Apontamentos sobre o processo criminal brasileiro.* 2ª ed. Rio de Janeiro: Empreza Nacional do Diário, 1857. CUNHA, Joaquim Bernardes da. *Primeiras linhas sobre o processo criminal de primeira instância.* Tomo I. Rio de Janeiro: Eduardo e Henrique Laemmert, 1863. FILGUEIRAS Jr., Araujo. *Código criminal do império do Brazil.* 2ª ed. Rio de Janeiro: Eduardo e Henrique Laemmert, 1876. ALMEIDA JUNIOR, João Mendes de. *Direito judiciário brasileiro.* 5ª ed. Rio de Janeiro: Freitas Bastos, 1960. CRUZ, Manoel Martins da Costa. *Curso elementar de pratica do processo criminal.* Revisto por Paulo M. de Lacerda. 2ª ed. Rio de Janeiro: Jacinto Ribeiro dos Santos, 1930. PIERANGELLI, José

## OPERAÇÃO *LAVA JATO* E O DEVIDO PROCESSO LEGAL: PARECER...

O modelo político oligárquico dominante pós-proclamação da república concentrou nas elites rurais de São Paulo e Minas Gerais o exercício do poder político em âmbito nacional, revezando-se seus representantes no exercício da Presidência da República.

Em 1930, parte das elites civis e militares insatisfeitas com o domínio de São Paulo e Minas Gerais romperam com o governo central e levaram ao poder o candidato derrotado nas eleições à Presidência da República, Getúlio Dornelles Vargas, com a promessa de efetiva democratização do país.

Malgrado promulgada Constituição que se orientava aos propósitos da democratização (1934), fato é que em 1937 Getúlio Vargas lidera golpe de estado de nítida feição autoritária e inaugura o período que veio a ser conhecido como "Estado Novo" ou, com mais justiça histórica, "Ditadura Vargas" (1937-1945).[7]

É deste tempo e com claro propósito de servir à perseguição dos opositores à ditadura, fechado o Congresso Nacional, que Getúlio Vargas outorga o Código de Processo Penal em outubro de 1941, editando diploma que valerá para todas as causas processuais penais e com isso revogando o modelo de códigos de processo estaduais.

O mentor intelectual desse programa, o Ministro da Justiça e Negócios Interiores, Francisco Campos, notabilizou-se como o mais influente intelectual brasileiro do pensamento autoritário e sua derradeira atuação política será marcada pela redação do texto do primeiro Ato Institucional da ditadura empresarial militar que se instalou no país em 1964.[8]

---

Henrique. *Processo penal*: evolução histórica e fontes legislativas. Bauru: Jalovi, 1983.

[7] SKIDMORE, Thomas E. "Capítulo 1: A Era de Vargas". *In:* SKIDMORE, Thomas E. *Brasil:* de Getúlio Vargas a Castelo Branco (1930-1964). 12ª ed. Rio de Janeiro: Paz e Terra, 1982, pp. 21-71.

[8] CAMPOS, Francisco. *Discursos parlamentares*. Rio de Janeiro/Brasília: Câmara dos Deputados/José Olympio, 1979. CAMPOS, Francisco. *O Estado Nacional*. Brasília: Senado Federal, 2001. MALAN, Diogo. "Ideologia política de Francisco Campos: influência na legislação processual penal brasileira (1937-1941)". *In:* PRADO, Geraldo;

# GERALDO PRADO

2.1.2. A exposição de motivos do Código de Processo Penal, redigida por Francisco Campos, muito claramente define os marcos autoritários do processo criminal que se consagrou desde aquela época: concentração de poderes de investigação, instrução e decisão em mãos do juiz criminal, que os exercia podendo manejar de modo quase incontrolável medidas de coerção que na prática invertiam o ônus da prova e estabeleciam um tipo de presunção geral *contra reum*.

É certo que o Código sofreu significativas alterações desde o início de sua aplicação. O significado jurídico dessas modificações legais não é coerente ou unívoco e isso é compreensível à luz da própria história brasileira recente, com as nuances da ditadura brasileira, competição entre forças políticas e especificidades de nosso processo político de transição que refletiram, às vezes de modo paradoxal, na produção das normas jurídicas do processo penal.

Adverte-se, todavia, que o eixo estruturante do processo não deixou de ser autoritário, embora às vezes matizado, e que a melhor doutrina jurídica tende a compreender essas permanências autoritárias como resultado de uma mitologia que predomina nesse âmbito e que mantém o juiz criminal convencido, em sua maioria, de que tem por função realizar a "segurança pública" e "assegurar a paz social", punindo exemplarmente os criminosos.

O mito autoritário do processo penal inverterá ideologicamente a secular crítica da criminologia latino-americana, de que a Justiça Criminal persegue de modo preferencial os pobres negros das periferias das grandes cidades, e conectada às classes médias pelo discurso de "combate à corrupção", estará nos alicerces das ações de motivação política que inspiram a atual "Cruzada contra a corrupção", inequivocamente comandada pelo juiz federal Sérgio Fernando Moro, cuja exposição midiática planejada estrategicamente incentivará a constituição de um "gueto" no sistema criminal infenso às garantias do processo previstas na Constituição promulgada em 1988, após o fim da recente ditadura.[9]

---

MALAN, Diogo (coord.). *Autoritarismo e processo penal brasileiro*. Rio de Janeiro: Lumen Juris, 2015, pp. 01–85.

[9] FERNANDES, Fernando Augusto. *Voz humana*: a defesa perante os tribunais da

## OPERAÇÃO LAVA JATO E O DEVIDO PROCESSO LEGAL: PARECER...

No lugar de ampliar o respeito às garantias do processo, o discurso de "combate à corrupção" reclamará para o processo penal contra as pessoas hipoteticamente poderosas a incidência de práticas de exceção às regras previstas na Constituição da República e em tratados internacionais de direitos humanos. A "exceção", como será visto, é advogada às escâncaras por determinados juízes e tribunais, recorrendo-se articuladamente ao apoio da comunicação social.[10]

2.1.3. A percepção da estratégia bem-sucedida de instituição de um "território jurídico de exceção" no âmbito do processo penal brasileiro demanda que seja delineado o contexto da citada disputa de natureza política e jurídica, contexto que é constituído por um conjunto de circunstâncias peculiares aos tempos inaugurados com o fim da Guerra Fria.

Em primeiro lugar, naturalmente, salienta-se a promulgação da Constituição da República Federativa do Brasil, em 05 de outubro de 1988, com suas posteriores emendas. Com efeito, o projeto constitucional de transição para a democracia buscou amparar-se no fortalecimento do patrimônio de direitos e garantias individuais, direitos e garantias que as ditaduras brasileiras do Século XX haviam sacrificado de modo legal e sistemático.

A consecução desse projeto dependia do reconhecimento da eficácia normativa das regras constitucionais, de uma efetiva fiscalização de constitucionalidade de leis e atos normativos, expurgando-se os anteriores identificados em desarmonia com a ordem democrática, e pela assunção da parte dos juízes criminais, de sua função de garantidores da legalidade penal e processual penal.[11]

---

República. Rio de Janeiro: Revan, 2004. FRAGOSO, Cristiano Falk. *Autoritarismo e sistema penal*. Rio de Janeiro: Lumen Juris, 2015. PEDROSO, Regia Célia. *Estado autoritário e ideologia policial*. São Paulo: Humanitas/Fapesp, 2005. CASARA, Rubens R. R. *Mitologia processual penal*. São Paulo: Saraiva, 2015.

[10] Ilustrativo da configuração midiática do juiz-herói na luta contra a corrupção: INSTITUTO BRASILEIRO DE CULTURA. "Sérgio Moro: o herói do Brasil. Dossiê da *Operação Lava Jato*. Histórico das operações mãos limpas e Watergate". *In: Guia Conhecer Fantástico Atualidades*. São Paulo: On line e Política on line, ano 1, n. 1, 2016.

[11] Art. 5º CF. Todos são iguais perante a lei, sem distinção de qualquer natureza, garantindo-se aos brasileiros e aos estrangeiros residentes no País a inviolabilidade do

# GERALDO PRADO

Para atender a este ambicioso propósito, a Constituição estipulou um conjunto de ferramentas conceituais e jurídicas que, vistas elas em perspectiva geral e em tese, abrigando distintas tradições de controle de constitucionalidade, são motivo de orgulho da doutrina constitucional brasileira.[12]

Também observando o desiderato de fazer o Brasil ingressar, na prática, no coletivo dos povos de tradição democrática, a Constituição de 1988 separou escrupulosamente as tarefas de e na persecução criminal, a cargo da autoridade policial, Ministério Público, defesa e juiz.[13]

---

direito à vida, à liberdade, à igualdade, à segurança e à propriedade, nos termos seguintes: [...]

§ 1º As normas definidoras dos direitos e garantias fundamentais têm aplicação imediata.

§ 2º Os direitos e garantias expressos nesta Constituição não excluem outros decorrentes do regime e dos princípios por ela adotados, ou dos tratados internacionais em que a República Federativa do Brasil seja parte.

§ 3º Os tratados e convenções internacionais sobre direitos humanos que forem aprovados, em cada Casa do Congresso Nacional, em dois turnos, por três quintos dos votos dos respectivos membros, serão equivalentes às emendas constitucionais. (Incluído pela Emenda Constitucional n. 45, de 2004)

§ 4º O Brasil se submete à jurisdição de Tribunal Penal Internacional a cuja criação tenha manifestado adesão. (Incluído pela Emenda Constitucional n. 45, de 2004).

[12] Art. 102, CF. Compete ao Supremo Tribunal Federal, precipuamente, a guarda da Constituição, cabendo-lhe:

I – processar e julgar, originariamente:

a) a ação direta de inconstitucionalidade de lei ou ato normativo federal ou estadual e a ação declaratória de constitucionalidade de lei ou ato normativo federal; (Redação dada pela Emenda Constitucional n. 3, de 1993)

[...]

§ 1º A arguição de descumprimento de preceito fundamental, decorrente desta Constituição, será apreciada pelo Supremo Tribunal Federal, na forma da lei. (Transformado do parágrafo único em § 1º pela Emenda Constitucional n. 3, de 17/03/93)

Art. 103, CF. Podem propor a ação direta de inconstitucionalidade e a ação declaratória de constitucionalidade: (Redação dada pela Emenda Constitucional n. 45, de 2004).

[...]

§ 2º Declarada a inconstitucionalidade por omissão de medida para tornar efetiva norma constitucional, será dada ciência ao Poder competente para a adoção das providências necessárias e, em se tratando de órgão administrativo, para fazê-lo em trinta dias.

[13] Art. 5º Todos são iguais perante a lei, sem distinção de qualquer natureza, garantindo-se aos brasileiros e aos estrangeiros residentes no País a inviolabilidade do direito à vida, à liberdade, à igualdade, à segurança e à propriedade, nos termos seguintes:

*OPERAÇÃO LAVA JATO* E O DEVIDO PROCESSO LEGAL: PARECER...

Em geral aceita-se que o estatuto jurídico maior tenha optado por uma estrutura acusatória de processo penal.[14]

Ao menos dois resultados seriam legitimamente esperados e a ausência deles revela parte dos sintomas das permanências autoritárias referidas por Casara e Fragoso: da completa incompatibilidade de propósitos e de narrativas entre um Código de Processo Penal a serviço

---

(...)
LIII – ninguém será processado nem sentenciado senão pela autoridade competente;
(...)
LV – aos litigantes, em processo judicial ou administrativo, e aos acusados em geral são assegurados o contraditório e ampla defesa, com os meios e recursos a ela inerentes;
(...)
Art. 129. São funções institucionais do Ministério Público:
I – promover, privativamente, a ação penal pública, na forma da lei.
(...)
Art. 144. A segurança pública, dever do Estado, direito e responsabilidade de todos, é exercida para a preservação da ordem pública e da incolumidade das pessoas e do patrimônio, através dos seguintes órgãos:
I – polícia federal;
II – polícia rodoviária federal;
III – polícia ferroviária federal;
IV – polícias civis;
V – polícias militares e corpos de bombeiros militares.
§ 1º A polícia federal, instituída por lei como órgão permanente, organizado e mantido pela União e estruturado em carreira, destina-se a: (Redação dada pela Emenda Constitucional n. 19, de 1998)
I – apurar infrações penais contra a ordem política e social ou em detrimento de bens, serviços e interesses da União ou de suas entidades autárquicas e empresas públicas, assim como outras infrações cuja prática tenha repercussão interestadual ou internacional e exija repressão uniforme, segundo se dispuser em lei;
II – prevenir e reprimir o tráfico ilícito de entorpecentes e drogas afins, o contrabando e o descaminho, sem prejuízo da ação fazendária e de outros órgãos públicos nas respectivas áreas de competência;
III – exercer as funções de polícia marítima, aeroportuária e de fronteiras; (Redação dada pela Emenda Constitucional n. 19, de 1998)
IV – exercer, com exclusividade, as funções de polícia judiciária da União.

[14] PRADO, Geraldo. *Sistema acusatório*: a conformidade constitucional das leis processuais penais. 4ª ed. Rio de Janeiro: Lumen Juris, 2006.

# GERALDO PRADO

do controle autoritário da população e as premissas democráticas da nova ordem constitucional, haveria de surgir um ambiente favorável à edição de um novo Código de Processo Penal; e, mais de imediato, caberia ao Supremo Tribunal Federal, que no Brasil exercita funções de Corte Constitucional, proclamar a inconstitucionalidade de uma miríade de regras do Código e de leis esparsas.

Nem uma coisa nem outra.

Comprovando a histórica tese de seu absoluto desligamento do restante da realidade latino-americana, o Brasil não seguiu a tendência da esmagadora maioria das nações do subcontinente que, em maior ou menor velocidade, substituíram obsoletos e autoritários diplomas de regência do processo penal por Códigos conformados às orientações de garantia e eficiência que dimanam do Sistema Regional de Direitos Humanos, particularmente das decisões e atos normativos (Informes) da Corte Interamericana de Direitos Humanos e da Comissão Interamericana de Direitos Humanos.[15]

Na sequência o quadro sinóptico descreve o intenso processo de substituição dos Códigos de Processo Penal herdados das ditaduras no continente e facilita a compreensão desse descompromisso brasileiro com a harmonização da lei reitora do processo penal aos mandamentos oriundos de uma nova temporalidade que respira ares democráticos.

---

[15] A rigor o Brasil deveria ter seguido mesmo caminho porque é signatário do Pacto de São José da Costa Rica e está sujeito à jurisdição da Corte Interamericana de Direitos Humanos: Decreto n. 678, de 06 de novembro de 1992. Promulga a Convenção Americana sobre Direitos Humanos (Pacto de São José da Costa Rica), de 22 de novembro de 1969. Decreto n. 4.463, de novembro de 2002. Promulga a Declaração de Reconhecimento da Competência Obrigatória da Corte Interamericana de Direitos Humanos, sob reserva de reciprocidade, em consonância com o art. 62 da Convenção Americana sobre Direitos Humanos (Pacto de São José), de 22 de novembro de 1969.

# Quadro I

| A REFORMA DO PROCESSO PENAL NA AMÉRICA LATINA NO PERÍODO PÓS-DEMOCRATIZAÇÃO | | |
|---|---|---|
| País/Província[16] | Novos códigos | Ano de publicação |
| Provincia de Córdoba (Argentina) | Código Procesal Penal | 1991 |
| Guatemala | Código Procesal Penal | 1992 |
| Costa Rica | Código Procesal Penal | 1996 |
| El Salvador | Código Procesal Penal | 1996 |
| Venezuela | Código Orgánico Procesal Penal | 1998 |
| Paraguai | Código Procesal Penal | 1998 |
| Província de Buenos Aires (Argentina) | Código Procesal Penal | 1998 |
| Bolivia | Código de Procedimiento Penal | 1999 |
| Honduras | Código Procesal Penal | 1999 |
| Equador | Código Procesal Penal | 1999 |
| Chile | Código Procesal Penal | 2000 |
| República Dominicana | Código Procesal Penal | 2002 |
| Colombia | Código de Procedimiento Penal | 2004 |
| Perú | Código de Procedimiento Penal | 2004 |
| Provincia de Chubut (Argentina) | Código Procesal Penal | 2006 |

---

[16] "El proceso de desarrollo del sistema adversarial en Argentina debe ser observado, al igual que en México, desde la óptica de un país federal, en el que los estados provinciales han conservado la potestad legislativa de dictar su propio ordenamiento procesal. De allí que, para hablar del proceso en Argentina, tengamos que observar los distintos avances en cada uno de los estados provinciales, disímiles entre sí". RÚA, Gonzalo. "Argentina. La Reforma Penal". *In:* SAMIR BENAVIDES, Farid; BINDER, Alberto; VILLADIEGO, Carolina; NIÑO, Catalina (coord). *La reforma a la justicia en América Latina*: las lecciones aprendidas. Bogotá: Friedrich Ebert Stiftung, 2016, pp. 156-158. Disponível em http://library.fes.de/pdf-files/bueros/la-seguridad/12574.pdf. Acesso em 14.12.2017.

# GERALDO PRADO

| A REFORMA DO PROCESSO PENAL NA AMÉRICA LATINA NO PERÍODO PÓS-DEMOCRATIZAÇÃO | | |
|---|---|---|
| México | Código Nacional de Procedimientos Penales | 2014 |
| Provincia de Tucumán (Argentina) | Código Procesal Penal | 2016 |
| Uruguai | Código del Proceso Penal | 2017 |

O jurista chileno Cristián Riego, que integrou a equipe responsável por acompanhar o processo político de implantação de modelos acusatórios de processo penal na América Latina recém democratizada, define com clareza o horizonte das expectativas de mudança. Salienta Riego:

> La justicia en América Latina ha estado sometida en los últimos años a un proceso intenso de transformación institucional y procesal. Quizás si el caso más paradigmático ha sido la reforma procesal penal implementada en la gran mayoría de los países de la región por medio de la cual se sustituyeron diversas formas de sistemas inquisitivos por nuevos modelos de enjuiciamiento acusatorios. Esta reforma significó cambios profundos al diseño procesal (como por ejemplo por medio de la introducción de procesos basados en audiencias orales), pero también reformas institucionales como la creación de nuevas agencias estatales en el sector (como por ejemplo defensorías y ministerios públicos) y transformaciones a nivel de gestión de instituciones ya existentes.[17]

Sem embargo do esforço desenvolvido no restante da América Latina para promover sensível, fundamental e necessária mudança institucional no campo delicado da Justiça Criminal, na prática, no Brasil,

---

[17] "Presentación". *In:* SAMIR BENAVIDES, Farid; BINDER, Alberto; VILLADIEGO, Carolina; NIÑO, Catalina (coord). *La reforma a la justicia en América Latina*: las lecciones aprendidas. Bogotá (Colombia): Friedrich Ebert Stiftung, 2016, pp. 156-158. Disponível em http://library.fes.de/pdf-files/bueros/la-seguridad/12574.pdf. Acesso em 14.12.2017.

[18] "Prefácio". *In:* MORENO HOLMAN, Leonardo. *Teoría del caso*. Buenos Aires: Didot, 2012, p. 17.

a experiência é de que o que se tem reforça o diagnóstico do jurista argentino Alberto Binder: um processo penal inquisitorial reformado.[18]

Esta percepção é fortalecida ao serem lançados os olhos no resultado concreto do controle de constitucionalidade incidente desde 1988 sobre as regras do Código de Processo Penal Brasileiro.

Abaixo (Quadro II) encontram-se noticiadas as ações constitucionais em tramitação no Supremo Tribunal Federal, ações que têm por objeto a declaração de que normas do Código de Processo Penal vigente são incompatíveis com a Constituição de 1988.[19]

Releva notar que basicamente são pouquíssimas hipóteses legais questionadas e, em caso que se tornou internacionalmente conhecido por ter entre as vítimas de abuso o ex-presidente da República Luiz Inácio Lula da Silva, somente em 18 de dezembro de 2017 foi apreciada e deferida, parcialmente, medida cautelar.

A hipótese dessa Ação de Descumprimento de Preceito Fundamental (ADPF) é relevante para a apreciação do Caso de R. S. F. J., porque o emprego abusivo da medida de condução coercitiva inscreveu-se desde o início da *Operação Lava Jato* entre as principais táticas empregadas pelo juiz federal Sergio Fernando Moro para enfraquecer o exercício do direito de defesa dos suspeitos, funcionando como estímulo, ao lado das prisões preventivas decretadas por motivo relacionado ao próprio mérito da responsabilidade criminal, para que suspeitos aceitassem "colaborar" com a produção da prova em seu desfavor.

---

[19] No controle de constitucionalidade via Ação Direta de Inconstitucionalidade (ADI), somente em um caso o Supremo Tribunal Federal declarou a inconstitucionalidade de uma norma do Código de Processo Penal, ocasião em que foi reconhecida a inconstitucionalidade do parágrafo 1º do artigo 84, acrescido pela Lei n. 10.628/2002, e, por arrastamento, da regra final do parágrafo 2º do mesmo artigo, que versavam sobre a competência especial por prerrogativa de função. (Ação Direta de Inconstitucionalidade n. 2797. Tribunal Pleno do Supremo Tribunal Federal. Relator: Ministro Sepúlveda Pertence. Requerente: Associação Nacional dos Membros do Ministério Público – CONAMP. Data de julgamento: 15 de setembro de 2005. Ação Direta de Inconstitucionalidade n. 2.860/DF. Tribunal Pleno do Supremo Tribunal Federal. Relator: Ministro Sepúlveda Pertence. Requerente: Associação dos Magistrados Brasileiros – AMB. Data do julgamento: 15 de setembro de 2005).

# GERALDO PRADO

# Quadro II

| ARGUIÇÕES DE DESCUMPRIMENTO DE PRECEITO FUNDAMENTAL (ADPF) EM FACE DE NORMAS DO CÓDIGO DE PROCESSO PENAL (DECRETO-LEI N. 3.689, DE 3 DE OUTUBRO DE 1941)[20] | | |
| --- | --- | --- |
| **ADPF** | **Pedido** | **Situação** |
| ADPF n. 334/2015 | Não recepção, pela Constituição da República de 1988, do inciso VII do artigo 295 do Código de Processo Penal (Decreto-Lei n. 3.689, de 3 de outubro de 1941). | Aguardando julgamento de mérito. Sem liminar. |

---

[20] "EMENTA: [...] 6. Cabimento de arguição de descumprimento de preceito fundamental para solver controvérsia sobre legitimidade de lei ou ato normativo federal, estadual ou municipal, inclusive anterior à Constituição (norma pré-constitucional). [...] 11. Eventual cogitação sobre a inconstitucionalidade da norma impugnada em face da Constituição anterior, sob cujo império ela foi editada, não constitui óbice ao conhecimento da arguição de descumprimento de preceito fundamental, uma vez que nessa ação o que se persegue é a verificação da compatibilidade, ou não, da norma pré-constitucional com a ordem constitucional superveniente". (Arguição de Descumprimento de Preceito Fundamental n. 33. Supremo Tribunal Federal. Relator: Ministro Gilmar Mendes. Arguente: Governador do Estado do Pará. Julgamento em 07 de dezembro 2005).

# OPERAÇÃO *LAVA JATO* E O DEVIDO PROCESSO LEGAL: PARECER...

| | | |
|---|---|---|
| ADPF n. 395/2016 | Não recepção parcial, pela Constituição da República, do art. 260 do Código de Processo Penal (Decreto-Lei n. 3.689, de 3 de outubro de 1941), na parte em que permite a condução coercitiva do investigado ou do réu para a realização de interrogatório. Busca, também, a declaração da inconstitucionalidade do uso da condução coercitiva como medida cautelar autônoma com a finalidade de obtenção de depoimentos de suspeitos, indiciados ou acusados em qualquer investigação de natureza criminal. Requer medida liminar, para suspender a condução coercitiva de investigados ou réus para interrogatório. | Aguardando julgamento de mérito. Liminar deferida pelo Ministro Gilmar Mendes para vedar a condução coercitiva de investigados para interrogatório. (Medida Cautelar na Arguição de Descumprimento de Preceito Fundamental n. 395. Supremo Tribunal Federal. Relator: Ministro Gilmar Mendes. Requerente: Partido dos Trabalhadores. Data de julgamento: 18 de dezembro de 2017). |
| ADPF n. 444/2017 | Não recepção parcial, pela Constituição da República, do art. 260 do Código de Processo Penal (Decreto-Lei n. 3.689, de 3 de outubro de 1941), na parte em que permite a condução coecitiva do investigado para a realização de interrogatório. Subsidiariamente, busca a declaração da incompatibilidade com a Constituição Federal da interpretação do art. 260, que permite a condução coercitiva para interrogatório em fase de investigação sem intimação prévia e ausência injustificada. | Aguardando julgamento de mérito. Liminar deferida pelo Ministro Gilmar Mendes para vedar a condução coercitiva de investigados para interrogatório. (Medida Cautelar na Arguição de Descumprimento de Preceito Fundamental n. 444. Supremo Tribunal Federal. Relator: Ministro Gilmar Mendes. Requerente: Conselho Federal da Ordem dos Advogados Do Brasil – Cfoab. Data de julgamento: 18 de dezembro de 2017.) |

# GERALDO PRADO

Tive ocasião de definir o modelo brasileiro como "processo penal de aparência acusatória".[21]

Com efeito, pelo menos desde 1988 ao juiz criminal brasileiro é vedado iniciar o processo por meio de acusação dele próprio e desde 2008 ele também está proibido de alterar o conteúdo da acusação sem requerimento prévio do Ministério Público.[22]

Concretamente, no entanto, o juiz criminal segue com poderes de instrução no curso do processo e sem embargo de não estar autorizado a produzir elementos probatórios na investigação preliminar, na prática raramente controla esta etapa, recebendo acriticamente o material colhido pela Polícia, que na maioria dos casos dirige a instrução preliminar.

Assim, por exemplo, no lugar de examinar se estão presentes os critérios que conferem o caráter excepcional a interceptações telefônicas e outros métodos ocultos de obtenção de prova, o juiz tende a ratificar as pretensões deduzidas pela Polícia, inspirando-se em um princípio de confiança irrestrita.

Outro aspecto característico da inquisitorialidade é a preservação de poderes para decretar a prisão preventiva de ofício, durante o processo, e a tendência a sobrevalorizar em juízo os elementos probatórios colhidos na mencionada investigação, etapa de instrução preliminar.

Não há definição de *standards* probatórios de modo que tanto se dificulta o controle da correta aplicação do *in dubio pro reo*, majoritariamente em prejuízo da defesa, como se despreza o dever judicial de controlar a execução dos procedimentos probatórios. A maioria dos juízes criminais desconhece, por exemplo, como são armazenados dados obtidos por meio de medidas cautelares de cunho probatório, tampouco examinam a preservação da cadeia de custódia das provas.

A predominância da mentalidade inquisitorial é mais acentuada em tema de prova penal, seja porque não há uniformidade de linguagem

---

[21] PRADO, Geraldo. *Sistema acusatório*: a conformidade constitucional das leis processuais penais. 4ª ed. Rio de Janeiro: Lumen Juris, 2006.

[22] Lei n. 11.719/2008, que alterou o artigo 384 do Código de Processo Penal.

## OPERAÇÃO LAVA JATO E O DEVIDO PROCESSO LEGAL: PARECER...

quanto às etapas dessa atividade, ao conteúdo e ao próprio significado da citada atividade em um processo de partes, como porque habitualmente se produz confusão entre os âmbitos da produção e avaliação da prova. Malgrado a minirreforma de 2008, o Código de Processo Penal é deficiente no ponto e assim mais contribui para dificultar do que para orientar a atuação dos sujeitos processuais.

A tarefa de avaliação da prova tende a prevalecer em detrimento do controle sobre a produção dos elementos probatórios em virtude da força persuasiva da ideia ainda vigente de busca da "verdade real".

Ferramentas teóricas tais como "ônus de persuasão" e "ônus de produção" não são diferenciadas e a rigor são ignoradas. Em determinados processos – ligados, em geral, a casos de organizações criminosas e criminalidade econômico-financeira – prevalece o chamado "fetiche da prova técnica", com apego "ferrenho àquela concepção ultrarracionalista da prova", conforme Antônio do Passo Cabral designa o fenômeno.[23]

A audiência é subvalorizada. Praticamente não existe em relação às medidas cautelares e é considerada um ritual sem sentido no processo condenatório. A explicação reside no fato de que o juiz das cautelares produzidas no âmbito da investigação tende a ser o mesmo juiz do processo principal, que assim chega à etapa de admissibilidade da acusação com sua convicção formada pelos elementos colhidos unilateralmente, durante a investigação criminal.

Isso afeta a concretização de um procedimento de fato oral e em contraditório e prejudica a identificação e exclusão processual da prova ilícita.

Entre 2003 e 2011 o governo brasileiro, incapaz de negociar com o Legislativo a edição de um Código de Processo Penal, buscou a via das reformas parciais (Quadro IV), alterando capítulos relevantes do CPP.

---

[23] CABRAL, Antônio do Passo. "Questões processuais no julgamento do mensalão: valoração da prova indiciária e preclusão para o juiz de matérias de ordem pública". *Revista do Ministério Público*. n. 53, jul.-set. 2014. Rio de Janeiro: Ministério Público do Estado do Rio de Janeiro, p. 9.

O empenho que ganhou forma de lei com a minirreforma do CPP perseguiu a exclusão do vírus inquisitório, modificando a estrutura do procedimento para separar a função de controle da acusação pelo juiz criminal da de controle da produção da prova pelas partes, introduzindo o contraditório prévio no procedimento de aplicação das medidas cautelares e proibindo o juiz criminal de se ele próprio o autor da acusação.

## Quadro III

| ESTRUTURA DO PROCEDIMENTO NO PROCESSO PENAL ACUSATÓRIO | | |
|---|---|---|
| Investigação Criminal | Juízo de Admissibilidade da Acusação | Instrução Probatória e Julgamento |

2.1.10. O fato, todavia, é que a prática judicial dominante conteve o processo de mudança. A Justiça Criminal funciona tendencialmente de uma determinada maneira, preexiste às reformas, evidentemente, e pode estar permeável ou não a elas. Por este ângulo, o "acusatório" pode ser apenas um elemento (fundamental) do discurso dos juristas, mas as práticas concretas estarão em concordância ou alheias à previsão dos juristas.

Alberto Binder chama atenção para o fato de o processo penal ser um "saber prático", que não pode ignorar a realidade das organizações e instituições que compõem o denominado "Sistema Penal" de arbitramento de responsabilidade.[24]

Existem Poder Judiciário, Ministério Público, Ordem dos Advogados, Defensoria Pública e Polícia. São organizações com história, cultura e características próprias. A Justiça Criminal é uma instituição

---

[24] BINDER, Alberto M. *Derecho Procesal Penal*. Tomo I. Buenos Aires: Ad-Hoc, 2013, pp. 13-29.

# OPERAÇÃO LAVA JATO E O DEVIDO PROCESSO LEGAL: PARECER...

no interior da qual estas organizações e muitas outras interagem, influenciando-se reciprocamente.

Os procedimentos adotados em conjunto ou separadamente obedecem ao padrão de interpretação vigente em cada uma das organizações acerca do desenho institucional que corresponde às funções que lhes são atribuídas, de forma expressa ou tácita.

Tomando as coisas por este ângulo, entende-se a afirmação de Ellen Immergut, em *As regras do jogo*,[25] de que "a mudança é um problema essencial para a análise institucional".

A "reforma" da Justiça Criminal constitui processo de mudança. De acordo com Immergut, em sua análise sobre a lógica da política de saúde na França, Suíça e Suécia, não são suficientemente explicativos, de modo isolado, o "poder da profissão", lealdades políticas ou mesmo a força das burocracias.

É inegável que dinâmicas institucionais e cadeias de decisão política extremamente complexas tenham peso no processo decisório, algo que não é apropriável, analiticamente, pelo exame singular da atuação e do propósito dos atores envolvidos.

Salienta Immergut que "instituições devem ter uma espécie de capacidade de permanência".

Quando se cogita de um setor significativo do Estado e da sociedade, como é o caso da Justiça Criminal, independentemente da inclinação inquisitória do modelo vigente e de sua recriminação por toda uma geração de juristas com formação e profissão de fé no Estado de Direito, as forças de resistência à mudança estão presentes e atuam em todos os âmbitos, o que leva a crer que mudanças institucionais "ocorrem durante períodos de tempo mais longos", como adverte Wolfgang Streeck,[26] confrontando-se com "causas contrariantes que as desaceleram".

---

[25] Disponível em https://pmcspraca.files.wordpress.com/2013/01/immergut-1996-regras-do-jogo-na-polc3adtica-de-sac3bade.pdf. Acesso em 29.07.2016.

[26] *Tempo Comprado*: a crise adiada do capitalismo democrático. Tradução de Marian Toldy e Teresa Toldy. Lisboa: Conjuntura Actual, 2013, pp. 16-18.

# GERALDO PRADO

## Quadro IV

| A MINIRREFORMA DO CÓDIGO DE PROCESSO PENAL | | |
|---|---|---|
| **Leis** | **Denominação** | **Ano de publicação** |
| 11.689 | Altera dispositivos do Decreto-Lei n. 3.689, de 3 de outubro de 1941 – Código de Processo Penal, relativos ao Tribunal do Júri, e dá outras providências. | 2008 |
| 11.690 | Altera dispositivos do Decreto-Lei n. 3.689, de 3 de outubro de 1941 – Código de Processo Penal, relativos à prova, e dá outras providências. | 2008 |
| 11.719 | Altera dispositivos do Decreto-Lei n. 3.689, de 3 de outubro de 1941 - Código de Processo Penal, relativos à suspensão do processo, emendatio libelli, mutatio libelli e aos procedimentos. | 2008 |
| 12.403 | Altera dispositivos do Decreto-Lei n. 3.689, de 3 de outubro de 1941 - Código de Processo Penal, relativos à prisão processual, fiança, liberdade provisória, demais medidas cautelares, e dá outras providências. | 2011 |

Por este ângulo, o que se observa concretamente é que o esforço de revisão legal do processo penal brasileiro, indicado no quadro acima, foi obstado por causas contrariantes que podem ser reconduzidas à mentalidade autoritária que coloniza o imaginário da Justiça Criminal de que cabe ao juiz criminal executar políticas de segurança pública.

2.1.11. Complementando o contexto de instituição de um "território jurídico de exceção" no âmbito do processo penal brasileiro mesmo depois de 1988, a ideologia autoritária seguiu curso livre por meio de uma série de leis tipicamente de processo penal de emergência,[27] várias delas flagrantemente inconstitucionais, que foram e continuam sendo aplicadas no cotidiano dos tribunais em hipóteses como a do Caso de R. S. F. J.[28]

---

[27] CHOUKR, Fauzi Hassan. *Processo penal de emergência*. Rio de Janeiro: Lumen Juris, 2002.

[28] Destacam-se as seguintes leis do Processo Penal de Emergência no Brasil Pós-1988: Lei n. 7.960/89. Dispõe sobre prisão temporária; Lei n. 8.072/90. Dispõe sobre os

## OPERAÇÃO LAVA JATO E O DEVIDO PROCESSO LEGAL: PARECER...

No entanto, como ressaltado por Binder, referido linhas atrás, não há como ignorar a realidade de que as organizações e instituições que compõem o denominado "Sistema Penal" podem ser responsáveis pela implementação das mudanças necessárias à harmonia do CPP à Constituição e aos tratados internacionais de direitos humanos ou podem obstar essa mudança, total ou parcialmente.

Circunstâncias peculiares à contemporaneidade, como decorre do interesse e da influência midiática nas causas penais, o inegável apelo público subjacente à "Cruzada contra a corrupção" e, no caso específico brasileiro, o resultado de causas do denominado "Caso Banestado", igualmente julgado pelo juiz federal Sérgio Fernando Moro, sustentaram o discurso de que ainda que o respeito às garantias do processo penal no Brasil seja um tema cotidianamente em disputa, e não uma realidade incontestável, para "vencer a corrupção" seria necessário adotar um processo penal "diferenciado", mas "diferenciado" da Constituição, portanto, "um processo penal de exceção".

Como a reportagem da nota indica, a maneira como o juiz federal Sérgio Fernando Moro lidou com o resultado do Caso Banestado pode ser considerada um divisor de águas para o que se seguiu: a instituição de um subsistema de justiça criminal de exceção, no contexto da *Operação Lava Jato*, que pudesse assegurar a eficácia social das condenações ainda que produzidas à revelia das regras que o mundo civilizado preconiza como essenciais à noção de "Justo Processo".[29]

---

crimes hediondos, nos termos do art. 5 inciso XLIII, da Constituição Federal, e determina outras providências; Lei n. 9.034/95. Dispõe sobre a utilização de meios operacionais para a prevenção e repressão de ações praticadas por organizações criminosas (revogada); Lei n. 9.807/99. Estabelece normas para a organização e a manutenção de programas especiais de proteção a vítimas e a testemunhas ameaçadas, institui o Programa Federal de Assistência a Vítimas e a Testemunhas Ameaçadas e dispõe sobre a proteção de acusados ou condenados que tenham voluntariamente prestado efetiva colaboração à investigação policial e ao processo criminal; Lei n. 12.850/13. Define organização criminosa e dispõe sobre a investigação criminal, os meios de obtenção da prova, infrações penais correlatas e o procedimento criminal; altera o Decreto-Lei n. 2.848, de 7 de dezembro de 1940 (Código Penal); revoga a Lei n. 9.034, de 3 de maio de 1995; e dá outras providências.

[29] Supremo já analisou 'excesso' de Moro no caso Banestado. BRASÍLIA – Anos antes do início da *Operação Lava Jato*, ministros do Supremo Tribunal Federal já tiveram de

julgar supostos excessos do juiz Sérgio Moro, da Justiça Federal em Curitiba. Em 2010, a 2ª Turma do tribunal começou um julgamento só encerrado em 2013 em que foram contestados atos do magistrado relativos à Operação Banestado – escândalo de evasão de dezenas bilhões de reais do Banco do Estado do Paraná na década de 1990.

Na ocasião, sobraram críticas feitas pelos ministros da Corte presentes à condução das investigações por Moro. A turma entendeu, no entanto, que não houve demonstração de parcialidade por parte dele que gerasse um desvirtuamento do caso e viram preservado o direito ao devido processo legal, por isso decidiram não afastar o magistrado e manter a validade dos atos praticados. O STF, no entanto, encaminhou as contestações aos atos do juiz do Paraná ao Conselho Nacional de Justiça, onde a apuração foi arquivada.

Um dos ministros mais críticos aos procedimentos do juiz em 2013 foi Gilmar Mendes, que pediu vista do processo em 2010 ao revelar preocupação com os atos de Moro. Para ele, o caso mostrava um "conjunto de atos abusivos" e "excessos censuráveis" praticados pelo juiz. No acórdão da decisão, que resume o debate do julgamento, Mendes escreveu que "são inaceitáveis os comportamentos em que se vislumbra resistência ou inconformismo do magistrado, quando contrariado por decisão de instância superior".

Acusações. Em habeas corpus encaminhado pela defesa de um doleiro condenado por Moro no caso Banestado, Moro é questionado por usurpar a competência do Ministério Público, decretar prisões preventivas sequenciais mesmo após decisão contrária de tribunais de instância superior e por determinar à polícia o monitoramento de voos de advogados do investigado.

Mendes escreveu no acórdão que juízes que reiteram decreto de prisão após decisão contrária de tribunal praticam um "desserviço e desrespeito ao sistema jurisdicional e ao Estado de Direito", com autoridade "absolutista, acima da própria Justiça, conduzindo o processo ao seu livre arbítrio, bradando sua independência funcional". "Revelam-se abusivas as reiterações de prisões desconstituídas por instâncias superiores e as medidas excessivas tomadas para sua efetivação, principalmente o monitoramento dos patronos da defesa, sendo passíveis inclusive de sanção administrativa", escreveu o ministro.

Da composição atual do tribunal, participaram da discussão do caso os ministros Teori Zavascki, relator da *Lava Jato* na Corte; Gilmar Mendes; Celso de Mello e Ricardo Lewandowski. O decano da Corte, Celso de Mello, votou para afastar Moro do caso, mas a maioria optou pela permanência.

Na *Lava Jato*, até agora, os tribunais têm validado a maior parte dos atos tomados por Moro. A avaliação de advogados e ministros dos tribunais superiores é de que a investigação do caso Banestado trouxe aprendizados ao juiz.

O Supremo terá que se debruçar em breve, no entanto, sobre outro questionamento a respeito de atos de Moro. Desta vez, a Corte vai analisar a divulgação de áudios interceptados no curso das investigações da *Lava Jato*, nos quais há conversas envolvendo autoridades com foro privilegiado.

BULLA, Beatriz. "Supremo já analisou 'excesso' de Moro no caso Banestado". *Estadão*. Publicado em 26 de março de 2016. Disponível em http://politica.estadao.com.br/noticias/geral,supremo-ja-analisou-excesso-de-moro-no-caso-banestado,10000023234. Acesso em 21.12.2017.

*OPERAÇÃO LAVA JATO* E O DEVIDO PROCESSO LEGAL: PARECER...

## 2.2. *O aprofundamento da exceção: a Operação Lava Jato e a atuação do juiz criminal Sérgio Fernando Moro neutralizando a incidência concreta das normas constitucionais que estabelecem direitos e garantias individuais*

2.2.1. A importância menor que a dogmática do processo penal tradicionalmente devota à análise institucional explica em parte as dificuldades encontradas no âmbito desse discurso para dar conta da diacronia entre teoria e prática.

O saber penal é um saber prático, como destaca Binder. É um saber prático construído cotidianamente por muitos autores e coletivos – os sujeitos e as organizações.

O pouco peso teórico atribuído à atuação singular das pessoas é decisivo para encobrir com o manto da "patologia da prática", supostamente desviada da teoria, o que em realidade configura o dia a dia do arbitramento de responsabilidade criminal, sua "fisiologia" para ficar na esfera das metáforas organicistas.

No contexto das "causas contrariantes" às forças da mudança, representadas no caso brasileiro pelo conjunto das garantias do devido processo penal que correspondem àquelas previstas no Convênio Europeu de Direitos Humanos,[30] a legislação de emergência referida,

---

[30] Artigo 6. CEDH. Direito a um processo equitativo

1. Qualquer pessoa tem direito a que a sua causa seja examinada, equitativa e publicamente, num prazo razoável por um tribunal independente e imparcial, estabelecido pela lei, o qual decidirá, quer sobre a determinação dos seus direitos e obrigações de carácter civil, quer sobre o fundamento de qualquer acusação em matéria penal dirigida contra ela. O julgamento deve ser público, mas o acesso à sala de audiências pode ser proibido à imprensa ou ao público durante a totalidade ou parte do processo, quando a bem da moralidade, da ordem pública ou da segurança nacional numa sociedade democrática, quando os interesses de menores ou a protecção da vida privada das partes no processo o exigirem, ou, na medida julgada estritamente necessária pelo tribunal, quando, em circunstâncias especiais, a publicidade pudesse ser prejudicial para os interesses da justiça.

2. Qualquer pessoa acusada de uma infracção presume-se inocente enquanto a sua culpabilidade não tiver sido legalmente provada.

sua aplicação acrítica pelos tribunais, provocaram a tensão na base da minirreforma legal do processo penal.

Nestes termos, como citado, muitos juízes e tribunais prosseguiram conduzindo de ofício ou com extraordinário protagonismo a produção da prova, reservando à acusação e, principalmente à defesa, a condição de coadjuvantes, valendo-se de medidas de coerção, que são problemáticas quando se considera a posição dos tribunais internacionais acerca da liberdade de declaração, para inverter o ônus da prova, de modo tal que o contraditório jurisdicional não raro fica esvaziado.

2.2.2. Em que pese, portanto, que no Brasil as "causas contrariantes" à constitucionalização do processo penal tenham logrado reverter ou atenuar o impacto das garantias, o fato é que, ainda assim, nos casos versando sobre criminalidade econômica e financeira, em que de ordinário os acusados dispõem de recursos para levar as questões problemáticas aos tribunais superiores, várias decisões foram proferidas em meados da primeira década deste século, declarando a nulidade de alguns processos.

Como se pode notar pela leitura da nota n. 28, cabia ao juiz federal Sérgio Fernando Moro dirigir estes processos, reunidos sob a denominação de *Caso Banestado*. O caso em questão tratava da remessa ilegal de divisas para o exterior em 1996, em montante bastante significativo, tendo como operador o Banco Banestado.[31]

A hipótese mais plausível, confirmada por textos de autoria de Sérgio Fernando Moro, é a de que, sem embargo do inequívoco êxito

---

3. O acusado tem, como mínimo, os seguintes direitos: a) Ser informado no mais curto prazo, em língua que entenda e de forma minuciosa, da natureza e da causa da acusação contra ele formulada; b) Dispor do tempo e dos meios necessários para a preparação da sua defesa; c) Defender-se a si próprio ou ter a assistência de um defensor da sua escolha e, se não tiver meios para remunerar um defensor, poder ser assistido gratuitamente por um defensor oficioso, quando os interesses da justiça o exigirem; d) Interrogar ou fazer interrogar as testemunhas de acusação e obter a convocação e o interrogatório das testemunhas de defesa nas mesmas condições que as testemunhas de acusação; e) Fazer-se assistir gratuitamente por intérprete, se não compreender ou não falar a língua usada no processo.

[31] FOLHA DE S. PAULO. *Entenda o caso Banestado*. Disponível em http://www1. folha.uol.com.br/folha/brasil/ult96u57148.shtml. Acesso em 21.12.2017.

de um processo penal autoritário, sucesso medido pelo progressivo hiperencarceramento que marcou a referida década,[32] o mencionado magistrado resolveu "alavancar" a proposta de fazer regredir o processo penal às condições que nos anos 40 do século passado, durante à Ditadura Vargas, lograram quase dizimar a oposição ao Chefe de Estado.

2.2.3. Os textos de Sérgio Fernando Moro, a começar pelo paradigmático programa de ação da *Operação Lava Jato*, escrito nos idos de 2004, sob o sugestivo título "Considerações sobre a Operação *Mani Pulite*", diagnosticou o aparente insucesso do controle da corrupção no Brasil pelo Poder Judiciário: tratava-se do efeito da aplicação, nos processos criminais por delitos de mercado e de corrupção, das garantias constitucionais e convencionais.

Importante para conhecimento da Corte Europeia de Direitos Humanos, relativamente à implementação deste verdadeiro "programa judicial de desmonte da Constituição" ou, dizendo de outra forma, de "desconstitucionalização do processo penal no Brasil", destacar alguns trechos do manifesto do juiz federal que são absolutamente coincidentes com as práticas que a partir de março de 2014 ele veio a implementar na *Operação Lava Jato*, com apoio de setores do Ministério Público Federal, e que conferem a nota do que por certo aguarda R. S. F. J. se não for obstado o ato de extradição desse cidadão de nacionalidade portuguesa.

2.2.4. Sem a sofisticação de quem conhece o Carl Schmitt da *Teologia Política*, mas claramente adotando a perspectiva de representante da cidadania que se bate contra o "inimigo do Estado", na hipótese o suposto autor de um crime de corrupção, o texto-programa do juiz federal contempla os pontos seguintes, literalmente transcritos, desde logo com o pedido de desculpas pelas longas referências:

*A deslegitimação do sistema político italiano mediante a divulgação das prisões em casos de corrupção:*

---

[32] SANTOS, Thamara; ROSA, Marlene Inês da. *et al. Levantamento nacional de informações penitenciária*. Atualização em Junho de 2016. INFOPEN. Brasília: Ministério da Justiça e Segurança, Departamento Penitenciário Nacional, 2017. Disponível em https://www.conjur.com.br/dl/infopen-levantamento.pdf. Acesso em 21.12.2017.

# GERALDO PRADO

A deslegitimação do sistema foi ainda agravada com o início das prisões e a divulgação de casos de corrupção. A deslegitimação, ao mesmo tempo em que tornava possível a ação judicial, era por ela alimentada: a deslegitimação da classe política propiciou um ímpeto às investigações de corrupção e os resultados desta fortaleceram o processo de deslegitimação. Consequentemente, as investigações judiciais dos crimes contra a Administração Pública espalharam-se como fogo selvagem, desnudando inclusive a compra e venda de votos e as relações orgânicas entre certos políticos e o crime organizado.[33]

*A necessidade da atuação dos "juízes de assalto", magistrados que tomam uma postura ativa antigovernamental:*

Assim como a educação de massa abriu o caminho às universidades para as classes baixas, o ciclo de protesto do final da década de sessenta influenciou as atitudes políticas de uma geração. No sistema judicial, os assim chamados "pretori d'assalto" ("juízes de ataque", i.e., juízes que tomam uma postura ativa, usando a lei para reduzir a injustiça social) tomam frequentemente posturas antigovernamentais em matéria de trabalho e de Direito Ambiental.[34]

*O incentivo à colaboração de suspeitos mediante o emprego da astúcia, consistente, por exemplo, em disseminar informações falsas a respeito de confissões:*

A estratégia de ação adotada pelos magistrados incentivava os investigados a colaborar com a Justiça: a estratégia de investigação adotada desde o início do inquérito submetia os suspeitos à pressão de tomar decisão quanto a confessar, espalhando a suspeita de

---

[33] MORO, Sérgio Fernando. "Considerações sobre a operação mani pulite". *Revista do Centro de Estudos Judiciários*, Brasília, vol. 8, n. 26, jul./set.-2004. Disponível em http://www.cjf.jus.br/ojs2/index.php/revcej/article/viewArticle/625, p. 57. Acesso em 19.12.2017.

[34] MORO, Sérgio Fernando. "Considerações sobre a operação mani pulite". *Revista do Centro de Estudos Judiciários*, Brasília, vol. 8, n. 26, jul./set.-2004. Disponível em http://www.cjf.jus.br/ojs2/index.php/revcej/article/viewArticle/625, p. 57. Acesso em 19.12.2017.

## OPERAÇÃO *LAVA JATO* E O DEVIDO PROCESSO LEGAL: PARECER...

que outros já teriam confessado e levantando a perspectiva de permanência na prisão pelo menos pelo período da custódia preventiva no caso da manutenção do silêncio ou, vice-versa, de soltura imediata no caso de uma confissão (uma situação análoga do arquétipo do famoso "dilema do prisioneiro"). Além do mais, havia a disseminação de informações sobre uma corrente de confissões ocorrendo atrás das portas fechadas dos gabinetes dos magistrados. Para um prisioneiro, a confissão pode aparentar ser a decisão mais conveniente quando outros acusados em potencial já confessaram ou quando ele desconhece o que os outros fizeram e for do seu interesse precedê-los. Isolamento na prisão era necessário para prevenir que suspeitos soubessem da confissão de outros: dessa forma, acordos da espécie "eu não vou falar se você também não" não eram mais uma possibilidade.[35]

*O uso intensivo da imprensa, vazando informações*:

Os responsáveis pela operação *mani pulite* ainda fizeram largo uso da imprensa. Com efeito: para o desgosto dos líderes do PSI, que, por certo, nunca pararam de manipular a imprensa, a investigação da "mani pulite" vazava como uma peneira. Tão logo alguém era preso, detalhes de sua confissão eram veiculados no "L'Expresso", no "La Republica" e outros jornais e revistas simpatizantes.[36]

*A limitação da presunção de inocência pela via da interpretação* contra legem:

A presunção de inocência, no mais das vezes invocada como óbice a prisões pré-julgamento, não é absoluta, constituindo apenas

---

[35] MORO, Sérgio Fernando. "Considerações sobre a operação mani pulite". *Revista do Centro de Estudos Judiciários*, Brasília, vol. 8, n. 26, jul./set.-2004. Disponível em http://www.cjf.jus.br/ojs2/index.php/revcej/article/viewArticle/625, p. 58. Acesso em 19.12.2017.

[36] MORO, Sérgio Fernando. "Considerações sobre a operação mani pulite". *Revista do Centro de Estudos Judiciários*, Brasília, vol. 8, n. 26, jul./set.-2004. Disponível em http://www.cjf.jus.br/ojs2/index.php/revcej/article/viewArticle/625, p. 59. Acesso em 19.12.2017.

instrumento pragmático destinado a prevenir a prisão de inocentes. Vencida a carga probatória necessária para a demonstração da culpa, aqui, sim, cabendo rigor na avaliação, não deveria existir maior óbice moral para a decretação da prisão, especialmente em casos de grande magnitude e nos quais não tenha havido a devolução do dinheiro público, máxime em país de recursos escassos.[37]

2.2.5. Ao expectador que à distância acompanha a situação política brasileira pela comunicação social e que, de modo legítimo, fica impressionado com a disseminação da corrupção, é improvável que o escrupuloso respeito às garantias do processo seja objeto de preocupação imediata. À distância supõe-se que, ao aplicar a lei e punir os agentes, um juiz de direito seja não somente o garantidor das "regras do jogo processual penal", como seu primeiro observador. Presume-se, também, que ainda que o magistrado aplique mal a lei processual penal, os tribunais que compõem a estrutura do Poder Judiciário dispõem de meios para corrigir os erros.

A incorporação das técnicas de análise institucional ao exame das questões do processo penal e, particularmente, à avaliação da sistemática violação das garantias individuais como estratégia de atuação judicial, estabelece um novo ângulo de abordagem, que minimiza as presunções de normalidade da jurisdição penal.

Esta técnica obriga o teórico a se debruçar sobre o caso prático e verificar se, por exemplo, a promessa de não concretizar a presunção de inocência,[38] tomar à frente na produção da prova,[39] rebaixar os *standards*

---

[37] MORO, Sérgio Fernando. "Considerações sobre a operação mani pulite". *Revista do Centro de Estudos Judiciários*, Brasília, vol. 8, n. 26, jul./set.-2004. Disponível em http://www. cjf.jus.br/ojs2/index.php/revcej/article/viewArticle/625. Acesso em 19.12.2017, p. 61.

[38] Presunção de Inocência: 5º CF. Todos são iguais perante a lei, sem distinção de qualquer natureza, garantindo-se aos brasileiros e aos estrangeiros residentes no País a inviolabilidade do direito à vida, à liberdade, à igualdade, à segurança e à propriedade, nos termos seguintes:
[...]
LVII – ninguém será considerado culpado até o trânsito em julgado de sentença penal condenatória;

[39] Art. 212, CPP. As perguntas serão formuladas pelas partes diretamente à testemunha, não admitindo o juiz aquelas que puderem induzir a resposta, não tiverem relação com

## OPERAÇÃO *LAVA JATO* E O DEVIDO PROCESSO LEGAL: PARECER...

de prova ao nível que o próprio juiz criminal sentenciante avalie suficientes para justificar a condenação de alguém,[40] recorrer com frequência à prisão preventiva a partir da consideração da culpa e não de alguma necessidade de natureza cautelar[41] ou, no extremo, abdicar de maneira radical das formas do processo justo[42] são deliberadas e

---

a causa ou importarem na repetição de outra já respondida. (Redação dada pela Lei n. 11.690, de 2008)

Parágrafo único. Sobre os pontos não esclarecidos, o juiz poderá complementar a inquirição.

[40] Art. 155. O juiz formará sua convicção pela livre apreciação da prova produzida em contraditório judicial, não podendo fundamentar sua decisão exclusivamente nos elementos informativos colhidos na investigação, ressalvadas as provas cautelares, não repetíveis e antecipadas. (Redação dada pela Lei n. 11.690, de 2008)

Parágrafo único. Somente quanto ao estado das pessoas serão observadas as restrições estabelecidas na lei civil. (Incluído pela Lei n. 11.690, de 2008)

[41] Art. 312. A prisão preventiva poderá ser decretada como garantia da ordem pública, da ordem econômica, por conveniência da instrução criminal, ou para assegurar a aplicação da lei penal, quando houver prova da existência do crime e indício suficiente de autoria. (Redação dada pela Lei n. 12.403, de 2011).

Parágrafo único. A prisão preventiva também poderá ser decretada em caso de descumprimento de qualquer das obrigações impostas por força de outras medidas cautelares (art. 282, § 4º). (Incluído pela Lei n. 12.403, de 2011).

Art. 313. Nos termos do art. 312 deste Código, será admitida a decretação da prisão preventiva: (Redação dada pela Lei n. 12.403, de 2011).

I – nos crimes dolosos punidos com pena privativa de liberdade máxima superior a 4 (quatro) anos; (Redação dada pela Lei n. 12.403, de 2011).

II – se tiver sido condenado por outro crime doloso, em sentença transitada em julgado, ressalvado o disposto no inciso I do caput do art. 64 do Decreto-Lei n. 2.848, de 7 de dezembro de 1940 – Código Penal; (Redação dada pela Lei n. 12.403, de 2011).

III – se o crime envolver violência doméstica e familiar contra a mulher, criança, adolescente, idoso, enfermo ou pessoa com deficiência, para garantir a execução das medidas protetivas de urgência; (Redação dada pela Lei n. 12.403, de 2011).

IV – (Revogado pela Lei n. 12.403, de 2011).

Parágrafo único. Também será admitida a prisão preventiva quando houver dúvida sobre a identidade civil da pessoa ou quando esta não fornecer elementos suficientes para esclarecê-la, devendo o preso ser colocado imediatamente em liberdade após a identificação, salvo se outra hipótese recomendar a manutenção da medida. (Incluído pela Lei n. 12.403, de 2011).

[42] Art. 563. Nenhum ato será declarado nulo, se da nulidade não resultar prejuízo para a acusação ou para a defesa.

## GERALDO PRADO

contaminam as instâncias judiciais ou são acidentais, não estruturais e passíveis de correção via recurso.

2.2.6. A sequência de entrevistas e artigos do juiz federal Sérgio Fernando Moro, de abril de 2008, março de 2015 (no transcorrer da *Lava Jato*) e março de 2017, tratando, respectivamente, de "prova indiciária" como suficiente para a condenação do crime de lavagem de dinheiro e ativos de proveniência ilícita,[43] de como "o problema da impunidade dos corruptos é o processo jurisdicional"[44] e, por fim, como superar o entrave configurado pela presunção de inocência lançando mão de "prisões preventivas que são paulatinamente revogadas ou substituídas por sentenças condenatórias"[45] forma talvez o conjunto mais explícito de confissões de um juiz criminal brasileiro de que a "violação ao devido processo legal compensa".

Trata-se de uma paradoxal situação de "cegueira deliberada de um juiz criminal acerca das normas que configuram o devido processo legal", portanto, de admissão da violação das regras do "justo processo", que correspondem às garantias individuais inalienáveis previstas no Convênio Europeu de Direitos Humanos (art. 6º).

2.2.7. Verificam-se, no entanto, os significativos efeitos emocionais da publicidade opressiva na constituição de uma subjetividade predeterminada ao reconhecimento da culpa de empresários e políticos acusados de corrupção no âmbito da comunicação social. Isso é fato.

---

[43] MORO, Sérgio Fernando. "Autonomia do crime de lavagem e prova indiciária". *Revista do Centro de Estudos Jurídicos*, Brasília, vol. 12, n. 41, abril/jun.-2008. Disponível em http://www.jf.jus.br/ojs2/index.php/revcej/article/viewArticle/1018. Acesso em 19.12.2017.

[44] MORO, Sérgio Fernando; BOCHENEK, Antônio Cesar. "O problema é o processo". *Estadão*. Publicado em 29 de março de 2015. Disponível em http://politica. estadao.com.br/blogs/fausto-macedo/o-problema-e-o-processo/. Acesso em 19.12.2017.

[45] MORO, Sérgio Fernando. "As prisões da *Lava Jato*". *In*: AMAERJ. *Sergio Moro: 'Críticas às preventivas refletem o lamentável entendimento de que há pessoas acima da lei* (Originalmente publicado na Revista VEJA). Março de 2017. Disponível em http:// amaerj.org.br/noticias/sergio-moro-criticas-as-prisoes-preventivas-refletem-o-lamentavel-entendimento-de-que-ha-pessoas-acima-da-lei/. Acesso em 19.12.2017.

OPERAÇÃO *LAVA JATO* E O DEVIDO PROCESSO LEGAL: PARECER...

Também é fato que o caráter praticamente inédito do fenômeno dos maxiprocessos no Brasil está vinculado às formas consensuais de colaboração com a Justiça Criminal em extensos atos de autoinculpação voluntária, o que contribui para gerar um clima de expectativas no cenário jurídico, expectativas inclinadas à insegurança jurídica.

Uma Justiça Criminal que formalmente recorre a acordos não está na tradição do direito brasileiro, como, por exemplo, não era da tradição do direito alemão até recentemente, levando neste caso os juristas Claus Roxin e Barbara Huber a afirmarem que o Código de Processo Penal alemão se encontra em viagem ao desconhecido, "proporcionando muitas tendências inseguras do Direito Processual Penal".[46]

2.2.8. Considerando-se quer a narrativa oficial da *Lava Jato*, não por coincidência disponível no sítio eletrônico do Ministério Público Federal Brasileiro (MPF), quer os relatos que identificam nas investigações finais do *Caso Banestado* as sementes das ações policiais-judiciais, os números impressionantes produzem o efeito de anestesiar as interrogações sobre os "meios" empregados para obtê-los e sua adequação às normas que regem o processo justo.

Levando-se em conta as atualizações de novembro de 2017, são "festejados" pelo MPF 1.765 procedimentos instaurados, 881 mandados de busca e apreensão, 222 mandados de condução coercitiva – medida recentemente declarada inconstitucional, em medida cautelar, pelo Ministro Gilmar Mendes (STF) – 101 mandados de prisão preventiva, 111 mandados de prisão temporária, 158 acordos de colaboração premiada, 177 condenações ("contabilizando 1.753 anos e 7 meses de pena") e, no Supremo Tribunal Federal, 185 buscas e apreensões, 191 quebras de sigilo fiscal, 314 quebras de sigilo bancário, 225 quebras de sigilo telefônico, entre outras providências.[47]

---

[46] "Por fin socialmente aceptable: acuerdos procesales en Alemania?" *In:* ALBRECHT, Hans-Jörg; SIEBER, Ulrich; SIMON, Jan-Michael; SCHWARZ, Felix (coord.). *Criminalidad, evolución del Derecho penal y crítica al Derecho penal en la actualidad.* Buenos Aires: Editores del Puerto, 2009, p. 115.

[47] MINISTÉRIO PÚBLICO FEDERAL. *A Lava Jato em números*: atuação na 1ª instância. Disponível em http://www.mpf.mp.br/para-o-cidadao/caso-lava jato/atuacao-na-1a-

## GERALDO PRADO

2.2.9. Em países de tradição democrática não seria um desafio os tribunais pronunciarem a invalidade de atos praticados por juiz incompetente territorialmente, porque os critérios que distribuem a competência entre os juízes federais limitam o exercício da jurisdição às seções judiciárias que envolvem precisos Estados da Federação,[48] ou incompetente porque cessado o motivo que originou a unidade de processo e julgamento,[49] como, por

---

instancia/parana/resultado. Acesso em 19.12.2017. MINISTÉRIO PÚBLICO FEDERAL. *A Lava Jato em números*: atuação no STJ e STF. Disponível em http://www.mpf.mp.br/para-o-cidadao/caso-lava jato/atuacao-no-stj-e-no-stf/resultados-stf/a-lava jato-em-numeros-stf. Acesso em 19.12.2017.

[48] Art. 27, do Ato das Disposições Constitucionais Transitórias. O Superior Tribunal de Justiça será instalado sob a presidência do Supremo Tribunal Federal.

[...]

§ 6º Ficam criados cinco Tribunais Regionais Federais, a serem instalados no prazo de seis meses a contar da promulgação da Constituição, com a jurisdição e sede que lhes fixar o Tribunal Federal de Recursos, tendo em conta o número de processos e sua localização geográfica.

[49] Art. 78, CPP. Na determinação da competência por conexão ou continência, serão observadas as seguintes regras: (Redação dada pela Lei n. 263, de 23.2.1948)

I – no concurso entre a competência do júri e a de outro órgão da jurisdição comum, prevalecerá a competência do júri; (Redação dada pela Lei n. 263, de 23.2.1948)

II – no concurso de jurisdições da mesma categoria: (Redação dada pela Lei n. 263, de 23.2.1948)

a) preponderará a do lugar da infração, à qual for cominada a pena mais grave; (Redação dada pela Lei n. 263, de 23.2.1948)

b) prevalecerá a do lugar em que houver ocorrido o maior número de infrações, se as respectivas penas forem de igual gravidade; (Redação dada pela Lei n. 263, de 23.2.1948)

c) firmar-se-á a competência pela prevenção, nos outros casos; (Redação dada pela Lei n. 263, de 23.2.1948)

III – no concurso de jurisdições de diversas categorias, predominará a de maior graduação; (Redação dada pela Lei n. 263, de 23.2.1948)

IV – no concurso entre a jurisdição comum e a especial, prevalecerá esta. (Redação dada pela Lei n. 263, de 23.2.1948)

Art. 80, CPP. Será facultativa a separação dos processos quando as infrações tiverem sido praticadas em circunstâncias de tempo ou de lugar diferentes, ou, quando pelo excessivo número de acusados e para não lhes prolongar a prisão provisória, ou por outro motivo relevante, o juiz reputar conveniente a separação.

Art. 81, CPP. Verificada a reunião dos processos por conexão ou continência, ainda que no processo da sua competência própria venha o juiz ou tribunal a proferir sentença absolutória ou que desclassifique a infração para outra que não se inclua na sua

# OPERAÇÃO LAVA JATO E O DEVIDO PROCESSO LEGAL: PARECER...

exemplo, a emissão de sentença no processo que primeiramente determinou a competência.[50]

Há entre os milhares de procedimentos da *Lava Jato* casos cujas questões centrais e a hipotética prática de crimes ocorreram em cidades situadas em Estados da Federação das mais diversas regiões e até mesmo no exterior, como é o caso da acusação contra R. S. F. J.

Sempre de lembrar, porque relacionado diretamente ao processo criminal instaurado contra o ex-presidente Luiz Inácio Lula da Silva, por fato em tese ocorrido na litorânea Guarujá, Estado de São Paulo, a memorável petição de *habeas corpus* endereçada pelo advogado Fernando Augusto Fernandes, sem sucesso, ao tribunal revisor das decisões do juiz federal Sérgio Fernando Moro – TRF da 4ª Região – reclamando do evidente desaparecimento do mais remoto vínculo de conexão entre aquele o processo e um perdido processo de Londrina, Paraná, que a força da tecnologia digital e de seus *Control X* e *Control V*, segue amparando a competência universal e agora, no Caso de R. S. F. J., jurisdição internacional do citado magistrado.[51]

---

competência, continuará competente em relação aos demais processos.

Parágrafo único. Reconhecida inicialmente ao júri a competência por conexão ou continência, o juiz, se vier a desclassificar a infração ou impronunciar ou absolver o acusado, de maneira que exclua a competência do júri, remeterá o processo ao juízo competente.

Art. 82, CPP. Se, não obstante a conexão ou continência, forem instaurados processos diferentes, a autoridade de jurisdição prevalente deverá avocar os processos que corram perante os outros juízes, salvo se já estiverem com sentença definitiva. Neste caso, a unidade dos processos só se dará, ulteriormente, para o efeito de soma ou de unificação das penas.

[50] Neste caso, nos termos do artigo 81 do CPP e desde que, em âmbito federal, o fato tenha ocorrido na jurisdição da Seção Judiciária sede do Tribunal, no caso a 4ª Região do TRF (Rio Grande do Sul, Santa Catarina e Paraná), julgada a primeira causa o juiz seguirá competente se antes da emissão dessa sentença já houver sido instaurado o processo por conexão ou continência. BRASIL. *Regimento Interno do Tribunal Regional Federal da Quarta Região* (Instituído pela Resolução n. 112, de 20 de dezembro de 2010). Disponível em https://www2.trf4.jus.br/trf4/upload/editor/apg_regimento_interno_6_6.htm. Acesso em 21.12.2017.

[51] Entre as críticas mais elucidativas da "eleição da vontade popular" como critério de definição da competência por conexão, seguem as referências aos trabalhos de Gustavo

# GERALDO PRADO

Salienta Fernando Fernandes:

> Em verdade, a d. Autoridade Coatora sempre teve plena consciência de que seu Juízo não é competente para processar e julgar qualquer das centenas de feitos relacionadas à denominada *Operação Lava Jato*. No entanto, era preciso "criar" algum fundamento para justificar sua competência. Daí que foi pincelado um fato ocorrido em Londrina/PR e, sem maiores preocupações, menciona-se que tal fato tem a capacidade de gerar uma infinita competência por *conexão*, sem qualquer explicação acerca de sua subsunção às hipóteses do art. 76, incisos I a III, do Código de Processo Penal.
>
> Exa., tal artimanha solapa por completo a garantia que todo cidadão tem de ser julgado pelo *juiz natural* do fato.
>
> Ainda que fosse procedente o argumento de que a lavagem consumada em Londrina/PR realmente tivesse alguma relação com o recebimento de vantagens indevidas em contratos da Petrobras, o que se admite apenas por amor ao debate, é de se questionar: qual a relação de tal fato com aquilo que foi objeto da denúncia oferecida contra o ora Paciente? Qual a prova da infração apurada na ação penal n. 504722977.2014.404.7000 ou de qualquer de suas circunstâncias elementares influi na prova da infração apurada no processo n. 5046512-94.2016.4.04.7000, ensejando o instituto da competência por conexão?[52]

---

Badaró, Jorge Coutinho Paschoal, João Daniel Rossi e Ademar Rigueira Neto (BADARÓ, Gustavo Henrique Righi Ivahy. "A conexão no processo penal, segundo o princípio do juiz natural, e sua aplicação nos processos da *Operação Lava Jato*". *Revista Brasileira de Ciências Criminais*, São Paulo, vol. 24, n. 122, pp. 202-204, ago.-2016. Disponível em http://badaroadvogados.com.br/a-conexao-no-processo-penal-segundo-o-principio-do-juiz-natural-e-sua-aplicacao-nos-processos-da-operacao-lava jato.html. Acesso em 20.12.2017. PASCHOAL, Jorge Coutinho; RASSI, João Daniel. "A 13ª Vara Federal de Curitiba é mesmo competente para apreciar todos os fatos relacionados à *Operação Lava Jato*?". *In: Empório do Direito.* 17 de agosto de 2017. Disponível em http://emporiododireito.com.br/leitura/a-13-vara-federal-de-curitiba-e-mesmo-competente-para-apreciar-todos-os-fatos-relacionados-a-operacao-lava jato-por-jorge-coutinho-paschoal-e-joao-daniel-rassi. Acesso em 12.12.2017. RIGUEIRA NETO, Ademar. "A manipulação do juiz natural na operação 'lava jato'". *In: Consultor Jurídico.* 24 de maio de 2017. Disponível em https://www.conjur.com.br/2017-mai-24/ademar-rigueira-neto-manipulacao-juiz-natural-lava jato. Acesso em 12.12.2017.

[52] Inicial do Habeas Corpus 5004532-84.2017.4.04.0000. Tribunal Regional Federal da 4ª Região. Origem: Ação Penal n. 5046512-94.2016.04.7000. Impetrantes: Fernando

## OPERAÇÃO LAVA JATO E O DEVIDO PROCESSO LEGAL: PARECER...

2.2.10. Tampouco seria dificultoso a um tribunal em ambiente tradicionalmente democrático reconhecer, como o fez tardiamente e em caráter provisório – mas antes tarde do que nunca – o STF, a ilegalidade e inconstitucionalidade das conduções coercitivas,[53] medida que de acordo com o artigo 260 do CPP somente é cabível, com muitas ressalvas, para levar à presença do juiz o acusado que, intimado, deixa injustificadamente de comparecer.[54] Para melhor compreensão pelo leitor da natureza e gravidade da aplicação da medida de condução coercitiva no Brasil, na esfera do subsistema da *Lava Jato*, em sua quase totalidade, foram conduzidos suspeitos e até testemunhas não intimados previamente, que se viram privados indevidamente da sua liberdade.[55]

2.2.11. A grandeza dos números da *Operação Lava Jato*, a habilidade do juiz federal Sérgio Fernando Moro e de membros do MPF em lidar com a comunicação social, incluindo as mídias sociais que são instrumentalizadas de sorte a servir de arranque a manifestações de ódio aos poucos juízes que insistem em aplicar a Constituição, configuram "causas contrariantes" à constitucionalização do processo penal brasileiro mais poderosas, extensas e eficazes que as da nossa conhecida tradição autoritária.

---

Augusto Fernandes, Anderson Bezerra Lopes, Felipe Consonni Fraga e André Hespanhol. Paciente: P. T. O. Autoridade Coatora: Juízo da 13ª Vara Federal da Subseção de Curitiba. 09 de fevereiro de 2017, p. 5.

[53] Medida Cautelar na Arguição de Descumprimento de Preceito Fundamental n. 395. Decisão monocrática do Ministro Gilmar Mendes. Relator: Ministro Gilmar Mendes. Requerente: Partido dos Trabalhadores. Data de julgamento: 18 de dezembro de 2017. Medida Cautelar na Arguição de Descumprimento de Preceito Fundamental n. 444. Decisão monocrática do Ministro Gilmar Mendes. Relator: Ministro Gilmar Mendes. Requerente: Conselho Federal da Ordem dos Advogados Do Brasil – Cfoab. Data de julgamento: 18 de dezembro de 2017.

[54] Art. 260. Se o acusado não atender à intimação para o interrogatório, reconhecimento ou qualquer outro ato que, sem ele, não possa ser realizado, a autoridade poderá mandar conduzi-lo à sua presença.
Parágrafo único. O mandado conterá, além da ordem de condução, os requisitos mencionados no art. 352, no que lhe for aplicável.

[55] EBC AGÊNCIA BRASIL. *Funcionários do BNDES criticam condução coercitiva de colegas em operação da PF.* 12 de maio de 2017. Disponível em http://agenciabrasil.ebc.com. br/politica/noticia/2017-05/funcionarios-do-bndes-criticam-conducao-coercitiva-de-colegas-em-operacao. Acesso em 21.12.2017.

E isso é indiscutível, como sublinhado ao início, porque admitido expressamente pelos demais atores institucionais no círculo do Poder Judiciário.

2.2.12. Com efeito, no julgamento do *habeas corpus* n. 0003021-32.2016.4.04.8000/RS, o Tribunal Regional Federal reconheceu que no "combate à corrupção" justifica-se excepcionar a aplicação das garantias.

Isso não seria possível em um processo que não houvesse sido precedido pelas práticas referidas no item n. 2.2.4 do presente estudo, práticas que prepararam o terreno para a normalização da exceção e a concreta e ilegítima suspensão das garantias individuais ao tipo de processo penal que foi instaurado em face de R. S. F. J.

Literalmente aduz o magistrado da Corte de Apelação Federal, que revisa as decisões do juiz Sérgio Fernando Moro:

> TRIBUNAL REGIONAL FEDERAL DA 4ª REGIÃO
> P.A. CORTE ESPECIAL
> N. 0003021-32.2016.4.04.8000/RS
> RELATOR: Des. Federal RÔMULO PIZZOLATTI
> INTERESSADO: CORREGEDORIA REGIONAL DA JUSTIÇA FEDERAL DA 4ª REGIÃO
> [...]
> Ora, é sabido que os processos e investigações criminais decorrentes da chamada "Operação Lava Jato", sob a direção do magistrado representado, constituem caso inédito (único, excepcional) no direito brasileiro. Em tais condições, neles haverá situações inéditas, que escaparão ao regramento genérico, destinado aos casos comuns. Assim, tendo o levantamento do sigilo das comunicações telefônicas de investigados na referida operação servido para preservá-la das sucessivas e notórias tentativas de obstrução, por parte daqueles, garantindo-se assim a futura aplicação da lei penal, é correto entender que o sigilo das comunicações telefônicas (Constituição, art. 5º, XII) pode, em casos excepcionais, ser suplantado pelo interesse geral na administração da justiça e na

OPERAÇÃO LAVA JATO E O DEVIDO PROCESSO LEGAL: PARECER...

aplicação da lei penal. A ameaça permanente à continuidade das investigações da "Operação Lava Jato", inclusive mediante sugestões de alterações na legislação, constitui, sem dúvida, uma situação inédita, a merecer um tratamento excepcional.

Parece-me, pois, incensurável a visão do magistrado representado – anterior à decisão do STF na Rcl n. 23.457 –, no sentido de que a publicidade das investigações tem sido o mais eficaz meio de garantir que não seja obstruído um conjunto, inédito na administração da justiça brasileira, de investigações e processos criminais – "Operação Lava Jato" –, voltados contra altos agentes públicos e poderes privados até hoje intocados.

[...]

Enfim, cabe enfatizar que, antes da Reclamação n. 23.457, não havia precedente jurisprudencial de tribunal superior aplicável pelo representado, mesmo porque, como antes exposto, as investigações e processos criminais da chamada "Operação Lava Jato" constituem caso inédito, trazem problemas inéditos e exigem soluções inéditas. Em tal contexto, não se pode censurar o magistrado, ao adotar medidas preventivas da obstrução das investigações da "Operação Lava Jato". Apenas a partir desse precedente do STF (Rcl n. 23.457) é que os juízes brasileiros, incluso o magistrado representado, dispõem de orientação clara e segura a respeito dos limites do sigilo das comunicações telefônicas interceptadas para fins de investigação criminal.[56]

2.2.13. A análise levada a cabo pela doutrina brasileira em seguida à emissão dessa decisão enfocou o que seria uma "anomalia" na prestação jurisdicional: o tribunal assumiu expressamente que era o caso de afastar a aplicação da lei que tutela o sigilo constitucional das comunicações dado o "caráter inédito" tomado pela *Operação Lava Jato* relativamente aos crimes investigados.[57]

---

[56] BRASIL. Tribunal Regional Federal da 4ª Região. Corte Especial. *P.A. Corte Especial n. 0003021-32.2016.4.04.8000/RS.* Relator: Desembargador federal Rômulo Pizzolatti. Data de julgamento: 22 de setembro de 2016.

[57] Art. 5º, CF. Todos são iguais perante a lei, sem distinção de qualquer natureza, garantindo-se aos brasileiros e aos estrangeiros residentes no País a inviolabilidade do

# GERALDO PRADO

A dura e justificada crítica da doutrina processual penal brasileira desconsiderou, no entanto, o ponto que é nuclear para a análise institucional: àquela altura – como hoje – vigia plenamente na *Operação Lava Jato* um regime jurídico-processual de exceção.

O tribunal não fez mais do que reconhecer que o crime de violação de sigilo praticado pelo juiz federal Sérgio Fernando Moro estava "justificado" pelas circunstâncias excepcionais e pelo caráter inédito da investigação.

> Art. 10, da Lei n. 9.296/96. Constitui crime realizar interceptação de comunicações telefônicas, de informática ou telemática, ou quebrar segredo da Justiça, sem autorização judicial ou com objetivos não autorizados em lei.
>
> Pena: reclusão, de dois a quatro anos, e multa.[58]

E continua assim até hoje.

2.2.14. O subsistema de exceção da *Operação Lava Jato* em uma sociedade anestesiada por sua tradição autoritária dificilmente tem condições de ser modificado "de dentro" no curto prazo. As mudanças institucionais tendencialmente ocorrem no longo prazo.

Recorrendo às metodologias do institucionalismo histórico, como as referidas por Andrés del Río,[59] retrospectivamente revela-se frustrada

---

direito à vida, à liberdade, à igualdade, à segurança e à propriedade, nos termos seguintes: [...]

XII – é inviolável o sigilo da correspondência e das comunicações telegráficas, de dados e das comunicações telefônicas, salvo, no último caso, por ordem judicial, nas hipóteses e na forma que a lei estabelecer para fins de investigação criminal ou instrução processual penal.

[58] BRASIL. *Lei n. 9.296, de 24 de julho de 1996, que regulamenta o inciso XII, parte final, do art. 5º da Constituição Federal*. Disponível em http://www.planalto.gov.br/ccivil_03/leis/l9296.htm. Acesso em 21.12.2017.

[59] *El desarrollo institucional de la Corte Suprema de Justicia Nacional y del Supremo Tribunal Federal*: trayectorias comparadas desde el establecimiento a la redemocratización. Curitiba: CRV, 2014.

## OPERAÇÃO LAVA JATO E O DEVIDO PROCESSO LEGAL: PARECER...

a hipótese de que a Constituição de 1988 funcionou como "breakdown histórico", em relação à Justiça Criminal Brasileira em sentido amplo.

Se é o caso de supor que a Constituição de 1988 está dotada de força suficiente para constituir-se em causa de "abrupta mudança institucional", com potencial para pôr fim a um longo período de estabilidade inquisitorial do Sistema de Justiça Criminal, configurando ela mesma um "breakdown histórico", conforme o idealiza Stephen Krasner,[60] a retomada com aparente normalidade, do debate sobre teses como a do aproveitamento da prova ilícita, não seria explicada, salvo como algo folclórico.

2.2.15. O desenho estratégico de justiça criminal de exceção elaborado previamente à *Lava Jato* demanda mais que o abandono das regras do jogo do processo penal constitucional, no âmbito direto da prova, para alcançar os resultados perseguidos.

A colaboração premiada como mecanismo de desconstrução do direito de defesa – e não como importante meio de obtenção de provas – é transplantado de um estatuto legal lacunoso para uma realidade na qual se vê permanentemente em diálogo com a prisão preventiva.[61]

---

[60] *El desarrollo institucional de la Corte Suprema de Justicia Nacional y del Supremo Tribunal Federal:* trayectorias comparadas desde el establecimiento a la redemocratización. Curitiba: CRV, 2014, p. 30.

[61] Art. 4º, da Lei n. 12.850/13. O juiz poderá, a requerimento das partes, conceder o perdão judicial, reduzir em até 2/3 (dois terços) a pena privativa de liberdade ou substituí-la por restritiva de direitos daquele que tenha colaborado efetiva e voluntariamente com a investigação e com o processo criminal, desde que dessa colaboração advenha um ou mais dos seguintes resultados:
I – a identificação dos demais coautores e partícipes da organização criminosa e das infrações penais por eles praticadas;
II – a revelação da estrutura hierárquica e da divisão de tarefas da organização criminosa;
III – a prevenção de infrações penais decorrentes das atividades da organização criminosa;
IV – a recuperação total ou parcial do produto ou do proveito das infrações penais praticadas pela organização criminosa;
V – a localização de eventual vítima com a sua integridade física preservada.
§ 1º Em qualquer caso, a concessão do benefício levará em conta a personalidade do colaborador, a natureza, as circunstâncias, a gravidade e a repercussão social do fato criminoso e a eficácia da colaboração.

§ 2º Considerando a relevância da colaboração prestada, o Ministério Público, a qualquer tempo, e o delegado de polícia, nos autos do inquérito policial, com a manifestação do Ministério Público, poderão requerer ou representar ao juiz pela concessão de perdão judicial ao colaborador, ainda que esse benefício não tenha sido previsto na proposta inicial, aplicando-se, no que couber, o art. 28 do Decreto-Lei n. 3.689, de 3 de outubro de 1941 (Código de Processo Penal).

§ 3º O prazo para oferecimento de denúncia ou o processo, relativos ao colaborador, poderá ser suspenso por até 6 (seis) meses, prorrogáveis por igual período, até que sejam cumpridas as medidas de colaboração, suspendendo-se o respectivo prazo prescricional.

§ 4º Nas mesmas hipóteses do caput, o Ministério Público poderá deixar de oferecer denúncia se o colaborador:

I – não for o líder da organização criminosa;

II – for o primeiro a prestar efetiva colaboração nos termos deste artigo.

§ 5º Se a colaboração for posterior à sentença, a pena poderá ser reduzida até a metade ou será admitida a progressão de regime ainda que ausentes os requisitos objetivos.

§ 6º O juiz não participará das negociações realizadas entre as partes para a formalização do acordo de colaboração, que ocorrerá entre o delegado de polícia, o investigado e o defensor, com a manifestação do Ministério Público, ou, conforme o caso, entre o Ministério Público e o investigado ou acusado e seu defensor.

§ 7º Realizado o acordo na forma do § 6°, o respectivo termo, acompanhado das declarações do colaborador e de cópia da investigação, será remetido ao juiz para homologação, o qual deverá verificar sua regularidade, legalidade e voluntariedade, podendo para este fim, sigilosamente, ouvir o colaborador, na presença de seu defensor.

§ 8º O juiz poderá recusar homologação à proposta que não atender aos requisitos legais, ou adequá-la ao caso concreto.

§ 9º Depois de homologado o acordo, o colaborador poderá, sempre acompanhado pelo seu defensor, ser ouvido pelo membro do Ministério Público ou pelo delegado de polícia responsável pelas investigações.

§ 10º As partes podem retratar-se da proposta, caso em que as provas autoincriminatórias produzidas pelo colaborador não poderão ser utilizadas exclusivamente em seu desfavor.

§ 11º A sentença apreciará os termos do acordo homologado e sua eficácia.

§ 12º Ainda que beneficiado por perdão judicial ou não denunciado, o colaborador poderá ser ouvido em juízo a requerimento das partes ou por iniciativa da autoridade judicial.

§ 13º Sempre que possível, o registro dos atos de colaboração será feito pelos meios ou recursos de gravação magnética, estenotipia, digital ou técnica similar, inclusive audiovisual, destinados a obter maior fidelidade das informações.

§ 14º Nos depoimentos que prestar, o colaborador renunciará, na presença de seu defensor, ao direito ao silêncio e estará sujeito ao compromisso legal de dizer a verdade.

§ 15º Em todos os atos de negociação, confirmação e execução da colaboração, o colaborador deverá estar assistido por defensor.

§ 16º Nenhuma sentença condenatória será proferida com fundamento apenas nas declarações de agente colaborador.

*OPERAÇÃO LAVA JATO* E O DEVIDO PROCESSO LEGAL: PARECER...

As agências estatais de persecução penal apoiam-se em decisões judiciais que, ao desconsiderarem a presunção de inocência, abrem a porta à tortura. O Procurador da República Manoel Pastana, no contexto de um recurso da *Operação Lava Jato*, no âmbito de um tribunal superior, expressamente sustentou que "para conveniência da instrução criminal" a prisão pode servir ao propósito de convencer o investigado a confessar. Literalmente: "Em crime de colarinho branco, onde existem rastros mas as pegadas não ficam, são necessárias pessoas envolvidas com o esquema para colaborar. E o passarinho pra cantar precisa estar preso".[62]

2.2.16. Como dito, a Constituição da República Federativa do Brasil com o passar dos anos não logrou constituir o "breakdown histórico" necessário à mudança institucional que convertesse o processo penal brasileiro em um modelo conformado às garantias individuais previstas nos tratados internacionais de direitos humanos.

A *Operação Lava Jato*, com as características mencionadas, aprofundou a imersão das práticas processuais no âmbito da inquisitorialidade. Esta influência, ao contrário do que se observa ordinariamente no funcionamento dos sistemas de justiça criminal do Ocidente, não resultou de um "modelo de precedentes" ou da exemplaridade das decisões dos tribunais de apelação ou, principalmente, da fixação de critérios de interpretação e aplicação das leis e da Constituição pelo Supremo Tribunal Federal.

O fenômeno obedeceu a uma direção inversa. A hipótese que se extrai dos termos do julgamento do *habeas corpus* n. 126.292/SP, pelo Pleno do Supremo Tribunal Federal, indica, ao revés, a forte influência ascensional provocada pelas práticas correntes na 13ª Vara Criminal Federal de Curitiba e, no ponto específico, pela opinião pessoal do juiz federal Sérgio Fernando Moro, quanto ao inconveniente de atender ao texto expresso do inciso LVII, do artigo 5º da Constituição, e ao do

---

[62] CANÁRIO, Pedro. "Em parecer, MPF defende prisões preventivas para forçar réus a confessar". *In: Consultor Jurídico*. Data: 27 de novembro de 2014. Disponível em https://www.conjur.com.br/2014-nov-27/parecer-mpf-defende-prisoes-preventivas-forcar-confissoes. Acesso em 20.12.2017.

artigo 283 do CPP,[63] e aguardar o trânsito em julgado para viabilizar que a sentença condenatória produza todos os seus efeitos, incluindo o de determinar a prisão do processado.[64]

2.2.17. A decisão deste *habeas corpus* é um marco porque deixa transparente a ausência de resistência eficaz, na esfera do Supremo Tribunal Federal, à ascensão do processo penal de exceção na *Operação Lava Jato*.

Registre-se, porque é muito importante, que os Ministros mais antigos da Corte votaram contrariamente à revisão do conceito até então pacificado de "trânsito em julgado da sentença condenatória", algo por si bastante significativo, apesar de insuficiente.

De acordo com o consenso alargado existente entre os doutrinadores do Direito Processual Penal brasileiro, apenas o esgotamento das vias recursais pode ensejar a imediata execução da sentença penal condenatória, estando interditada constitucionalmente a "antecipação de tutela penal de mérito em favor da acusação".

Por todos, convém reproduzir a noção compartilhada de "trânsito em julgado de decisão condenatória no direito brasileiro" pelos destacados professores brasileiros Aury Lopes Jr. e Gustavo Badaró:

> É temerário admitir que o STF possa 'criar' um novo conceito de trânsito em julgado, numa postura solipsista e aspirando ser o marco zero de interpretação.

---

[63] Art. 5º, CRFB. Todos são iguais perante a lei, sem distinção de qualquer natureza, garantindo-se aos brasileiros e aos estrangeiros residentes no País a inviolabilidade do direito à vida, à liberdade, à igualdade, à segurança e à propriedade, nos termos seguintes: [...] LVII – ninguém será considerado culpado até o trânsito em julgado de sentença penal condenatória. Art. 283. Ninguém poderá ser preso senão em flagrante delito ou por ordem escrita e fundamentada da autoridade judiciária competente, em decorrência de sentença condenatória transitada em julgado ou, no curso da investigação ou do processo, em virtude de prisão temporária ou prisão preventiva. (Redação dada pela Lei n. 12.403, de 2011).

[64] *Habeas Corpus* n. 126.292/SP. Tribunal Pleno do Supremo Tribunal Federal. Relator: Ministro Teori Zavascki. Paciente: Marcio Rodrigues Dantas. Impetrante: Marcia Claudia Seixas. Data do julgamento: 17 de fevereiro de 2016.

## OPERAÇÃO *LAVA JATO* E O DEVIDO PROCESSO LEGAL: PARECER...

Trata-se de conceito assentado, com fonte e história.

Feita essa ressalva, sigamos.

Diante do texto legal, e mesmo sem confundir o enunciado linguístico com a norma, é preciso reconhecer – nem mesmo o Supremo Tribunal Federal está imune a isto – que há limites hermenêuticos que parecem insuperáveis para a intepretação de um dispositivo que atribua um direito até o "trânsito em julgado".

É certo que o trânsito em julgado não se confunde com a coisa julgada, seja ela material ou formal. Eis o conceito de Barbosa Moreira:

por 'trânsito em julgado' entende-se a passagem da sentença da condição de mutável à de imutável. (...) O trânsito em julgado é, pois, fato que marca o início de uma situação jurídica nova, caracterizada pela existência da coisa julgada – formal ou material, conforme o caso.

E Machado Guimarães explica que

"[...] há, portanto, uma relação lógica de antecedente-a-consequente (não de causa-e-efeito) entre o trânsito em julgado e a coisa julgada". E conclui: "A decisão trânsita em julgado cria, conforme a natureza da questão decidida, uma das seguintes situações: *a*) a coisa julgada formal, ou *b*) a coisa julgada substancial.

Assim, o trânsito em julgado da sentença penal condenatória ocorre no momento em que a sentença ou o acórdão torna-se imutável, surgindo a coisa julgada material. Não há margem exegética para que a expressão seja interpretada, mesmo pelo Supremo Tribunal Federal, no sentido de que o acusado é presumido inocente, até o julgamento condenatório em segunda instância, ainda que interposto recurso para o Supremo Tribunal Federal ou Superior Tribunal de Justiça.

Não é possível, portanto, concordar com a premissa adotada pela maioria dos Ministros do Supremo Tribunal Federal, no julgamento do HC n. 126.292/SP, que implica, em apertada síntese, concluir que a presunção de inocência não vigora mais até "o trânsito em julgado da sentença penal condenatória",

## GERALDO PRADO

como assegura o inc. LVII, do *caput* do art. 5º da CR, mas só até "a confirmação a sentença condenatória em segundo grau!"[65]

2.2.18. O caráter de exceção que tomam os processos criminais da *Operação Lava Jato* atinge o paroxismo ao ganharem, como a *Operação*, por força da articulação entre agências de repressão penal – *Forças-Tarefa* – que na prática estão integradas por um juiz federal que expandiu sua competência indefinidamente no tempo e no espaço – e órgãos da comunicação social, a condição de "entes" dotados de personalidade própria, em virtude da qual, por seus representantes, se fazem apresentar perante a comunidade internacional em cerimônias carregadas de simbolismo.

A constante presença do juiz federal Sérgio Fernando Moro para anunciar os "feitos" da *Lava Jato* no cenário internacional é de fácil rastreamento e pode ser constatada por meio de pesquisa na rede internacional de computadores.

2.2.19. No campo institucional esta "entificação" resulta por colocar o juiz federal como defensor não do devido processo legal, mas das punições aos supostos criminosos políticos e empresariais, "apesar do devido processo legal", em manifesta ruptura de sua imparcialidade.

Fato recente que corrobora essa hipótese seria curioso, não fosse de uma gravidade institucional ímpar na democracia: um juiz criminal insta o Presidente da República de seu país, que responde a dois processos criminais oriundos da *Operação Lava Jato*,[66] a exercer influência no Supremo

---

[65] *Parecer. Presunção de inocência*: do conceito de trânsito em julgado da sentença penal condenatória. Consulente: Maria Cláudia de Seixas. Data: 20 de maio de 2016, pp. 17-19. Disponível em http://emporiododireito.com.br/wp-content/uploads/2016/06/Parecer_Presuncao_de_Inocencia_Do_concei.pdf. Acesso em 19.12.2017.

[66] Inquérito n. 4.483/DF. Tribunal Pleno do Supremo Tribunal Federal. Relator: Ministro Edson Fachin. Autor: Ministério Público Federal. Acusados: Michel Miguel Elias Temer Lulia e outro. Denúncia. Data: 26 de junho de 2017. Inquéritos n. 4.327/DF e 4.483/DF. Tribunal Pleno do Supremo Tribunal Federal. Relator: Ministro Edson Fachin. Autor: Ministério Público Federal. Acusados: Michel Miguel Elias Temer Lulia e outros. Denúncia. Data: 14 de setembro de 2017.

## OPERAÇÃO LAVA JATO E O DEVIDO PROCESSO LEGAL: PARECER...

Tribunal Federal para impedir a revisão da decisão do mesmo tribunal que limitou, contra texto expresso da Constituição, a presunção de inocência.[67]

Bem... neste caso, tanto quanto no outro em que o mesmo juiz violou sigilo legal-constitucional das comunicações da anterior Presidente da República, a coisa ficou pelo que foi, sem notícias de que o Ministério Público no Brasil a irá apurar.

Compreende-se, pois, que juristas da estatura de Luigi Ferrajoli, Eugenio Raúl Zaffaroni e Herta Däubler-Gmelin declarem que as garantias do devido processo legal são praticamente inexistentes em nosso país.[68]

2.2.20. O artigo 6º do Convênio Europeu de Direitos Humanos apresenta o rol das garantias a um processo equitativo.

---

[67] O GLOBO. *Moro pede para Temer influenciar o STF a manter prisão em segunda instância.* Disponível em https://oglobo.globo.com/brasil/moro-pede-para-temer-influenciar-stf-manter-prisao-em-segunda-instancia-22154952. Data de acesso 21.12.2017.

[68] FERRAJOLI, Luigi. "Existem, no Brasil, garantias do devido processo legal?". *Carta Capital.* Data de publicação: 16 de novembro de 2017. Disponível em https://www.cartacapital.com.br/revista/979/existem-no-brasil-garantias-do-devido-processo-legal. Acesso em 12.12.2017; ZAFFARONI, Eugenio Raúl. *El escándalo jurídico.* Disponível em https://www.pagina12.com.ar/diario/contratapa/13-313021-2016-10-30.html. Data de acesso 19.12.2017; DÄUBLER-GMELIN, Herta. "Ex-ministra alemã vê "politização" da Justiça em ação que condenou Lula". *In: Uol Notícias.* Data de publicação: 15 de novembro de 2017. Disponível em https://noticias.uol.com.br/ultimas-noticias/deutschewelle/2017/11/15/ex-ministra-alema-questiona-politizacao-da-justica-no-brasil.htm. Acesso em 12.12.2017; SANTOS, Juarez Cirino dos. "A conexão Lava Jato/Meios de comunicação: um novo cenário de luta de classe"s. *Justificando.* Data de publicação: 13 de março de 2016. Disponível em http://justificando.cartacapital.com.br/2016/03/13/a-conexao- lavajatomeios-de-comunicacao-um-novo-cenario-de-luta-de-classes/. Acesso em 15.12.2017; NASSIF, Luis. "Como a *Lava Jato* foi pensada como uma operação de guerra". *In: Carta Capital.* Data de publicação: 19.10.2015. Disponível em https://www.cartacapital.com.br/politica/como-a-lava jato-foi-pensada-como-uma-operacao-de-guerra-5219.html. Acesso em 12.12.2017; CANÁRIO, Pedro. "Ao mandar prender presidente da Eletronuclear, Moro inverte ônus da prova". *Consultor Jurídico.* Data de publicação: 04 de agosto de 2015. Disponível em https://www.conjur.com.br/2015-ago-04/prender-presidente-eletronuclear-moro-inverte-onus-prova. Acesso em 12.12.2017; FOLHA DE SÃO PAULO. *Lava Jato adota comunicação como um de seus pilares.* 24 de novembro de 2017. Disponível em http://www1.folha.uol.com.br/poder/2017/11/1937798-lava jato-adota-comunicacao-como-um-de-seus-pilares.shtml. Acesso em 12.12.2017.

GERALDO PRADO

Sublinho os dois primeiros incisos porque à toda evidência, após a exposição, penso que o necessário "breakdown histórico", a interromper a escalada autoritária do processo penal de exceção instalado no âmbito da *Operação Lava Jato*, deve consistir no reconhecimento de que o cidadão português R. S. F. J., se extraditado ao Brasil para ser processado no juízo da 13ª Vara Criminal Federal de Curitiba, em processos da *Operação Lava Jato*, não terá assegurados seus direitos previstos no citado Convênio, que a República Portuguesa deve garantir.

Artigo 6º CEDH. Direito a um processo equitativo

> 1. Qualquer pessoa tem direito a que a sua causa seja examinada, equitativa e publicamente, num prazo razoável por um tribunal independente e imparcial, estabelecido pela lei, o qual decidirá, quer sobre a determinação dos seus direitos e obrigações de carácter civil, quer sobre o fundamento de qualquer acusação em matéria penal dirigida contra ela. O julgamento deve ser público, mas o acesso à sala de audiências pode ser proibido à imprensa ou ao público durante a totalidade ou parte do processo, quando a bem da moralidade, da ordem pública ou da segurança nacional numa sociedade democrática, quando os interesses de menores ou a protecção da vida privada das partes no processo o exigirem, ou, na medida julgada estritamente necessária pelo tribunal, quando, em circunstâncias especiais, a publicidade pudesse ser prejudicial para os interesses da justiça.
>
> 2. Qualquer pessoa acusada de uma infracção presume-se inocente enquanto a sua culpabilidade não tiver sido legalmente provada.[69]

---

[69] Artigo 6, CEDH. Direito a um processo equitativo
1. Qualquer pessoa tem direito a que a sua causa seja examinada, equitativa e publicamente, num prazo razoável por um tribunal independente e imparcial, estabelecido pela lei, o qual decidirá, quer sobre a determinação dos seus direitos e obrigações de carácter civil, quer sobre o fundamento de qualquer acusação em matéria penal dirigida contra ela. O julgamento deve ser público, mas o acesso à sala de audiências pode ser proibido à imprensa ou ao público durante a totalidade ou parte do processo, quando a bem da moralidade, da ordem pública ou da segurança nacional numa sociedade democrática, quando os interesses de menores ou a protecção da vida privada das partes no processo o exigirem, ou, na medida julgada estritamente necessária pelo tribunal,

# OPERAÇÃO LAVA JATO E O DEVIDO PROCESSO LEGAL: PARECER...

2.2.21. Com efeito, nas circunstâncias o mencionado cidadão português não será julgado por um tribunal independente e imparcial, pois ao assumir a condição de "presentificar" o ente *Lava Jato*, personalizando a função repressiva, o magistrado Sérgio Fernando Moro despe-se das condições de juiz parcial.

A bem de notar que tal "presentificação" não é algo que singularmente afete apenas aos dois processos criminais em curso contra R. S. F. J. Como relevado notar ao longo de todo o estudo, tal personificação de "juiz criminal de ataque" como ele próprio definiu o modelo ideal (idealizado?!) de magistrado criminal para fazer frente aos crimes de corrupção, é antes de mais nada correspondente ao de líder de facto de uma *Task Force*, integrada por membros de agências encarregadas da persecução penal.

Não há na promessa e na atuação concreta do citado magistrado a menor nota de imparcialidade objetiva. Ele até pode, subjetivamente, crer que é imparcial e é provável que exista essa crença. Mas objetivamente não o é e a prova não somente da parcialidade objetiva, como de que sua jurisdição forçada transcende os limites territoriais e de conexão fixados pela própria lei brasileira reside em que o juiz federal se sente confortável para publicamente, sem ser admoestado, solicitar ao processado Presidente da República que interfira em julgamento no Supremo Tribunal Federal.

---

quando, em circunstâncias especiais, a publicidade pudesse ser prejudicial para os interesses da justiça.

2. Qualquer pessoa acusada de uma infracção presume-se inocente enquanto a sua culpabilidade não tiver sido legalmente provada.

3. O acusado tem, como mínimo, os seguintes direitos: a) Ser informado no mais curto prazo, em língua que entenda e de forma minuciosa, da natureza e da causa da acusação contra ele formulada; b) Dispor do tempo e dos meios necessários para a preparação da sua defesa; c) Defender-se a si próprio ou ter a assistência de um defensor da sua escolha e, se não tiver meios para remunerar um defensor, poder ser assistido gratuitamente por um defensor oficioso, quando os interesses da justiça o exigirem; d) Interrogar ou fazer interrogar as testemunhas de acusação e obter a convocação e o interrogatório das testemunhas de defesa nas mesmas condições que as testemunhas de acusação; e) Fazer-se assistir gratuitamente por intérprete, se não compreender ou não falar a língua usada no processo.

A jurisprudência dos tribunais de direitos humanos, na tutela do direito ao juiz imparcial, firma-se pela hipótese de afastamento do magistrado, pois que é suficiente que a "imagem de imparcialidade do juiz tenha resultado, em termos sociais, afetada" para que isso ocorra. Não se trata, pois, de assegurar somente "as regras do jogo" e sim garantir "os valores em jogo".[70]

Neste contexto não pode ficar de pé a dúvida de que é o próprio magistrado que reconhece que não há para ele independência de um tribunal criminal no Brasil.

A chancela pelo STF, ainda que por maioria, de que a prisão preventiva não encontra limites na presunção de inocência choca-se com o entendimento dominante no Tribunal Europeu de Diretos Humanos de que a culpabilidade deve ser legalmente demonstrada para que a referida garantia seja superada.[71]

*Termino este capítulo do estudo respondendo ao primeiro quesito.*

1. No contexto dos processos criminais que caracterizam a *Operação Lava Jato* os direitos e garantias previstos em tratados e convenções internacionais sobre direitos humanos são ordinariamente respeitados?

Não. Como destacado ao longo do estudo, a *Operação Lava Jato*, apesar do nobre propósito de responsabilizar criminalmente agentes de crimes de Estado e de crimes de mercado, instituiu um sistema de exceção no âmbito do processo penal, nos casos originados no juízo presidido pelo juiz federal Sérgio Fernando Moro, que de maneira sistemática viola as garantias do processo equitativo.

---

[70] ANDRÉS IBÁÑEZ, Perfecto. "Garantismo y Proceso Penal". *In:* SOTOMAYOR ACOSTA, Juan Oberto (coord.). *Garantismo y Derecho Penal.* Bogotá: Temis, 2006, p. 140. Interessante observar, com Ibáñez, que na prática, quanto mais "ofensivo" (e não informativo) é o processo, mais surgem vozes defendendo seu caráter instrumental ("adjetivo"), como que a pretender sanar todas as máculas geradas pelo comprometimento do juiz com funções executivas de repressão penal (parcialidade) Ver na obra citada, p. 139.

[71] TRIBUNAL EUROPEU DE DIREITOS HUMANOS. *Caso Lavlents c. Letonia.* Data: 28 de novembro de 2002.

## OPERAÇÃO LAVA JATO E O DEVIDO PROCESSO LEGAL: PARECER...

O efeito ascendente da *Operação Lava Jato* sobre os demais tribunais pode ser constatado pelo manifesto reconhecimento, na instância revisional, do "caráter inédito" da *Operação*, a reclamar soluções originais, e, destacadamente, pela compressão da presunção de inocência por decisão do STF, cuja manutenção foi reclamada publicamente pelo magistrado Sérgio Fernando Moro ao Presidente da República, conclamado a intervir no STF, órgão para julgar as duas acusações contra si, visando manter restringida e, de fato suspensa, a referida garantia, típica do processo equitativo.

A "entificação" da *Operação Lava Jato* na pessoa do citado magistrado, sem que os tribunais brasileiros o afastem da direção dos processos, quando nitidamente comprometida sua "imparcialidade objetiva" afeta este direito próprio do processo equitativo, conforme previsto no Convênio Europeu de Direitos Humanos.

Releva notar que a hipótese, pelo que ficou exposto, é de violação sistemática dos direitos ao processo equitativo no referido âmbito, direitos que, apesar de eventuais declarações do governo brasileiro, têm se revelado na prática efetivamente não respeitados.

## 3. As violações sistemáticas aos direitos humanos no campo da execução penal no Brasil

3.1. O Artigo $3^{\circ}$ da Convenção Europeia de Direitos Humanos tem a seguinte redação: "Proibição da tortura. Ninguém pode ser submetido a torturas, nem a penas ou tratamentos desumanos ou degradantes".

A rigor, em seu "Memorando sobre aspectos da legislação brasileira de potencial interesse no processo de extradição do cliente R. S. F. J.", que o Professor Doutor Diogo Rudge Malan apresentou ao Dr. Henrique Salinas, em 08 de abril de 2016, e a cujos termos teóricos adiro sem reservas, o Professor Doutor Malan praticamente esgotou a análise que conclui, com os dados disponíveis à época e hoje, atualizados no presente estudo se mostram ainda mais assustadores, que "a situação do sistema carcerário brasileiro é *caótica, dramática e insustentável*".

59

3.2. Com efeito, a situação real do sistema penitenciário brasileiro que já estava comprometida quando ainda ostentávamos a 4ª maior população aprisionada do planeta, por certo não melhorou ao assumirmos agora a 3ª posição, com viés de alta, particularmente no campo dos presos provisórios.[72]

3.3. Os relatórios de organismos internacionais seguem sendo produzidos e divulgados, a envergonhar os brasileiros com a notícia de torturas e mortes nos Presídios de todo o País.

Assim, se por ocasião da emissão do memorando, em 2016, Malan relatou que "vistorias *in loco* do enviado especial da Comissão de Direitos Humanos da Organização das Nações Unidas" no ano de 2015, estavam a denunciar a prática de tortura nas prisões brasileiras, o quadro piorou sensivelmente depois.

Piorou depois da emissão do Memorando de Malan e seguiu agravando-se mesmo após a extradição de H. P., distante o governo brasileiro sequer de se aproximar das metas de garantir o encarceramento digno a quem quer que seja.[73] O documento de janeiro de 2017 fala por si, convindo ressaltar:

> Outro aspecto importante ressaltado é que a impunidade em casos de tortura por agentes públicos no Brasil continua sendo a regra, e não a exceção, o que contribui para que se crie um clima de impunidade que alimenta a continuação de violações de direitos humanos.
> [...]
> O SPT constatou que a superlotação endêmica, as condições chocantes de detenção, os problemas de assistência médica aos

---

[72] Disponível: https://www.conjur.com.br/dl/infopen-levantamento.pdf. Acesso em 21.12.2017.

[73] INCALCATERRA, Amerigo. "ONU: impunidade por tortura nas prisões é regra no Brasil. Entrevista com Amerigo Incalcaterra, representante do Alto Comissariado da ONU para os Direitos Humanos". *EXAME*, 23 de janeiro de 2017. Disponível em https://exame.abril.com.br/brasil/onu-impunidade-por-tortura-nas-prisoes-e-regra-no-brasil/. Acesso em 19.12.2017.

> presos, a falta de acesso à educação, a violência generalizada entre detentos e a falta de supervisão adequada dos presos (o que leva à impunidade) são alguns dos problemas principais ainda não resolvidos pelo Brasil para enfrentar a crise prisional e combater a tortura nos presídios.
>
> Em suas visitas a diferentes delegacias, prisões, centros de detenção provisória, instalações para adolescentes e hospitais penitenciários, o Subcomitê encontrou uma atmosfera geral de intimidação e repressão.
>
> Relatos de detentos sujeitando outros detentos à tortura e facções criminosas com significante controle de certos presídios são frequentes, segundo esses especialistas internacionais. O SPT e o relator especial receberam relatos de prática de tortura e tratamento degradante e cruel durante apreensões e em presídios que envolvem o uso de choques elétricos, balas de borracha, sufocamento, espancamento com barras de ferro e palmatória, técnicas conhecidas como telefone – que consiste em dar golpes na orelha da vítima – e o pau arara. Segundo ressaltou o relator especial, o objetivo desses atos seria obter uma confissão, pagamento de suborno, ou uma forma de castigo ou intimidação.

3.4. Não é de estranhar que em um clima de encarceramento massivo a violência prisional prospere. Afinal, os dados do próprio sistema, conforme o mencionado relatório do INFOPEN, apontam para uma "taxa de ocupação" correspondente a 197,4%. Em suma, há quase um preso a mais por cada encarcerado.

3.5. O Relatório da Anistia Internacional é ainda mais incisivo. Como em sua defesa, tradicionalmente o governo brasileiro costuma "prometer melhoras que estejam em condições de transformar o sistema prisional medieval", penso que também é conveniente, neste capítulo, recordar a mitologia autoritária referida ao início por Casara, para informar ao Tribunal Europeu de Direitos Humanos que é o Poder Judiciário que, ao não reprimir a tortura e os homicídios cometidos nas prisões por agentes do Estado, que está a enviar ao público em geral que forma parte das "causas contrariantes à mudança prisional".

# GERALDO PRADO

Por este ângulo, poucos exemplos são mais eloquentes do que o da impunidade dos policiais militares de São Paulo pelo extermínio de 111 presos em Carandiru, fatos que conferiram à unidade prisional merecida (má) reputação ao nível internacional.

Destaca, com efeito, o Relatório n. 2.016/17, da Anistia:

> Las cárceles seguían teniendo graves problemas de hacinamiento y se denunciaban torturas y otros malos tratos. Según el Ministerio de Justicia, al terminar 2015, el sistema penitenciario contaba con una población de más de 620.000 personas, aunque su capacidad total era de aproximadamente 370.000.
>
> Hubo motines carcelarios en todo el país. En octubre, 10 hombres fueron decapitados o quemados vivos en una prisión del estado de Roraima, y 8 murieron de asfixia en una celda durante el incendio de una prisión en el estado de Rondônia.
>
> El 8 de marzo, el relator especial sobre la tortura denunció, entre otras cosas, las precarias condiciones de vida y la práctica habitual de la tortura y otros malos tratos a reclusos por parte de la policía y de los guardias penitenciarios en Brasil.
>
> En septiembre, un tribunal de apelación declaró nulos el juicio y las sentencias dictadas contra 74 agentes de policía por la masacre de la prisión de Carandiru, ocurrida en 1992, en la que 111 hombres murieron a manos de la policía.[74]

3.6. A ausência de dados prisionais nos últimos 18 meses aparentemente beneficiou o governo brasileiro nas disputas internacionais.

César Muñoz sublinhará que a espantosa proporção de "presos provisórios", 40% da população carcerária total, segundo a estatística oficial recém-divulgada, definha indefinidamente, carentes estes presos de um regime jurídico-processual que estabeleça de forma cogente prazos máximos para o aprisionamento provisório.[75]

---

[74] AMNESTY INTERNATIONAL. "Amnistía Internacional. Brasil 2016-2017". *Informe 2016/17 Amnistía Internacional*: la situación de los derechos humanos en el mundo. Disponível em https://www.amnesty.org/en/countries/americas/brazil/report-brazil/. Acesso em 19.12.2017.

[75] "As condições prisionais pioram no Brasil". *Human Rights Watch*. 8 de dezembro de

*OPERAÇÃO LAVA JATO* E O DEVIDO PROCESSO LEGAL: PARECER...

3.7. À distância é improvável que um observador sequer acredite no alto grau de deterioração e violência do sistema penal – deterioração que aflige a quase totalidade das unidades indistintamente, isto é, em todo território nacional – e menos ainda que os homicídios dentro das cadeias sejam praticados às dezenas, em ações dos grupos criminosos que, de dentro dos cárceres, são os verdadeiros controladores e gestores das prisões brasileiras.

Por isso, o grau de confiança de que gozam internacionalmente as organizações de direitos humanos dedicadas a examinar *in loco* as condições carcerárias funcionam como referência em termos de informações fiáveis.

O Escritório do Alto Comissariado das Nações Unidas para os Direitos Humanos (ACNUDH) tem buscado perante as autoridades brasileiras definir protocolos de investigação das responsabilidades dos que causaram a morte de 60 pessoas privadas de liberdade durante rebeliões ocorridas em unidades prisionais de Manaus (Amazonas), no Brasil, para ficar em outro exemplo dessa triste reputação internacional.[76]

3.8. A situação caótica do sistema prisional tem demandado ações em nível internacional, na busca por sensibilizar as autoridades brasileiras de todos os setores da administração pública – Executivo, Legislativo e Judiciário – quanto à necessidade de interromper o processo de encarceramento em massa e melhorar de modo significativo as condições de execução das medidas de privação da liberdade.

Entre as iniciativas fundadas no Protocolo Opcional para a Convenção Contra a Tortura e outros Meios Cruéis e Degradantes, em

---

2017. Disponível em https://www.hrw.org/pt/news/2017/12/08/312429. Acesso em 19.12.2017.

[76] ACNUDH-AMÉRICA DO SUL. "Escritório Regional para América do Sul do Alto Comissário das Nações Unidas para os Direitos Humanos". *Brasil*: ONU-Direitos Humanos cobra medidas contra violência em presídios após rebelião em Manaus. 4 de janeiro de 2017. Disponível em http://acnudh.org/pt-br/brasil-onu-direitos-humanos-cobra-medidas-contra-violencia-em-presidios-apos-rebeliao-em-manaus/. Acesso em 19.12.2017.

seguida às vistorias realizadas por observadores internacionais,[77] estão as ações no âmbito do sistema regional de direitos humanos.

3.9. Em anexo, fruto da pesquisa da investigadora Daniela Dora Eilberg, da Pontifícia Universidade Católica do Rio Grande do Sul, será apresentado quadro sinóptico das ações em trâmite na Corte Interamericana de Direitos Humanos (CIDH), promovidas em face da República Federativa do Brasil, que a olho nu são reveladoras de que, como salientou Malan, em seu memorando, "é evidente que o Estado requerente não tem condições de assegurar ao extraditando o cumprimento da pena em condições mínimas de humanidade e dignidade".

3.10. Caso, no entanto, persista alguma dúvida dessa violação às escâncaras do direito previsto no artigo 3º da Convenção Europeia de Direitos Humanos, de que a República Federativa do Brasil não apenas não tem como assegurar um cumprimento de pena, por parte de R. S. F. J., em condições mínimas de dignidade, como sequer pode comprometer-se seriamente para o futuro, sublinho a confissão do Supremo Tribunal Federal, órgão de cúpula do Poder Judiciário Brasileiro, de que, segundo a ótica do STF, sequer a família de R. S. F. J. seria credora de indenização em caso de morte do processado nas prisões brasileiras.

3.11. Assim é que, ao julgar Recurso Extraordinário com Repercussão Geral, tal seja, estabelecendo o critério de orientação para toda a Justiça Penal do país, o STF fixou a tese de que o dever do Estado de indenizar, em hipótese de morte do preso, somente se considera existente "quando possível a atuação estatal". Nestes termos, segue o julgado de obediência obrigatória pelos juízes e tribunais do Brasil, se "não é possível ao Estado agir para evitar a morte do detento" afasta-se a responsabilidade do Poder Público.

---

[77] UNITED NATIONS. *Optional Protocol to the Convention against Torture and Other Cruel, Inhuman or Degrading Treatment or Punishment.* Visit to Brazil undertaken from 19 to 30 October 2015: observations and recommendations addressed to the State party. Disponível em http://docstore.ohchr.org/SelfServices/FilesHandler.ashx?enc= 6QkG1d%2FPPRiCAqhKb7yhsgvDz3SQy0TX%2F2ipA5CN39ga3g0pUa9A8tPel9 Tu7aPZ%2BQGi9TYikL%2FUxDFbQLw1cHpAMYWohyyjdes45lKe2%2F2fzSSG cWiTpOkZXBddofOL. Acesso em 19.12.2017.

## OPERAÇÃO LAVA JATO E O DEVIDO PROCESSO LEGAL: PARECER...

Reproduzo trechos da Ementa do julgado que permitirão à Corte Europeia ajuizar o real compromisso do Brasil para com a dignidade de seus presos, pois que se trata de sentença de Corte Constitucional com repercussão geral. Ressalvo que no caso concreto o STF reconheceu comprovado o nexo de causalidade da omissão estatal.

> STF – Responsabilidade civil do Estado por morte de detento
> EMENTA: RECURSO EXTRAORDINÁRIO. REPERCUS-SÃO GERAL. RESPONSABILIDADE CIVIL DO ESTADO POR MORTE DE DETENTO. ARTIGOS 5º, XLIX, E 37, § 6º, DA CONSTITUIÇÃO FEDERAL. 1. A responsabilidade civil estatal, segundo a Constituição Federal de 1988, em seu artigo 37, § 6º, subsume-se à teoria do risco administrativo, tanto para as condutas estatais comissivas quanto paras as omissivas, posto rejeitada a teoria do risco integral. 2. A omissão do Estado reclama nexo de causalidade em relação ao dano sofrido pela vítima nos casos em que o Poder Público ostenta o dever legal e a efetiva possibilidade de agir para impedir o resultado danoso. 3. É dever do Estado e direito subjetivo do preso que a execução da pena se dê de forma humanizada, garantindo-se os direitos fundamentais do detento, e o de ter preservada a sua incolumidade física e moral (artigo 5º, inciso XLIX, da Constituição Federal). 4. O dever constitucional de proteção ao detento somente se considera violado quando possível a atuação estatal no sentido de garantir os seus direitos fundamentais, pressuposto inafastável para a configuração da responsabilidade civil objetiva estatal, na forma do artigo 37, § 6º, da Constituição Federal. 5. *Ad impossibilia nemo tenetur*, por isso que nos casos em que não é possível ao Estado agir para evitar a morte do detento (que ocorreria mesmo que o preso estivesse em liberdade), rompe-se o nexo de causalidade, afastando-se a responsabilidade do Poder Público, sob pena de adotar-se *contra legem* e a *opinio doctorum* a teoria do risco integral, ao arrepio do texto constitucional. 6. A morte do detento pode ocorrer por várias causas, como, vol. g., homicídio, suicídio, acidente ou morte natural, sendo que nem sempre será possível ao Estado evitá-la, por mais que adote as precauções exigíveis. 7. A responsabilidade civil estatal resta conjurada nas hipóteses em que o Poder Público comprova causa impeditiva da sua atuação protetiva do detento, rompendo o nexo de causalidade da sua omissão com o resultado danoso. 8. Repercussão geral constitucional que assenta a tese de que: em caso de inobservância

## GERALDO PRADO

do seu dever específico de proteção previsto no artigo 5º, inciso XLIX, da Constituição Federal, o Estado é responsável pela morte do detento. 9. *In casu*, o tribunal a quo assentou que inocorreu a comprovação do suicídio do detento, nem outra causa capaz de romper o nexo de causalidade da sua omissão com o óbito ocorrido, restando escorreita a decisão impositiva de responsabilidade civil estatal. 10. Recurso extraordinário DESPROVIDO.[78]

3.12. Não há como concluir este tópico do parecer sem mencionar, a título de fecho, a opinião de um dos maiores penalistas brasileiros, Professor Doutor Juarez Tavares, autor do parecer que subsidiou a ação no STF, referida por Malan, que reconheceu o Estado de Coisas Inconstitucional das unidades de aprisionamento.

3.13. Afirmou Tavares:

> Já no que se refere às teorias da prevenção especial positiva, foco principal da discussão, impõe-se concluir – tendo em vista os dados apresentados anteriormente – que *o sistema prisional brasileiro não apresenta as condições mínimas para a realização do projeto técnico-corretivo de ressocialização, reeducação ou reinserção social do sentenciado,*[79]
>
> [...]
>
> Isso posto, quanto à segunda indagação feita pelo consulente, concluo que *o encarceramento no brasil, levando em conta a sua atual configuração, contribui – ao contrário do que se apregoa manifestamente*

---

[78] RE 841526. Tribunal Pleno do Supremo Tribunal Federal. Relator: Ministro Luiz Fux. Recorrente: Estado do Rio Grande do Sul. Procurador: Procurador-Geral do Estado do Rio Grande do Sul. Recorrido: V J de Q (representado por Simone Jardim). Advogado: Pedro Paulo da Silva Fraga e outro(a/s). *Amicus curiae:* União. Procurador: Advogado-Geral da União. *Amicus curiae*: Defensoria Pública da União. Procurador: Defensor Público-Geral Federal. Julgamento em 30 de março de 2016. Acórdão eletrônico repercussão geral – mérito DJe-159. Divulgado em 29 de julho de 2016. Publicado em 01 de agosto de 2016.

[79] "Capítulo 5: A situação carcerária no Brasil". *In:* TAVARES, Juarez; PRADO, Geraldo. *O Direito Penal e o Processo Penal no Estado de Direito*: análise de casos. Florianópolis: Empório do Direito, 2016, p. 239.

## OPERAÇÃO LAVA JATO E O DEVIDO PROCESSO LEGAL: PARECER...

*— para o aumento da prática delitiva e, por sua vez, impacta negativamente na segurança* pública.[80]

[...]

[Conclusões:]

c. O sistema carcerário nacional, além de não possuir as condições mínimas para a concretização do projeto corretivo previsto nas normas nacionais e internacionais, apresenta uma eficácia invertida, isto é, atua de forma deformadora e estigmatizante sobre o condenado.[81]

Em vista disso, entendo que é possível responder ao segundo quesito formulado pelo Consulente.

2. No Brasil, no âmbito da execução das penas privativas de liberdade, são observadas as prescrições dos Tratados de Direitos Humanos e das decisões dos Tribunais de Direitos Humanos?

Não. As denúncias de tortura e morte ajuizadas contra o Estado Brasileiro no âmbito da Corte Interamericana de Direitos Humanos, o estado de violência sistêmica e de degradação das prisões no Brasil, constado e também denunciado permanentemente por observadores estrangeiros, o incremento em escala sem equivalentes internacionais, do encarceramento cautelar e definitivo, a ausência de regras sobre duração da prisão preventiva, a admissão pelo Supremo Tribunal Federal do Estado de Coisas Inconstitucional no referido sistema de prisão e as regras que condicionam o dever de indenizar do Estado, em casos de mortes na prisão a não exclusão do nexo de causalidade, atentam contra o Direito reconhecido ao cidadão português R. S. F. J. no artigo 3º da Convenção Europeia de Direitos Humanos.

O quadro, pois, na opinião sustentada no parecer, aponta para a inexistência de condições que autorizem a extradição de R. S. F. J.,

---

[80] "Capítulo 5: A situação carcerária no Brasil". *In:* TAVARES, Juarez; PRADO, Geraldo. *O Direito Penal e o Processo Penal no Estado de Direito*: análise de casos. Florianópolis: Empório do Direito, 2016, p. 245.

[81] "Capítulo 5: A situação carcerária no Brasil". *In:* TAVARES, Juarez; PRADO, Geraldo. *O Direito Penal e o Processo Penal no Estado de Direito*: análise de casos. Florianópolis: Empório do Direito, 2016, p. 258.

respeitando-se as garantias do processo equitativo e contra a submissão à tortura ou outras penas cruéis.

Despiciendo ressaltar que a República Portuguesa, destinatária do pleito de extradição formulado pela República Federativa do Brasil que ensejou a instauração de processo de extradição autuado sob o n. 483/16.7YRLSB, está sujeita às mesmas regras jurídico-constitucionais e convencionais, em âmbito interno, mas também no contexto regional da União Europeia, a condicionar a extradição de uma pessoa a que o Estado requerente de facto implemente o direito equitativo e o a não submeter o extraditando à tortura ou a penas cruéis.

A demonstração de que os processos criminais da *Operação Lava Jato* deduzidos no Juízo da 13ª Vara Criminal Federal de Curitiba, por fatos ocorridos no exterior, desconexos com aqueles que remotamente fixaram a competência da Justiça Federal Brasileira da 4ª Região na esfera da citada *Operação*, não estão em condições de serem julgados por juiz ou tribunal imparcial, que assegure o exercício do direito de defesa e o contraditório e ainda que não recorra, como habitualmente o faz este juiz, a medidas de coerção fora dos marcos da própria lei e da Constituição do Brasil, são impeditivas da extradição que, acaso deferida em definitivo pela República Portuguesa, estará a conflitar com o artigo 6º da Convenção Europeia de Direitos Humanos.

No Memorando anterior do Professor Doutor Diogo Malan os termos analisados do decreto de prisão, verdadeira antecipação do juízo de mérito da causa, conferem a exata medida para o caso concreto da citada violação às garantias do justo processo.

Ademais, a República Portuguesa estima sempre assegurar a todas as pessoas proteção contra a tortura e a imposição de penas cruéis ou degradantes. Este cuidado encontra abrigo na ordem jurídica portuguesa e, como visto, na Convenção Europeia de Direitos Humanos, mas guerreia com a realidade das prisões brasileiras, sendo fator impeditivo do deferimento da extradição. O acolhimento do pleito de extradição pela República Portuguesa, apesar de comprovada a caótica e torturante situação do sistema prisional brasileiro, indica igualmente para o caso concreto infração a direitos previstos no artigo 3º da Convenção Europeia de Direitos Humanos.

Ressalvado melhor entendimento, este é o parecer, que é emitido na expectativa de que pelo "olhar de fora", o importante pronunciamento do Tribunal Europeu de Direitos Humanos some-se às decisões que, no já longínquo 05 de outubro de 1988, procuraram funcionar como "breakdown histórico", a interromper a escalada autoritária do processo penal de exceção instalado no âmbito da *Operação Lava Jato*.

O controle da corrupção dos agentes do estado no horizonte da criminalidade de mercado é muito importante para a democracia, mas viola-se a própria democracia ao romper-se com as balizas do Estado de Direito a título "de combater a corrupção". O contexto decisório impõe uma tomada de posição dos tribunais de direitos humanos sobre a função do juiz criminal no Estado de Direito: "juiz de ataque à corrupção" ou "juiz garante da Constituição e dos Tratados Internacionais de Direitos Humanos".

Rio de Janeiro, 21 de dezembro de 2017.

## REFERÊNCIAS BIBLIOGRÁFICAS

ACNUDH-AMÉRICA DO SUL. Escritório Regional para América do Sul do Alto Comissário das Nações Unidas para os Direitos Humanos. *Brasil*: ONU-Direitos Humanos cobra medidas contra violência em presídios após rebelião em Manaus. 4 de janeiro de 2017. Disponível em http://acnudh. org/pt-br/brasil-onu-direitos-humanos-cobra-medidas-contra-violencia-em-presidios-apos-rebeliao-em-manaus/. Acesso em 19.12.2017.

ALMEIDA JUNIOR, João Mendes de. *Direito judiciário brasileiro*. 5ª ed. Rio de Janeiro: Freitas Bastos, 1960.

AMNESTY INTERNATIONAL. "Brasil 2016-2017". *In: Informe 2016/17 Amnistía Internacional*: la situación de los derechos humanos en el mundo. Disponível em https://www.amnesty.org/en/countries/americas/brazil/report-brazil/. Acesso em 19.12.2017.

ANDRÉS IBÁÑEZ, Perfecto. "Garantismo y Proceso Penal". *In:* SOTOMAYOR ACOSTA, Juan Oberto (coord.). *Garantismo y Derecho Penal*. Bogotá: Temis, 2006.

BADARÓ, Gustavo Henrique Righi Ivahy. "A conexão no processo penal, segundo o princípio do juiz natural, e sua aplicação nos processos da *Operação*

## GERALDO PRADO

*Lava Jato*". *Revista Brasileira de Ciências Criminais*, São Paulo, vol. 24, n. 122, pp. 202-204, ago.-2016. Disponível em http://badaroadvogados.com. br/a-conexao-no-processo- penal-segundo-o-principio-do-juiz-natural-e-sua-aplicacao-nos-processos-da-operacao-lava jato.html. Acesso em 20.12.2017.

BINDER, Alberto M. *Derecho Procesal Penal*. Tomo I. Buenos Aires: Ad-Hoc, 2013.

BINDER, Alberto. "Prefácio". *In:* MORENO HOLMAN, Leonardo. *Teoria del caso*. Buenos Aires: Didot, 2012.

BRASIL. Tribunal Pleno do Supremo Tribunal Federal. *Ação Direta de Inconstitucionalidade n. 2.797/DF*. Relator: Ministro Sepúlveda Pertence. Requerente: Associação Nacional dos Membros do Ministério Público – CONAMP. Data de julgamento: 15 de setembro de 2005.

BRASIL. Tribunal Pleno do Supremo Tribunal Federal. *Ação Direta de Inconstitucionalidade n. 2.860/DF*. Relator: Ministro Sepúlveda Pertence. Requerente: Associação dos Magistrados Brasileiros – AMB. Data do julgamento: 15 de setembro de 2005.

BRASIL. Supremo Tribunal Federal. *Arguição de Descumprimento de Preceito Fundamental n. 33*. Relator: Ministro Gilmar Mendes. Arguente: Governador do Estado do Pará. Julgamento em 07 de dezembro 2005.

BRASIL. Tribunal Pleno do Supremo Tribunal Federal. *Habeas Corpus n. 126.292/SP*. Relator: Ministro Teori Zavascki. Paciente: Marcio Rodrigues Dantas. Impetrante: Marcia Claudia Seixas. Julgamento em 17 de fevereiro de 2016.

BRASIL. Tribunal Pleno do Supremo Tribunal Federal. *Inquérito n. 4.327/ DF*. Relator: Ministro Edson Fachin. Autor: Ministério Público Federal. Acusados: Michel Miguel Elias Temer Lulia e outros. Denúncia. 14 de setembro de 2017.

BRASIL. Tribunal Pleno do Supremo Tribunal Federal. *Inquérito n. 4.483/ DF*. Relator: Ministro Edson Fachin. Autor: Ministério Público Federal. Acusados: Michel Miguel Elias Temer Lulia e outro. Denúncia. 26 de junho de 2017.

BRASIL. *Medida Cautelar na Arguição de Descumprimento de Preceito Fundamental n. 395*. Decisão monocrática do Ministro Gilmar Mendes. Relator: Ministro

*OPERAÇÃO LAVA JATO* E O DEVIDO PROCESSO LEGAL: PARECER...

Gilmar Mendes. Requerente: Partido dos Trabalhadores. Data de julgamento: 18 de dezembro de 2017.

BRASIL. *Medida Cautelar na Arguição de Descumprimento de Preceito Fundamental n. 444*. Decisão monocrática do Ministro Gilmar Mendes. Relator: Ministro Gilmar Mendes. Requerente: Conselho Federal da Ordem dos Advogados Do Brasil – Cfoab. Data de julgamento: 18 de dezembro de 2017.

BRASIL. *Regimento Interno do Tribunal Regional Federal da Quarta Região (Instituído pela Resolução n. 112, de 20 de dezembro de 2010)*. Disponível em https://www2.trf4.jus.br/trf4/upload/editor/apg_regimento_interno_6_6. htm. Acesso em 21.12.2017.

BRASIL. Tribunal Pleno do Supremo Tribunal Federal. *RE 841526*. Relator: Ministro Luiz Fux. Recorrente: Estado do Rio Grande do Sul. Procurador: Procurador-Geral do Estado do Rio Grande do Sul. Recorrido: V J de Q (representado por Simone Jardim). Advogado: Pedro Paulo da Silva Fraga e outro(a/s). *Amicus curiae:* União. Procurador: Advogado-Geral da União. *Amicus curiae*: Defensoria Pública da União. Procurador: Defensor Público-Geral Federal. Julgamento em 30 de março de 2016. Acórdão eletrônico repercussão geral – mérito DJe-159. Divulgado em 29 de julho de 2016. Publicado em 01 de agosto de 2016.

BRASIL. Tribunal Regional Federal da 4ª Região. Corte Especial. *P.A. Corte Especial n. 0003021-32.2016.4.04.8000/RS*. Relator: Desembargador federal Rômulo Pizzolatti. 22 de setembro de 2016.

BUENO, José Antonio Pimenta. *Apontamentos sobre o processo criminal brasileiro*. 2ª ed. Rio de Janeiro: Empreza Nacional do Diário, 1857.

BULLA, Beatriz. "Supremo já analisou 'excesso' de Moro no caso Banestado". 26 de março de 2016. *Estadão*. Disponível em http://politica.estadao.com. br/noticias/geral,supremo-ja-analisou-excesso-de-moro-no-caso-banestado,10000023234. Acesso em 21.12.2017.

CABRAL, Antônio do Passo. "Questões processuais no julgamento do mensalão: valoração da prova indiciária e preclusão para o juiz de matérias de ordem pública". *Revista do Ministério Público*, n. 53. jul/set 2014.

CAMPOS, Francisco. *Discursos parlamentares*. Rio de Janeiro/Brasília: Câmara dos Deputados/José Olympio, 1979.

CAMPOS, Francisco. *O estado nacional*. Brasília: Senado Federal, 2001.

# GERALDO PRADO

CANÁRIO, Pedro. "Ao mandar prender presidente da Eletronuclear, Moro inverte ônus da prova". *In: Consultor Jurídico*. 04 de agosto de 2015. Disponível em https://www.conjur.com.br/2015-ago-04/prender-presidente-eletronuclear-moro-inverte-onus-prova. Acesso em 12.12.2017.

CANÁRIO, Pedro. "Em parecer, MPF defende prisões preventivas para forçar réus a confessar". *In: Consultor Jurídico*. 27 de novembro de 2014. Disponível em https://www.conjur.com.br/2014-nov-27/parecer-mpf-defende-prisoes-preventivas-forcar-confissoes. Acesso em 20.12.2017.

CHOUKR, Fauzi Hassan. *Processo penal de emergência*. Rio de Janeiro: Lumen Juris, 2002.

CUNHA, Joaquim Bernardes da. *Primeiras linhas sobre o processo criminal de primeira instância*. Tomo I. Rio de Janeiro: Eduardo e Henrique Laemmert, 1863.

CASARA, Rubens R. R. *Mitologia processual penal*. São Paulo: Saraiva, 2015.

CRUZ, Manoel Martins da Costa. *Curso elementar de pratica do processo criminal*. 2ª ed. Rio de Janeiro: Jacinto Ribeiro dos Santos, 1930.

DÄUBLER-GMELIN, Herta. "Ex-ministra alemã vê "politização" da Justiça em ação que condenou Lula". *Uol Notícias*. 15 de novembro de 2017. Disponível em https://noticias.uol.com.br/ultimas-noticias/deutschewelle/2017/11/15/ex-ministra-alema-questiona-politizacao-da-justica-no-brasil.htm. Acesso em 12.12.2017.

DEL RÍO, Andrés. *El desarrollo institucional de la Corte Suprema de Justicia Nacional y del Supremo Tribunal Federal*: trayectorias comparadas desde el establecimiento a la redemocratización. Curitiba: CRV, 2014.

DHNET. *As funções da corte que compõem o sistema interamericano*: a comissão e a corte. Disponível em http://www.dhnet.org.br/dados/manuais/dh/mundo/oea/cejil1/04_funcoes.htm. Acesso em 20.12.2017.

EBC AGÊNCIA BRASIL. *Funcionários do BNDES criticam condução coercitiva de colegas em operação da PF*. 12 de maio de 2017. Disponível em http://agenciabrasil.ebc.com.br/politica/noticia/2017-05/funcionarios-do-bndes-criticam-conducao-coercitiva-de-colegas-em-operacao. Acesso em 21.12.2017.

FERNANDES, Fernando Augusto. *Voz humana*: a defesa perante os tribunais da República. Rio de Janeiro: Revan, 2004.

FERRAJOLI, Luigi. "Existem, no Brasil, garantias do devido processo legal?". *Carta Capital*. 16 de novembro de 2017. Disponível em https://www.

## OPERAÇÃO LAVA JATO E O DEVIDO PROCESSO LEGAL: PARECER...

cartacapital.com.br/revista/979/existem-no-brasil-garantias-do-devido-processo-legal. Acesso em 12.12.2017

FILGUEIRAS Jr., Araujo. *Código criminal do império do Brazil.* 2ª ed. Rio de Janeiro: Eduardo e Henrique Laemmert, 1876.

FOLHA DE S. PAULO. *Entenda o caso Banestado.* Disponível em http://www1. folha.uol.com.br/folha/brasil/ult96u57148.shtml. Acesso em 21.12.2017.

FOLHA DE S. PAULO. *Lava Jato adota comunicação como um de seus pilares.* 24 de novembro de 2017. Disponível em http://www1.folha.uol.com.br/poder/2017/11/1937798-lava jato-adota-comunicacao-como-um-de-seus-pilares.shtml. Acesso em 12.12.2017.

FRAGOSO, Cristiano Falk. *Autoritarismo e sistema penal.* Rio de Janeiro: Lumen Juris, 2015.

HUBER, Barbara. "Por fin socialmente aceptable: acuerdos procesales en Alemania?" *In:* ALBRECHT, Hans-Jörg; SIEBER, Ulrich; SIMON, Jan-Michael; SCHWARZ, Felix (coord.). *Criminalidad, evolución del Derecho penal y crítica al Derecho penal en la actualidad.* Buenos Aires: Editores del Puerto, 2009.

IMMERGUT, Ellen M. *As regras do jogo*: A lógica da política de saúde na França, na Suíça e na Suécia. Disponível em https://pmcspraca.files.wordpress.com/2013/01/immergut-1996-regras-do-jogo-na-polc3adtica-de-sac3bade.pdf. Acesso em 29.07.2016.

INCALCATERRA, Amerigo. "ONU: impunidade por tortura nas prisões é regra no Brasil. Entrevista com Amerigo Incalcaterra, representante do Alto Comissariado da ONU para os Direitos Humanos". *EXAME.* 23 de janeiro de 2017. Disponível em https://exame.abril.com.br/brasil/onu-impunidade-por-tortura-nas-prisoes-e-regra-no-brasil/. Acesso em 19.12.2017.

INFOPEN. *Levantamento nacional de informações penitenciária.* Atualização – Junho de 2016. SANTOS, Thamara; ROSA, Marlene Inês da. *et al.* (coord.). Brasília: Ministério da Justiça e Segurança, Departamento Penitenciário Nacional, 2017. Disponível: https://www.conjur.com.br/dl/infopen-levantamento.pdf. Acesso em 21.12.2017.

INSTITUTO BRASILEIRO DE CULTURA. "Sérgio Moro: o herói do Brasil. Dossiê da *Operação Lava Jato.* Histórico das operações mãos limpas e Watergate". *Guia Conhecer Fantástico Atualidades.* São Paulo: On line e Política on line, ano 1, n. 1, 2016.

JÚNIOR LOPES, Aury; BADARÓ, Gustavo Henrique. *Parecer. Presunção de inocência*: do conceito de trânsito em julgado da sentença penal condenatória. Consulente: Maria Cláudia de Seixas. 20 de maio de 2016. p. 17-19. Disponível em http://emporiododireito.com.br/wp-content/uploads/2016/06/Parecer_Presuncao_de_Inocencia_Do_concei.pdf. Acesso em 19.12.2017.

MALAN, Diogo. "Ideologia política de Francisco Campos: Influência na legislação processual penal brasileira (1937-1941)". *In:* PRADO, Geraldo; MALAN, Diogo (coord.). *Autoritarismo e processo penal brasileiro*. Rio de Janeiro: Lumen Juris, 2015.

MINISTÉRIO PÚBLICO FEDERAL. *A Lava Jato em números*: atuação na 1ª instância. Disponível em http://www.mpf.mp.br/para-o-cidadao/caso-lavajato/atuacao-na-1a-instancia/parana/resultado. Acesso em 19.12.2017.

MINISTÉRIO PÚBLICO FEDERAL. *A Lava Jato em números*: atuação no STJ e STF. Disponível em http://www.mpf.mp.br/para-o-cidadao/caso-lava jato/atuacao-no-stj-e-no-stf/resultados-stf/a-lava jato-em-numeros-stf. Acesso em 19.12.2017.

MORO, Sérgio Fernando. "As prisões da *Lava Jato*". *In:* AMAERJ; Sergio Moro: 'Críticas às preventivas refletem o lamentável entendimento de que há pessoas acima da lei (Originalmente publicado na Revista VEJA). Março de 2017. Disponível em http://amaerj.org.br/noticias/sergio-moro-criticas-as-prisoes-preventivas-refletem-o-lamentavel-entendimento-de-que-ha-pessoas-acima-da-lei/. Acesso em 19.12.2017.

MORO, Sérgio Fernando. "Autonomia do crime de lavagem e prova indiciária". *Revista do Centro de Estudos Jurídicos*, Brasília, vol. 12, n. 41, abril/jun.-2008. Disponível em http://www.jf.jus.br/ojs2/index.php/revcej/article/viewArticle/1018. Acesso em 19.12.2017.

MORO, Sérgio Fernando. "Considerações sobre a operação mani pulite". *Revista do Centro de Estudos Judiciários*, Brasília, vol. 8, n. 26, jul./set.-2004. Disponível em http://www.cjf.jus.br/ojs2/index.php/revcej/article/viewArticle/625. Acesso em 19.12.2017.

MORO, Sérgio Fernando; BOCHENEK, Antônio Cesar. "O problema é o processo". *Estadão*, 29 de março de 2015. Disponível em http://politica.estadao.com.br/blogs/fausto-macedo/o-problema-e-o-processo/. Acesso em 19.12.2017.

## OPERAÇÃO LAVA JATO E O DEVIDO PROCESSO LEGAL: PARECER...

MUÑOZ, César. "As condições prisionais pioram no Brasil". *In: Human Rights Watch*, 8 de dezembro de 2017. Disponível em https://www.hrw.org/pt/news/2017/12/08/312429. Acesso em 19.12.2017.

NASSIF, Luís. "Como a *Lava Jato* foi pensada como uma operação de guerra". *Carta Capital*. 19 de outubro de 2015. Disponível em https://www. cartacapital.com.br/politica/como-a-lava jato-foi-pensada-como-uma-operacao-de-guerra-5219.html. Acesso em 12.12.2017.

O GLOBO. *Moro pede para Temer influenciar o STF a manter prisão em segunda instância*. Disponível em https://oglobo.globo.com/brasil/moro-pede-para-temer-influenciar-stf-manter-prisao-em-segunda-instancia-22154952. Acesso em 21.12.2017.

OEA. *O que é a CIDH?* Disponível em http://www.oas.org/pt/cidh/mandato/que.asp. Acesso em 20.12.2017.

PASCHOAL, Jorge Coutinho; RASSI, João Daniel. "A 13ª Vara Federal de Curitiba é mesmo competente para apreciar todos os fatos relacionados à *Operação Lava Jato?*". *Empório do Direito*, 17 de agosto de 2017. Disponível em http://emporiododireito.com.br/leitura/a-13-vara-federal-de-curitiba-e-mesmo-competente-para-apreciar-todos-os-fatos-relacionados-a-operacao-lavajato-por-jorge-coutinho-paschoal-e-joao-daniel-rassi. Acesso em 12.12.2017.

PEDROSO, Regia Célia. *Estado autoritário e ideologia policial*. São Paulo: Humanitas/Fapesp, 2005.

PIERANGELLI, José Henrique. *Processo penal*: evolução histórica e fontes legislativas. Bauru: Jalovi, 1983.

PRADO, Geraldo. *Sistema acusatório*: a conformidade constitucional das leis processuais penais. 4ª ed. Rio de Janeiro: Lumen Juris, 2006.

RIEGO, Cristián. "Presentación". *In:* SAMIR BENAVIDES, Farid; BINDER, Alberto; VILLADIEGO, Carolina; NIÑO, Catalina (coords). *La reforma a la justicia en América Latina*: Las lecciones aprendidas. Bogotá (Colombia): Friedrich Ebert Stiftung, 2016. Disponível em http://library.fes.de/pdf-files/bueros/la-seguridad/12574.pdf. Acesso em 14 de dezembro de 2017.

RIGUEIRA NETO, Ademar. "A manipulação do juiz natural na operação 'lava jato'". *Consultor Jurídico*. 24 de maio de 2017. Disponível em https://

## GERALDO PRADO

www.conjur.com.br/2017-mai-24/ademar-rigueira-neto-manipulacao-juiz-natural-lava jato. Acesso em 12.12.2017

RÚA, Gonzalo. Argentina. "La Reforma Penal". *In:* SAMIR BENAVIDES, Farid; BINDER, Alberto; VILLADIEGO, Carolina; NIÑO, Catalina (coord). *La reforma a la justicia en América Latina*: las lecciones aprendidas. Bogotá (Colombia): Friedrich Ebert Stiftung, 2016. Disponível em http://library.fes.de/pdf-files/bueros/la-seguridad/12574.pdf. Acesso em 14.12.2017.

SANTOS, Juarez Cirino dos. "A conexão *Lava Jato*/Meios de comunicação: um novo cenário de luta de classes". *Justificando.* 13 de março de 2016. Disponível em http://justificando.cartacapital.com.br/2016/03/13/a-conexao-lavajatomeios-de-comunicacao-um-novo-cenario-de-luta-de-classes/. Acesso em 15.12.2017.

SKIDMORE, Thomas E. "Capítulo 1: A Era de Vargas". *In:* SKIDMORE, Thomas E. *Brasil:* de Getúlio Vargas a Castelo Branco (1930-1964). 12ª ed. Rio de Janeiro: Paz e Terra, 1982.

STREECK, Wolfgang. *Tempo Comprado*: a crise adiada do capitalismo democrático. Tradução de Marian Toldy e Teresa Toldy. Lisboa: Conjuntura Actual, 2013.

TAVARES, Juarez. "Capítulo 5: A situação carcerária no Brasil". *In:* TAVARES, Juarez; PRADO, Geraldo. *O Direito Penal e o Processo Penal no Estado de Direito*: análise de casos. Florianópolis: Empório do Direito, 2016.

TRIBUNAL EUROPEU DE DIREITOS HUMANOS. *Caso Lavlents c. Letonia.* 28 de novembro de 2002.

UNITED NATIONS. *Optional Protocol to the Convention against Torture and Other Cruel, Inhuman or Degrading Treatment or Punishment.* Visit to Brazil undertaken from 19 to 30 October 2015: observations and recommendations addressed to the State party. Disponível em http://docstore.ohchr.org/SelfServices/FilesHandler.ashx?enc=6QkG1d%2FPPRiCAqhKb7yh sgvDz3SQy0TX%2F2ipA5CN39ga3g0pUa9A8tPel9Tu7aPZ%2BQGi9 TYikL%2FUxDFbQLw1cHpAMYWohyyjdes45lKe2%2F2fzSSGcWiT pOkZXBddofOL. Acesso em 19.12.2017.

ZAFFARONI, Eugenio Raúl. *El escándalo jurídico.* Disponível em https://www.pagina12.com.ar/diario/contratapa/13- 313021-2016-10-30.html. Acesso em 19.12.2017.

# ANEXO I

| CORTE INTERAMERICANA DE DIREITOS HUMANOS[82] SISTEMA PRISIONAL | |
| --- | --- |
| **MEDIDAS PROVISÓRIAS PRO-POSTAS** | **DECISÃO** |
| *I/A Court H.R., Matter of the Criminal Institute of Plácido de Sá Carvalho regarding Brazil. Provisional Measures. Order of the Inter-American Court of Human Rights of August 31, 2017.* | Requerer ao Estado que adote imediatamente todas as medidas que sejam necessárias para proteger eficazmente a vida e a integridade pessoal de todas as pessoas privadas de liberdade no Instituto Penal Plácido de Sá Carvalho bem como de qualquer pessoa que se encontre nesse estabelecimento, inclusive os agentes penitenciários, os funcionários e os visitantes; Requerer ao Estado que mantenha a Defensoria Pública do Estado do Rio de Janeiro, em tanto representante dos beneficiários, informada sobre as medidas adotadas para o cumprimento das medidas provisórias ordenadas, e que lhes garanta o acesso amplo e irrestrito ao Instituto Penal Plácido de Sá Carvalho, com o exclusivo propósito de fazer o acompanhamento e documentar de maneira fidedigna a implementação das presentes medidas. Entre outras medidas |

---

[82] "A Corte é um órgão de caráter jurisdicional que foi criado pela Convenção com o objetivo de supervisionar o seu cumprimento, com uma função complementar àquela conferida pela mesma Convenção à Comissão (Artigos 61 e seguintes da Comissão). A Corte tem dupla competência: contenciosa e executiva. A função contenciosa refere-se à sua capacidade de resolver casos em virtude do estabelecido nos artigos 61 e seguintes da Convenção. É necessário que primeiro tenha sido esgotado o procedimento a Comissão, para posteriormente a Corte examinar o caso. Uma vez esgotado o mesmo, e respeitando os prazos estabelecidos pela Convenção, a Comissão ou algum Estado podem submeter um caso perante a Corte sempre e quando o Estado denunciado tenha aceitado a sua jurisdição obrigatória, ou aceite a sua jurisdição em caso concreto (artigo 62 da convenção)". Disponível em http://www.dhnet.org.br/dados/manuais/dh/mundo/oea/cejil1/04_funcoes.htm. Acesso em 20.12.2017.

| | |
|---|---|
| *I/A Court H.R., Matter of the Criminal Institute of Plácido de Sá Carvalho regarding Brazil. Provisional Measures. Order of the Inter-American Court of Human Rights of February 13, 2017.* | Requerer ao Estado que adote, de forma imediata, todas as medidas que sejam necessárias para proteger eficazmente a vida e a integridade pessoal de todas as pessoas privadas de liberdade no Instituto Penal Plácido de Sá Carvalho; Requerer ao Estado que mantenha os representantes dos beneficiários informados sobre as medidas adotadas para cumprir a presente medida provisória; Requerer ao Estado que informe à Corte Interamericana de Direitos Humanos a mais tardar até 31 de março de 2017 sobre as medidas provisórias adotadas de acordo com esta decisão. Com posterioridade, o Estado deverá apresentar um relatório periódico a cada três meses com as medidas adotadas de acordo com esta decisão. Entre outras medidas |

## OPERAÇÃO *LAVA JATO* E O DEVIDO PROCESSO LEGAL: PARECER...

| | |
|---|---|
| *I/A Court H.R., Matter of the Penitentiary Complex of Curado regarding Brazil. Provisional Measures. Order of the Inter-American Court of Human Rights of November 23, 2016.* | (...) Requerer ao Estado que adote imediatamente todas as medidas que sejam necessárias para proteger eficazmente a vida e a integridade pessoal de todas as pessoas privadas de liberdade no Complexo de Curado, bem como de qualquer pessoa que se encontre neste estabelecimento, incluindo os agentes penitenciários, funcionários e visitantes. Em especial, a Corte requer que o Estado implemente o Diagnóstico Técnico e Plano de Contingência de acordo com o disposto nos parágrafos considerativos 62 a 64 da presente Resolução; Dispor que dentro do mesmo prazo de 90 dias estabelecido no parágrafo considerativo 63, o Estado proporcione a lista de presos alojados no Complexo Penitenciário de Curado, distinguindo quais são presos com condenação por sentença transitada em julgado e quais permanecem sem sentença final, informando, em cada caso, os delitos pelos quais foram condenados ou indiciados e processados, como também o tempo em que cada um permanece privado de liberdade pela condenação ou pelo respectivo processo; Requerer ao Estado que garanta o efetivo respeito à vida e à integridade pessoal da senhora Wilma Melo; Requerer ao Estado que mantenha os representantes dos beneficiários informados sobre as medidas adotadas para cumprir as medidas provisórias ordenadas e que lhes garanta o acesso amplo e irrestrito ao Complexo de Curado, com o exclusivo propósito de acompanhar e documentar de maneira irrefutável a implementação das presentes medidas; Requerer ao Estado que continue informando à Corte Interamericana de Direitos Humanos a cada três meses, contados a partir da notificação da presente Resolução, sobre a implementação das medidas provisórias adotadas de acordo com esta decisão e seus efeitos. Entre outras medidas |

| I/A Court H.R., Matter of the Penitentiary Complex of Curado regarding Brazil. Provisional Measures. Order of the Inter-American Court of Human Rights of November 18, 2015. | Ampliar as medidas provisórias emitidas sobre o presente assunto, de tal forma que o Estado adote as medidas necessárias para proteger a vida e a integridade pessoal da senhora Wilma Melo; Reiterar ao Estado que continue adotando de forma imediata as medidas que sejam necessárias para proteger eficazmente a vida e a integridade pessoal das pessoas privadas de liberdade no Complexo de Curado, bem como de qualquer pessoa que se encontre no referido estabelecimento, incluindo os agentes penitenciários, funcionários e visitantes, nos termos da Resolução de 7 de outubro de 2015; Requerer ao Estado que mantenha os representantes dos beneficiários informados sobre as medidas adotadas para cumprir com as medidas provisórias ordenadas e que coordene com a senhora Melo as medidas de proteção a seu favor. Entre outras medidas |
|---|---|
| I/A Court H.R., Matter of the Penitentiary Complex of Curado regarding Brazil. Provisional Measures. Order of the Inter-American Court of Human Rights of October 7, 2015. | Requerer ao Estado que continue adotando, de forma imediata, todas as medidas e sejam necessárias para proteger eficazmente a vida e a integridade pessoal de todas as pessoas privadas de liberdade no Complexo de Curado, bem como de qualquer pessoa que se encontre neste estabelecimento, incluindo os agentes penitenciários, funcionários e visitantes, nos termos dos Considerandos 9, 15, 16, 20, 24 a 27, 33 e 36 a 38 da presente Resolução; Requerer ao Estado que mantenha os representantes dos beneficiários informados sobre as medidas adotadas para cumprir as presentes medidas provisórias e que lhes facilite o acesso amplo, com o exclusivo propósito de acompanhar e documentar de forma confiável a implementação das presentes medidas; Requerer ao Estado que informe à Corte Interamericana de Direitos Humanos a cada três meses, contados a partir da notificação da presente Resolução, sobre a implementação das medidas provisórias adotadas em conformidade com esta decisão e seus efeitos. Entre outras medidas |

## OPERAÇÃO LAVA JATO E O DEVIDO PROCESSO LEGAL: PARECER...

| | |
|---|---|
| *I/A Court H.R., Matter of of the Penitentiary Complex of Pedrinhas regarding Brazil. Provisional Measures. Order Inter-American Court of Human Rights of November 14, 2014.* | Requerer ao Estado que adote, de forma imediata, todas as medidas que sejam necessárias para proteger eficazmente a vida e a integridade pessoal de todas as pessoas privadas de liberdade no Complexo Penitenciário de Pedrinhas, assim como de qualquer pessoa que se encontre neste estabelecimento, incluindo os agentes penitenciários, funcionários e visitantes; Requerer ao Estado que mantenha os representantes dos beneficiários informados sobre as medidas adotadas para implementar a presente medida provisória.; Requerer ao Estado que informe à Corte Interamericana de Direitos Humanos a cada três meses, contados a partir da notificação da presente Resolução. sobre as medidas provisórias adotadas em conformidade com esta decisão. Entre outras medidas. |
| *I/A Court H.R., Matter of the Penitentiary Complex of Curado regarding Brazil. Provisional Measures. Order of the Inter-American Court of Human Rights of May 22, 2014.* | Requerer ao Estado que adote, de forma imediata, todas as medidas que sejam necessárias para proteger eficazmente a vida e a integridade pessoal de todas as pessoas privadas de liberdade no Complexo de Curado, assim como de qualquer pessoa que se encontre neste estabelecimento, incluindo os agentes penitenciários, funcionários e visitantes, nos termos do Considerando 20 desta Resolução; Requerer ao Estado que, na medida do possível, mantenha os representantes dos beneficiários informados sobre as medidas adotadas para a implementar a presente medida provisória. Requerer ao Estado que informe à Corte Interamericana de Direitos Humanos a cada três meses, contados a partir da notificação da presente Resolução, sobre as medidas provisórias adotadas em conformidade com esta decisão. Entre outras medidas |

| | |
|---|---|
| *I/A Court H.R., Matter of Urso Branco Prison regarding Brasil. Provisional Measures. Order of the Inter-American Court of Human Rights of August 25, 2011.* | Levantar las medidas provisionales ordenadas por la Corte Interamericana de Derechos Humanos el 18 de junio de 2002 y ratificadas posteriormente, que se adoptaron para proteger la vida e integridad de todas las personas privadas de libertad en la Cárcel de Urso Branco, así como de todas las personas que se encontrasen en su interior; Recordar que, en los términos del artículo 1.1 de la Convención Americana, el levantamiento de las medidas provisionales no implica que el Estado quede relevado de sus obligaciones convencionales de protección. Entre outras medidas |
| *I/A Court H.R., Matter of Urso Branco Prison regarding Brazil. Provisional Measures. Order of the President of the Inter-American Court of Human Rights of July 26, 2011.* | To convene the Federative Republic of Brazil, the representatives of the beneficiaries, and the Inter-American Commission on Human Rights to a public hearing to be held in the city of Bogota, Colombia on August 25, 2011 from 5:15 pm to 9:00 pm so that the Tribunal may receive arguments from the parties on the provisional measures ordered in this case; To request the cooperation of the Republic of Colombia, pursuant to the provisions of Articles 26(1) and 26(3) of the Rules of Procedure, to hold this public hearing on provisional measures in that country, convened by way of the present Order, as well as to facilitate the entrance and exit from its territory of those persons who shall represent the Inter-American Commission, the State, and the beneficiaries during the hearing. For that purpose, the Secretariat is hereby ordered to serve notice of the present Order on the Republic of Colombia. Entre outras medidas |

## OPERAÇÃO LAVA JATO E O DEVIDO PROCESSO LEGAL: PARECER...

| | |
|---|---|
| *I/A Court H.R., Matter of Urso Branco Prison regarding Brazil. Provisional Measures. Order of the President of the Inter-American Court of Human Rights of November 25, 2009.* | Reiterar ao Estado que continue adotando de forma imediata todas as medidas que sejam necessárias para proteger eficazmente a vida e a integridade de todas as pessoas privadas de liberdade na Penitenciária Urso Branco, bem como de todas as pessoas que nela ingressem, entre elas os visitantes e os agentes de segurança que prestam serviços na mesma; Reiterar ao Estado que realize as gestões pertinentes para que as medidas de proteção da vida e da integridade pessoal se planifiquem e implementem com a participação dos representantes dos beneficiários e que, em geral, os mantenha informados sobre o andamento da sua execução. Entre outras medidas |
| *I/A Court H.R., Matter of Urso Branco Prison regarding Brazil. Provisional Measures. Order of the President of the Inter-American Court of Human Rights of August 17, 2009.* | Convocar o Estado do Brasil, os representantes dos beneficiários e a Comissão Interamericana de Direitos Humanos a uma audiência pública que será realizada na sede da Corte Interamericana de Direitos Humanos, em 30 de setembro de 2009, a partir das 15:00 horas até as 17:00 horas, com o propósito de que o Tribunal receba suas alegações sobre as medidas provisórias ordenadas no presente assunto; Solicitar à Secretaria que notifique a presente Resolução ao Estado do Brasil, aos representantes dos beneficiários e à Comissão Interamericana de Direitos Humanos.<br><br>Entre outras medidas |
| *I/A Court H.R., Matter of the persons imprisoned in the "Dr. Sebastião Martins Silveira" Penitentiary in Araraquara, São Paulo regarding Brazil. Provisional Measures. Order of the Inter-American Court of Human Rights of November 25, 2008.* | Levantar as medidas provisórias ordenadas pela Corte Interamericana de Direitos Humanos em suas Resoluções de 28 de julho de 2006 e 30 de setembro de 2006, a respeito das pessoas privadas de liberdade na Penitenciária "Dr. Sebastião Martins Silveira", em Araraquara, São Paulo; Requerer à Secretaria da Corte que notifique a presente Resolução ao Estado do Brasil, à Comissão Interamericana de Direitos Humanos e aos representantes dos beneficiários. Entre outras medidas |

| | |
|---|---|
| *I/A Court H.R., Matter of children deprived of liberty in the "Complexo do Tatuapé" of Fundação CASA regarding Brazil. Provisional Measures. Order of the President of the Inter-American Court of Human Rights of June 10, 2008.* | Convocar a la Comisión Interamericana de Derechos Humanos, a los representantes de los beneficiarios de las presentes medidas provisionales y al Estado, a una audiencia pública que se celebrará en la República Oriental del Uruguay, en la sede del Edificio Mercosur, ubicado en la calle Dr. Luis P. Piera N. 1992 de la ciudad de Montevideo, de 15:00 a 16:45 horas del 13 de agosto de 2008, con el propósito de que el Tribunal reciba sus alegatos sobre las medidas provisionales ordenadas en el presente asunto; Requerir a la República Oriental del Uruguay, de conformidad con lo dispuesto en el artículo 24 incisos 1 y 3 del Reglamento de la Corte, su cooperación para llevar a cabo la audiencia pública sobre medidas provisionales por celebrarse en ese país, convocada mediante la presente Resolución, así como para facilitar la entrada y salida de su territorio de las personas que representarán a la Comisión Interamericana de Derechos Humanos, al Estado del Brasil y a los representantes de los beneficiarios de las medidas provisionales durante la misma. Para tal efecto se requiere a la Secretaría que notifique la presente Resolución al Uruguay. Entre outras medidas |
| *I/A Court H.R., Matter of Urso Branco Prison regarding Brazil. Provisional Measures. Order of the Inter-American Court of Human Rights of May 02, 2008.* | To order the State once again to immediately adopt all such measures as are necessary to effectively protect the life and personal safety of all persons held in the Urso Branco Prison as well as of all persons entering it including visitors and security force personnel serving there, pursuant to Considering clauses N. 15 and 16 of this Order; To order the State once again to carry out all such steps as are necessary in order that the measures aimed at protecting the life and physical safety be planned and implemented with the participation of the beneficiaries or their representatives, and in general to keep them informed on the progress of their execution. Entre outras medidas |

## OPERAÇÃO LAVA JATO E O DEVIDO PROCESSO LEGAL: PARECER...

| | |
|---|---|
| *I/A Court H.R., Matter of the persons imprisoned in the "Dr. Sebastião Martins Silveira" Penitentiary in Araraquara, São Paulo regarding Brazil. Provisional Measures. Order of the Inter-American Court of Human Rights. Versão em português September 30, 2006.* | Indeed, it is necessary to seek and apply the legal remedies with conventional force that assure the most effective protection to those needing it, all the more so in situations of emergency. It is no coincidence that, when I approached —from the beginning— the *temporal* dimension of International Law in my recent *General Course on Public International Law,* which I delivered at the Hague Academy of International Law (2005), I lay particular stress on Provisional Measures of protection, and specifically those ordered by the contemporary international court that has contributed the most to improving their legal framework, i.e., precisely the Inter-American Court of Human Rights; It is rewarding for me to witness that, as described earlier herein, the provisions of the American Convention have gradually been given *effet utile* also in this regard —i.e., in the field of Provisional Measures of protection—, where a gap in the Inter-American human rights system persists and must be filled with haste, and which, in my opinion, could —and should— have already been filled some time ago. I will not cease to insist that the potential victims' direct access to international justice (to which I have devoted myself so much in the past decades) is an imperative also in the realm of Provisional Measures of protection. This matter of the *Araraquara* penitentiary represents, from the perspective of the application of the relevant provisions of the American Convention on the subject, a small but encouraging step forward in that direction.<br><br>Entre outras medidas |

| | |
|---|---|
| *I/A Court H.R., Matter of the persons imprisoned in the "Dr. Sebastião Martins Silveira" Penitentiary in Araraquara, São Paulo regarding Brazil. Provisional Measures. Order of the President of the Inter-American Court of Human Rights of July 28, 2006.* | Requerer ao Estado que adote de forma imediata as medidas que sejam necessárias para proteger a vida e integridade de todas as pessoas privadas de liberdade na Penitenciária "Dr. Sebastião Martins Silveira", em Araraquara, estado de São Paulo, Brasil, bem como das pessoas que possam ingressar no futuro na qualidade de reclusos ou detentos a tal centro penitenciário. Para tanto, deve adotar as medidas necessárias, com estrito respeito aos direitos humanos das pessoas privadas de liberdade, especialmente às suas vidas e integridade, e cuidado para impedir atos de força indevidos por parte de seus agentes, para que estes recuperem o controle e se reintegre a ordem na Penitenciária de Araraquara.<br><br>Entre outras medidas<br><br>2. Requerer ao Estado que, ao recuperar o controle, conforme o ponto resolutivo anterior, adote de forma imediata as seguintes medidas: a) permitir o acesso ao pessoal médico para que brinde a atenção necessária e se reacomode, quando seja procedente, as pessoas que padecem de doenças infecto-contagiosas para oferecer-lhes o âtendimento médico adequado e, se for o caso, evitar o contágio entre os reclusos, e b) brindar aos internos em quantidade e qualidade suficientes, alimentos, vestimentas e produtos de higiene. |
| *I/A Court H.R., Matter of Urso Branco Prison regarding Brazil. Provisional Measures. Order of the Inter-American Court of Human Rights of September 21, 2005.* | Requerer ao Estado que: a) adote de forma imediata todas as medidas que sejam necessárias para proteger eficazmente a vida e integridade pessoal de todas as pessoas detidas na Penitenciária Urso Branco, assim como as de todas as pessoas que ingressem nesta, entre elas os visitantes e os agentes de segurança que prestam seus serviços na mesma; b) adeque as condições da mencionada penitenciária às normas internacionais de proteção dos direitos humanos aplicáveis à matéria;<br><br>Entre outras medidas |

## OPERAÇÃO LAVA JATO E O DEVIDO PROCESSO LEGAL: PARECER...

| | |
|---|---|
| *I/A Court H.R., Matter of Urso Branco Prison regarding Brazil. Provisional Measures. Order of the Inter-American Court of Human Rights of July 07, 2004.* | Furthermore, as recent cases before this Court involving members of human collectivities have made clear, the current expansion of international juridical personality and standing is a response to a pressing need of the international community in our times. The development of the doctrine and jurisprudence on obligations *erga omnes* of protection of the human person, in any and all situations or circumstances, will certainly be a contribution toward the formation of a true international *ordre public* based on respect for and observance of human rights, capable of ensuring greater cohesiveness in the organized international community (the *civitas maxima gentium*), centered around the human person as the subject of international law.<br><br>Entre outras medidas |
| *I/A Court H.R., Matter of Urso Branco Prison regarding Brazil. Provisional Measures. Order of the Inter-American Court of Human Rights of April 22, 2004.* | Requerir al Estado que: a) adopte todas las medidas que sean necesarias para proteger eficazmente la vida e integridad personal de todas las personas recluidas en la cárcel, así como las de todas las personas que ingresen a la misma, entre ellas las visitas; b) ajuste las condiciones de dicha cárcel a las normas internacionales de protección de los derechos humanos aplicables a la materia;<br><br>Entre outras medidas |
| *I/A Court H.R., Matter of Urso Branco Prison regarding Brazil. Provisional Measures. Order of the Inter-American Court of Human Rights of August 29, 2002.* | Requerer ao Estado continuar adotando todas as medidas que sejam necessárias para proteger a vida e integridade pessoal de todas as pessoas recluídas na Penitenciária Urso Branco; Requerer ao Estado que apresente informação sobre os graves acontecimentos em prejuízo dos reclusos da Penitenciária Urso Branco (*supra* visto 5) ocorridos depois de que a Corte ordenou a adoção de medidas provisórias de proteção, mediante a Resolução de 18 de junho de 2002.<br><br>Entre outras medidas |

| | |
|---|---|
| *I/A Court H.R., Matter of Urso Branco Prison regarding Brazil. Provisional Measures. Order of the Inter-American Court of Human Rights of June 18, 2002.* | Requerer ao Estado que adote todas as medidas que sejam necessárias para proteger a vida e integridade pessoal de todas as pessoas recluídas na Penitenciária Urso Branco, sendo uma delas a apreensão das armas que se encontram em poder dos internos; Requerer ao Estado que investigue os acontecimentos que motivam a adoção destas medidas provisórias com o objetivo de identificar aos responsáveis e impor-lhes as sanções correspondentes. |
| | Entre outras medidas |

*OPERAÇÃO LAVA JATO* E O DEVIDO PROCESSO LEGAL: PARECER...

# ANEXO II

| COMISSÃO INTERAMERICANA DE DIREITOS HUMANOS[83] SISTEMA PRISIONAL | |
|---|---|
| **MEDIDAS CAUTELARES PROPOSTAS** | **DETERMINAÇÃO** |
| *Comissão Interamericana de Direitos Humanos. Resolução 14/2013. Medida Cautelar n. 8-13. Assunto Pessoas Privadas de Liberdade no "Presidio Central de Porto Alegre" sobre o Brasil. 30 de dezembro de 2013.* | En vista de los antecedentes señalados, la CIDH considera que el presente asunto reúne prima facie los requisitos de gravedad, urgencia e irreparabilidad contenidos en el artículo 25 de su Reglamento. En consecuencia, la Comisión solicita al Gobierno de Brasil que: A. Adopte las medidas necesarias para salvaguardar la vida e integridad personal de los internos Presidio Central de Porto Alegre; B. Provea condiciones de higiene en el recinto y proporcione los tratamientos médicos adecuados para los internos, de acuerdo a las patologías que éstos presenten; Entre outras medidas. |

---

[83] "A CIDH é um órgão principal e autônomo da Organização dos Estados Americanos (OEA) encarregado da promoção e proteção dos direitos humanos no continente americano. É integrada por sete membros independentes que atuam de forma pessoal e tem sua sede em Washington, D.C. Foi criada pela OEA em 1959 e, juntamente com a Corte Interamericana de Direitos Humanos (CorteIDH), instalada em 1979, é uma instituição do Sistema Interamericano de proteção dos direitos humanos (SIDH)". Disponível em http://www.oas.org/pt/cidh/mandato/que.asp. Acesso em 20.12.2017.

| | |
|---|---|
| *Comissão Interamericana de Direitos Humanos. Resolução 39/2016. Medida Cautelar n. 208-16. Assunto Instituto Penal Plácido de Sá Carvalho sobre o Brasil. 15 de julho de 2016.* | En vista de los antecedentes señalados, la CIDH considera que el presente asunto reúne *prima facie* los requisitos de gravedad, urgencia e irreparabilidad contenidos en el artículo 25 de su Reglamento. En consecuencia, la Comisión solicita al Estado de Brasil que: A. Adopte las medidas necesarias para proteger la vida e integridad personal de las personas privadas de libertad en el Instituto Penal Plácido de Sá Carvalho; B. Tome acciones inmediatas para reducir sustancialmente el hacinamiento al interior del Instituto Penal Plácido de Sá Carvalho, de acuerdo a estándares internacionales; C. Provea condiciones adecuadas de higiene en los recintos, acceso a agua para consumo humano, y proporcione los tratamientos médicos adecuados para las personas detenidas, de acuerdo a las patologías que presenten; Entre otras medidas. |
| *Comissão Interamericana de Direitos Humanos. Resolução 11/2013. Medida Cautelar n. 367-13. Assunto Pessoas Privadas de Liberdade no "Complexo Penitenciário de Pedrinhas" sobre o Brasil. 16 de dezembro de 2013.* | Em vista dos antecedentes assinalados, a CIDH considera que o presente assunto reúne *prima facie* os requisitos de gravidade, urgência e irreparabilidade contidos no artigo 25 de seu Regulamento. Em consequência, a Comissão solicita ao Governo do Brasil que: A. Adote as medidas necessárias e efetivas para evitar a perda de vidas e danos à integridade pessoal de todas as pessoas que se encontram privadas de liberdade no Complexo Penitenciário de Pedrinhas; B. Reduza de forma imediata os níveis de superlotação; Entre outras medidas |
| *Comissão Interamericana de Direitos Humanos. Medida Cautelar n. 199-11. Assunto Pessoas Privadas de Liberdade no "Presídio Professor Aníbal Bruno" sobre o Brasil. 04 de agosto de 2011.* | Adotar todas as medidas necessárias para proteger a vida, integridade pessoal e saúde das pessoas privadas da liberdade no Presídio Professor Aníbal Bruno na cidade de Recife, Estado do Pernambuco; adotar as medidas necessárias para aumentar o pessoal de segurança do Presídio Professor Aníbal Bruno e garantir que sejam os agentes das forças de segurança do Estado os encarregados das funções de segurança interna, eliminando o sistema dos chamados "chaveiros" e assegurando que não lhes sejam conferidas às pessoas privadas da liberdade funções disciplinarias, de controle ou de segurança; Entre outras medidas. |

*OPERAÇÃO LAVA JATO* E O DEVIDO PROCESSO LEGAL: PARECER...

| | |
|---|---|
| *Comissão Interamericana de Direitos Humanos. Medida Cautelar n. 114-10. Assunto Pessoas Privadas de Liberdade no Departamento da Polícia Judicial de Vila Velha. 28 de abril de 2010.* | La Comisión Interamericana solicitó al Estado de Brasil que adopte las medidas necesarias para proteger la vida, integridad personal y salud de las personas privadas de libertad en el Departamento de Policía Judicial (DPJ) de la ciudad de Vila Velha, Estado do Espíritu Santo; proveer atención médica adecuada a los beneficiarios y evitar la transmisión de enfermedades contagiosas. Asimismo, la Comisión solicitó que se adopten las medidas en consulta con los representantes de los beneficiarios, que se informe sobre las medidas adoptadas a fin de disminuir la situación de superpoblación en el centro, y que se informe sobre la falta de división entre los presos procesados y los presos condenados. |
| *Comissão Interamericana de Direitos Humanos. Medida Cautelar n. 236-08. Assunto Pessoas Privadas de Liberdade na Polinter-Neves. 1 de junho de 2009.* | La Comisión Interamericana solicitó al Estado de Brasil adoptar todas las medidas necesarias para proteger la vida, la salud y la integridad personal de los beneficiarios; asegurar la provisión de atención médica adecuada a los beneficiarios y evitar la transmisión de enfermedades contagiosas a través de una reducción sustantiva de la superpoblación en esta penitenciaría, así como informar a la CIDH sobre las acciones que se adopten en respuesta a esta solicitud. |
| *Comissão Interamericana de Direitos Humanos. Medida Cautelar n. 130-06. Assunto Pessoas Detidas na 76ª Delegacia de Polícia em Niterói. 19 de outubro de 2006.* | En vista de la situación, la CIDH solicitó al Estado brasileño la adopción de las medidas necesarias para garantizar la vida y la integridad personal de los beneficiarios, incluyendo el traslado de las personas condenadas a penitenciarías, la reducción sustancial del hacinamiento, la atención médica a los beneficiarios. |
| *Comissão Interamericana de Direitos Humanos. Medida Cautelar n. 6-02. Assunto Internos do Presídio de Urso Branco, em Porto Velho, Rondônia. 14 de março de 2002.* | La Comisión solicitó a la Corte Interamericana de Derechos Humanos que emitiera medidas provisionales para proteger la vida y la integridad personal de los internos de la mencionada cárcel. |
| *Comissão Interamericana de Direitos Humanos. Medida Cautelar n. 127-00. Assunto Presídio Público de Sorocaba. 21 de dezembro de 2000.* | Las medidas se referían a solicitud de garantías para los derechos a la vida, integridad personal y capacidad de prestar testimonio judicial sin temor a represalias. |

# CONFISCO ALARGADO[1]

No Estado de Direito, todos os poderes sujeitam-se à lei. Qualquer intromissão na esfera jurídica das pessoas deve, por isso mesmo, justificar-se, o que caracteriza o Estado de Direito como "*rechtsfertigender Staat*", como "Estado que se justifica". Distingue a doutrina dois aspectos complementares dessa "justificação": o material e o formal. A intromissão é materialmente justificada, quando para ela *existe* fundamento: é formalmente justificada, quando *se expõe, se declara, se demonstra* o fundamento.[2]

## 1. Nova consulta formulada pelos advogados Fernando Augusto Fernandes e Cezar Roberto Bitencourt

1.1. Em novembro de 2014 fui honrado com consulta formulada pelos cultos advogados Fernando Augusto Fernandes e Cezar Roberto Bitencourt e apresentei parecer sobre questões jurídicas relacionadas à obtenção de provas por meios ilícitos, matéria concernente ao *habeas corpus* n. 160.662-RJ, julgado pela e. Sexta Turma do Superior Tribunal de Justiça (STJ) em 18 de fevereiro de 2014.

---

[1] Parecer emitido no âmbito dos processos n. 2009.4.02.5101.810486-27, 2006.51.01.523722-9 e 2011.51.01.802205-0.

[2] MOREIRA, José Carlos Barbosa. *Temas de direito processual*. Segunda série. 2ª ed. São Paulo: Saraiva: 1988, p. 89.

GERALDO PRADO

Releva notar que na oportunidade, e sem discrepância no âmbito do referido colegiado, o STJ concedeu *habeas corpus* de ofício para declarar a nulidade das provas produzidas nas interceptações telefônica e telemática.

Asseveram os Consulentes que o e. Supremo Tribunal Federal (STF), por sua Primeira Turma, julgou o *habeas corpus* autuado sob o n. 108.715/RJ, em 24 de setembro de 2013, e concedeu a ordem por maioria para de ofício "trancar" a ação penal em relação a todos os acusados quanto ao crime de lavagem de dinheiro, enquanto a e. Sexta Turma do STJ decidiu, também em *habeas corpus*, dessa vez autuado sob o n. 137.628, por unanimidade, conceder a ordem em parte para "trancar a ação penal que apura o crime de descaminho" (2006.51.01.523722-9). Este julgamento data de 26 de outubro de 2010.

Tendo em vista a emissão de sentença condenatória nos processos em trâmite na 2ª Vara Federal Criminal, autuados sob os n. 2006.51.01.523722-9, 2009.51.01.810486-2 e 2011.51.01.802205-0, que decretou a perda em favor da União dos valores e bens móveis apreendidos, "tendo em vista que nos crimes da espécie o dinheiro 'é produto do crime' ou 'proveito auferido pelo agente com a prática do fato criminoso'" (proc. n. 2006.51.01.523722-9) os Consulentes formulam nova consulta, dessa vez acerca da fundamentação do decreto de perda de bens.

1.2. Por isso os Consulentes indagam:

## QUESITO COMPLEMENTAR

A decisão que decretou a perda de bens está fundamentada?

Ressalto que a matéria está revestida de especial interesse na esfera de investigação acadêmica porque relaciona-se com o tema da legitimidade político-jurídica do julgador no exercício do magistério penal.

Sobre os elementos fáticos remeto à opinião proferida no âmbito do processo de *habeas corpus* n. 160.662-RJ (STJ) e na consulta posterior.

Devidamente analisadas as questões, passo a emitir sucinta opinião jurídica.

## 2. Considerações preliminares

2.1. Os fatos são sobejamente conhecidos dos julgadores. É desnecessário – além de exaustivo – submeter os leitores à infrutuosa recapitulação.

Considero importante destacar que a partir do deferimento de medidas cautelares declaradas ilícitas foram produzidos elementos que a denúncia do processo n. 2006.51.01.523722-9 sublinha como formadores da justa causa. Também com base nestes elementos foi ordenada a busca e apreensão de novos elementos, que fomentaram o processo n. 2009.4.02.5101.810486-27.

Providências cautelares de natureza patrimonial igualmente foram ordenadas. Os processos criminais seguiram seu curso e resultaram em sentenças condenatórias em cujo bojo, no caso dos processos autuados sob os n. 2006.51.01.523722-9 e n. 2009.4.02.5101.810486-27, foi decretada a perda de bens e valores que encontram-se apreendidos.

Neste contexto, como salientei ao fim da consulta formulada em novembro de 2014, a ilicitude da prova os afeta por igual.

Reproduzo o trecho do parecer:

O devido processo penal não configura uma garantia estrita da liberdade de locomoção, mas de todos os direitos conformadores da autodeterminação do indivíduo, que podem ser atingidos por uma decisão criminal.

Por este ângulo é indiscutível que os efeitos jurídicos patrimoniais, que as sentenças condenatórias ampliaram desmesuradamente, segundo meu ponto de vista, não são válidos. Não custa aqui lembrar a lição de João Conde Correia:

> Por isso mesmo, sem prejuízos de alguns excessos localizados, a generalidade dos mecanismos de confisco, mormente os nacionais,

## GERALDO PRADO

está sujeita a uma série de princípios jurídico-constitucionais que garantem a fiabilidade e a justiça do resultado final. Desde logo, uma clara ideia de legalidade do procedimento, na medida em que os pressupostos do mecanismo têm de estar previamente fixados na lei. O Estado já não pode, invocando uma qualquer razão política, criar um procedimento *ad-hoc*, apenas com o fito de confiscar determinado património. Depois uma ideia de proporcionalidade, enquanto exigência jurídico constitucional subjacente à restrição de qualquer direito fundamental. A medida não pode ser desproporcionada em relação às finalidades (ablação dos proventos do crime) que se propõe alcançar. Em terceiro lugar, a garantia decorrente da intervenção do poder judicial, enquanto terceiro independente e imparcial (art. 203. da CRP), que julga de acordo com a lei e o direito (artigo 9. do CPP) e não segundo obscuras e incontroláveis razões político-económicas: a sua atuação parece suficiente para contrabalançar um eventual abuso estadual. Inquestionáveis possibilidades de defesa e de contraditório, enquanto exercício efetivo e não simples possibilidades teórica, contribuem também para diminuir a margem de risco. A defesa é mesmo um momento essencial à fiabilidade do resultado final. Em suma: o perigo de utilização abusiva do confisco está assim muito circunscrito. Ele não pode voltar a ser utilizado, sob um qualquer pretexto, para expropriar o cobiçado património alheio. O Estado apenas tem legitimidade constitucional para confiscar os proventos do crime, sendo ilegítimo tudo o que superar esse limite.[3]

2.2. A questão proposta pelos Consulentes consiste em saber se a decisão supra, reproduzida nos dois processos, atende ao requisito da fundamentação previsto na Constituição da República, uma vez que se limita a invocar preceitos legais que supostamente autorizam o confisco (art. 91, inc. II, alínea *b*, do Código Penal).[4]

---

[3] CORREIA, João Conde. *Da proibição do confisco à perda alargada*. Lisboa: Imprensa Nacional Casa da Moeda e Procuradoria-Geral da República, 2012, p. 60.

[4] *Efeitos genéricos e específicos*
Art. 91 – São efeitos da condenação: (Redação dada pela Lei n. 7.209, de 11.7.1984)

# CONFISCO ALARGADO

Convém ressaltar que no primeiro processo o culto magistrado também apoiou sua conclusão no preceito do artigo 7º, da Lei n. 9.613/98, que tem a seguinte redação:

> Art. 7º São efeitos da condenação, além dos previstos no Código Penal:
>
> I – a perda, em favor da União – e dos Estados, nos casos de competência da Justiça Estadual –, de todos os bens, direitos e valores relacionados, direta ou indiretamente, à prática dos crimes previstos nesta Lei, inclusive aqueles utilizados para prestar a fiança, ressalvado o direito do lesado ou de terceiro de boa-fé; (Redação dada pela Lei n. 12.683, de 2012).
>
> II – a interdição do exercício de cargo ou função pública de qualquer natureza e de diretor, de membro de conselho de administração ou de gerência das pessoas jurídicas referidas no art. 9º, pelo dobro do tempo da pena privativa de liberdade aplicada.
>
> § 1º A União e os Estados, no âmbito de suas competências, regulamentarão a forma de destinação dos bens, direitos e valores cuja perda houver sido declarada, assegurada, quanto aos processos de competência da Justiça Federal, a sua utilização pelos órgãos federais encarregados da prevenção, do combate, da ação penal e do julgamento dos crimes previstos nesta Lei, e, quanto aos

---

I – tornar certa a obrigação de indenizar o dano causado pelo crime; (Redação dada pela Lei n. 7.209, de 11.7.1984).

II – a perda em favor da União, ressalvado o direito do lesado ou de terceiro de boa-fé: (Redação dada pela Lei n. 7.209, de 11.7.1984).

a) dos instrumentos do crime, desde que consistam em coisas cujo fabrico, alienação, uso, porte ou detenção constitua fato ilícito;

b) do produto do crime ou de qualquer bem ou valor que constitua proveito auferido pelo agente com a prática do fato criminoso.

§ 1º Poderá ser decretada a perda de bens ou valores equivalentes ao produto ou proveito do crime quando estes não forem encontrados ou quando se localizarem no exterior. (Incluído pela Lei n. 12.694, de 2012).

§ 2º Na hipótese do § 1o, as medidas assecuratórias previstas na legislação processual poderão abranger bens ou valores equivalentes do investigado ou acusado para posterior decretação de perda. (Incluído pela Lei n. 12.694, de 2012).

processos de competência da Justiça Estadual, a preferência dos órgãos locais com idêntica função. (Incluído pela Lei n. 12.683, de 2012).

§ 2º Os instrumentos do crime sem valor econômico cuja perda em favor da União ou do Estado for decretada serão inutilizados ou doados a museu criminal ou a entidade pública, se houver interesse na sua conservação. (Incluído pela Lei n. 12.683, de 2012).

2.3. O tema não desafia investigação complexa. Basta que se tenha em mente que se trata de determinar o regime jurídico da "perda de bens", em um cenário internacional de empenho na recuperação de ativos de origem ilícita e de esforço para conter o processo de acumulação ilícita de capital.

Sem dúvida que o ponto de partida para a reconfiguração do instituto da perda de bens, que em sua forma tradicional é conhecido há décadas no Direito Penal brasileiro, deve ser encontrado na Convenção das Nações Unidas contra a Corrupção, incorporada ao direito brasileiro pela via do Decreto n. 5.687, de 31 de janeiro de 2006.[5]

Com efeito, dispõe especificamente a mencionada Convenção:

Artigo 31.

Embargo preventivo, apreensão e confisco

1. Cada Estado Parte adotará, no maior grau permitido em seu ordenamento jurídico interno, as medidas que sejam necessárias para autorizar o confisco:

a) Do produto de delito qualificado de acordo com a presente Convenção ou de bens cujo valor corresponda ao de tal produto;

b) Dos bens, equipamentos ou outros instrumentos utilizados ou destinados utilizados na prática dos delitos qualificados de acordo com a presente Convenção.

---

[5] http://www.planalto.gov.br/ccivil_03/_Ato2004-2006/2006/Decreto/D5687.htm. Acesso em 6.06.2015.

## CONFISCO ALARGADO

2. Cada Estado Parte adotará as medidas que sejam necessárias para permitir a identificação, localização, embargo preventivo ou a apreensão de qualquer bem a que se tenha referência no parágrafo 1 do presente Artigo com vistas ao seu eventual confisco.

3. Cada Estado Parte adotará, em conformidade com sua legislação interna, as medidas legislativas e de outras índoles que sejam necessárias para regular a administração, por parte das autoridades competentes, dos bens embargados, incautados ou confiscados compreendidos nos parágrafos 1 e 2 do presente Artigo.

4. Quando esse produto de delito se tiver transformado ou convertido parcialmente ou totalmente em outros bens, estes serão objeto das medidas aplicáveis a tal produto de acordo com o presente Artigo.

5. Quando esse produto de delito se houver mesclado com bens adquiridos de fontes lícitas, esses bens serão objeto de confisco até o valor estimado do produto mesclado, sem menosprezo de qualquer outra faculdade de embargo preventivo ou apreensão.

6. Os ingressos e outros benefícios derivados desse produto de delito, de bens nos quais se tenham transformado ou convertido tal produto ou de bens que se tenham mesclado a esse produto de delito também serão objeto das medidas previstas no presente Artigo, da mesma maneira e no mesmo grau que o produto do delito.

7. Aos efeitos do presente Artigo e do Artigo 55 da presente Convenção, cada Estado Parte facultará a seus tribunais ou outras autoridade competentes para ordenar a apresentação ou a apreensão de documentos bancários, financeiros ou comerciais. Os Estados Partes não poderão abster-se de aplicar as disposições do presente parágrafo amparando-se no sigilo bancário.

8. Os Estados Partes poderão considerar a possibilidade de exigir de um delinqüente que demonstre a origem lícita do alegado produto de delito ou de outros bens expostos ao confisco, na medida em que ele seja conforme com os princípios fundamentais de sua legislação interna e com a índole do processo judicial ou outros processos.

9. As disposições do presente Artigo não se interpretarão em prejuízo do direito de terceiros que atuem de boa-fé.

99

GERALDO PRADO

10. Nada do disposto no presente Artigo afetará o princípio de que as medidas nele previstas se definirão e aplicar-se-ão em conformidade com a legislação interna dos Estados Partes e com sujeição a este.

2.4. Em tese a perda de bens consiste, segundo Hélio Rigor Rodrigues e Carlos A. Reis Rodrigues, na "privação definitiva de uma coisa ou direito, padecida pelo seu titular e derivada da sua vinculação ou relação com um fato típico e ilícito".[6]

Trata-se, pois, de coativa transferência de titularidade de coisas e direitos instrumentalmente conexa a práticas criminosas.

Quaisquer que sejam as fontes jurídicas para o decreto de perda de bens, no âmbito do processo penal e como consequência do reconhecimento da existência de um crime, um ponto está fora de questão: é essencial "a vinculação entre o bem declarado perdido e um determinado fato típico".[7]

Salientam os Procuradores da República portuguesa que essa vinculação poderá assumir várias formas, a depender da posição do bem ou direito em face da atividade criminosa, sendo esta posição e a relação entre o objeto e a atividade criminosa, os critérios determinantes para os respectivos regimes jurídicos ou para o enquadramento da situação concreta na esfera do estatuto jurídico geral da perda de bens: perda dos instrumentos, dos objetos e das vantagens derivadas do delito.

Pelo ângulo legal, o direito brasileiro promove a aglutinação de objetos e instrumentos do crime, no art. 91 do Código Penal, diferenciando-os dos "bens, direitos e valores relacionados, direta ou indiretamente, à prática dos crimes", que consistiriam nas vantagens e benefícios decorrentes da infração penal, quer na perspectiva de "produto do crime" ou como "qualquer bem ou valor que constitua proveito auferido pelo agente com a prática do fato criminoso".

---

[6] *Recuperação de activos na criminalidade económico-financeira*: viagem pelas idiossincrasias de um regime de perda de bens em expansão. Lisboa: SMMP, 2013, p. 168.

[7] *Recuperação de activos na criminalidade económico-financeira*. Lisboa: SMMP, 2013, p. 171.

## CONFISCO ALARGADO

2.5. O que destaca o regime jurídico previsto na lei brasileira que incrimina a lavagem de ativos de origem ilícita do sistema geral do Código Penal é o que a doutrina denomina de "regime de perda ampliada" ou de "perda alargada".[8]

No âmbito da criminalidade econômico-financeira o sistema de perda de bens incide não apenas sobre o produto (direto) ou proveito (imediato) da infração penal, bens comprometidos com a prática do delito, como dispõe nosso Código Penal, para os quais a relação entre delitos e coisas é requisitada como indispensável para a decretação da perda. Nesta modalidade de crimes, a perda avança sobre aqueles bens acumulados ao longo do tempo da prática criminosa, sobre os quais também recaia o nexo de causalidade, mas em um grau atenuado, que há de ser delimitado, porque se trata de "perda em cadeia", sob pena de, na ausência de limites legais, suceder um processo de confisco violador dos princípios da segurança jurídica, legalidade e proporcionalidade.[9]

O critério de delimitação da perda está previsto na citada Convenção das Nações Unidas, que estabelece o contorno das medidas patrimoniais e as vincula ao...

"produto de delito qualificado de acordo com a presente Convenção ou de bens cujo valor corresponda ao de tal produto;"

Mesmo na hipótese de eventual combinação entre bens de origem lícita e ilícita, a correspondência entre o valor do "produto do delito", direto ou indireto, e a prática criminosa interdita o confisco da parte lícita:

> 2. Cada Estado Parte adotará as medidas que sejam necessárias para permitir a identificação, localização, embargo preventivo ou a apreensão de qualquer bem a que se tenha referência no parágrafo 1 do presente Artigo com vistas ao seu eventual confisco.

---

[8] RODRIGUES, Hélio R.; RODRIGUES, Carlos A. Reis. *Recuperação de activos na criminalidade económico-financeira.* Lisboa: SMMP, 2013, p. 195.

[9] RODRIGUES, Hélio R.; RODRIGUES, Carlos A. Reis. *Recuperação de activos na criminalidade económico-financeira.* Lisboa: SMMP, 2013, p. 185.

[...]

4. Quando esse produto de delito se tiver transformado ou convertido parcialmente ou totalmente em outros bens, estes serão objeto das medidas aplicáveis a tal produto de acordo com o presente Artigo.

5. Quando esse produto de delito se houver mesclado com bens adquiridos de fontes lícitas, esses bens serão objeto de confisco *até o valor estimado do produto mesclado,* sem menosprezo de qualquer outra faculdade de embargo preventivo ou apreensão.

6. Os ingressos e outros benefícios derivados desse produto de delito, de bens nos quais se tenham transformado ou convertido tal produto ou de bens que se tenham mesclado a esse produto de delito também serão objeto das medidas previstas no presente Artigo, da mesma maneira e no mesmo grau que o produto do delito. (grifo nosso).

Assim, quer se trate de perda de bens em primeiro grau (aqueles diretamente provenientes da conduta delituosa), quer se trate da chamada "perda de segundo grau", tal seja, o confisco que incide sobre bens que substituem o proveito original, a decisão judicial deverá expressamente reconhecer o vínculo (maior ou menor) entre conduta delituosa e bens e direitos confiscados e delimitar qualitativa e quantitativamente esses bens.

Em não se tratando genuinamente dos mesmos bens – os que são objeto do decreto de perda e aqueles que são produto direto da reconhecida prática delituosa, o juiz na sentença se deparará com tarefa incontornável, que consiste em definir o valor desse proveito (mediante a prévia demonstração deste particular nexo de causalidade), o dos bens apreendidos e estabelecer a proporção entre uns e outros, para então limitar o raio de incidência da medida restritiva de direitos.

Não basta, pois, a genérica declaração de que "tendo em vista que nos crimes da espécie o dinheiro 'é produto do crime' ou 'proveito auferido pelo agente com a prática do fato criminoso'", cabe decretar a perda de todos os bens apreendidos. Isso não atende ao requisito da fundamentação da perda de bens.

# CONFISCO ALARGADO

No caso concreto, a empresa seguiu funcionando, ainda que de forma precária. E durante todo o tempo praticou atos econômicos lícitos. Parte de sua receita foi liberada pelo próprio tribunal. A prevalecer a tese esposada nas condenações há no mínimo mescla entre o produto do crime e bens adquiridos de fontes lícitas a reclamar a explicitação judicial que está ausente da decisão.

Convém sublinhar que na origem (fls. 388 dos autos principais) o culto Magistrado promoveu a confusão entre as distintas cautelares patrimoniais previstas na legislação brasileira.[10]

A violação do dever de fundamentação é ainda mais intensa, relativamente a este capítulo da sentença, porque ao não discriminar os

---

[10] "DO SEQUESTRO – BLOQUEIO DAS CONTAS BANCÁRIAS:

Com o fim principal de assegurar os direitos do ofendido, mas também a exequibilidade da medida confiscatória prevista no art. 91, II, "b", do CP, o pagamento das custas processuais e eventuais penas pecuniárias, prevê a legislação processual penal, mais especificamente os artigos 125 e seguintes do CPP e art. 4º, da Lei n. 9.613/98, o sequestro de bens móveis, imóveis, direitos ou valores de pessoas processadas pela prática de crimes que possam ter resultado em proveito econômico.

Cediço que para a decretação do sequestro de bens, direitos ou valores pelo autor da infração penal, basta a existência de 'indícios veementes' da proveniência ilícita dos bens. Não se exige, portanto, prova plena do fato e da autoria.

Há indícios veementes da proveniência ilícita dos bens, direitos e valores que representam acréscimo patrimonial para os acusados no período.

Valendo-me da expressão de Tornaghi, está presente a 'suposição vizinha da certeza' suficiente para a decretação da medida assecuratória pretendida.

Por isso, presentes os requisitos e pressupostos necessários, defiro o pedido formulado pela autoridade policial e, valendo-me do poder geral de cautela, com fundamento no art. 125 e seguintes do Código de Processo Penal:

Decreto o SEQUESTRO:

Com lastro no art. 1º, V e VII e; art. 4º, da Lei 9.613/98, dos bens e valores pertencentes aos investigados, em especial os veículos, valores em espécie acima de R$ 10 mil, e ainda dos bens móveis de luxo e imóveis, que ora DECLARO NULOS DE PLENO DIREITO a prática de qualquer ATO de disposição dos referidos bens a partir desta data. Atente a autoridade policial para identificar os bens e informar a este Juízo, para fins de oficiar ao respectivo registro.

Decreto bloqueio por meio do Banco Central do Brasil, INCONTINENTI, das contas bancárias tituladas pelos investigados pessoas, físicas e jurídicas nas instituições que fazem parte do Sistema Financeiro Nacional, abaixo:

(...)."

bens de origem ilícita (vinculados à conduta criminosa) dos de origem lícita praticou ato lesivo aos direitos patrimoniais da empresa, que por evidente não é acusada no processo criminal.

A carência de fundamentação da sentença deve ser reconhecida e necessariamente repercutirá na esfera cautelar, em minha opinião, com a liberação dos bens afetados pelo provimento original, pois que não foram devidamente especificados, encontrando-se todos encobertos pelo manto do confisco generalizado.

## 3. Sobre o dever de fundamentação das decisões

3.1. Por fim, justificam-se algumas considerações gerais sobre o dever de fundamentação das decisões judiciais.

A rigor, após duas décadas de vigência da Constituição da República não teria sentido indagar acerca da efetividade do dever de fundamentação das decisões judiciais, corporificado no preceito do inciso IX do artigo 93:

> [...] *todos os julgamentos dos órgãos do Poder Judiciário serão públicos, e fundamentadas todas as decisões, sob pena de nulidade,* podendo a lei limitar a presença, em determinados atos, às partes e a seus advogados, ou somente a estes, em casos nos quais a preservação do direito à intimidade do interessado no sigilo não prejudique o interesse público à informação.

Da teoria à prática, porém, a realidade na atual quadra histórica remete ao tempo de edição da Decisão n. 78, de 31 de março de 1824.[11]

O ato do governo reforçava o dever de fundamentação dos provimentos jurisdicionais, dever que estava previsto nas Ordenações

---

[11] Conforme José Henrique Pierangelli: "Pela Decisão n. 78, de 31 de março de 1824, determinou-se aos juízes a fundamentação das sentenças que proferissem, enquanto pela Decisão n. 81, o Governo declarou que o juiz da devassa não era competente para julgar o feito". *Processo Penal*: evolução histórica e fontes legislativas. Bauru: Jalovi, 1983, p. 92.

# CONFISCO ALARGADO

Filipinas, mas cuja ênfase no nosso primeiro governo independente estava a revelar muito mais da "fachada linguística" que caracterizava as manifestações dos juízes do que propriamente o comportamento judicial rotineiro, que se deveria esperar dos magistrados naquele período.

Alguns casos paradigmáticos, decididos nos últimos anos pelos tribunais superiores, malgrado se refiram a interceptações telefônicas, são muito semelhantes ao estudado neste parecer e demonstram o acerto da tese de que ainda vigora, no cotidiano forense, o hábito das decisões sem fundamentação.

Isso é extraído, por exemplo, do acórdão da lavra da e. Ministra (e professora de processo penal da USP) Maria Thereza de Assis Moura, no julgamento do habeas corpus n. 49.146 – SE[12], que declarou nula decisão carente de motivação:

> PROCESSO PENAL. *HABEAS CORPUS*. ESTUPRO. QUADRILHA OU BANDO. ART. 244-A DO ECA. (1) AÇÕES PENAIS, EM PARTE, TRANCADAS. PARCIAL PERDA DO OBJETO. (2) INTERCEPTAÇÃO TELEFÔNICA. MEDIDA CONSTRITIVA. ESGOTAMENTO DE PRÉVIOS MEIOS DE PROVA. NÃO VERIFICAÇÃO. MOTIVAÇÃO INIDÔNEA. ILICITUDE. RECONHECIMENTO.
>
> [...]
>
> 2. *A interceptação telefônica é medida constritiva das mais invasivas, sendo imprescindível, para o seu deferimento, que a informação somente seja obtida por tal meio, e, que haja a devida motivação* [grifo nosso].
>
> [...]
>
> Por sua vez, e ainda apenas para ilustrar o menoscabo pelas exigências constitucionais, o Supremo Tribunal Federal também pronunciou a ilicitude de provas obtidas a partir de decisões judiciais nulas:
>
> *HABEAS CORPUS*. CONSTITUCIONAL. PENAL. IMPU-TAÇÃO DA PRÁTICA DOS DELITOS PREVISTOS NO

---

[12] Impetrante: Evânio José de Moura Santos. Sexta Turma do Superior Tribunal de Justiça (STJ). Julgamento em 15 de abril de 2010.

# GERALDO PRADO

ART. 3º, INC. II, DA LEI N. 8.137/1990 E NOS ARTS. 325 e 319 DO CÓDIGO PENAL. INVESTIGAÇÃO PRELIMINAR NÃO REALIZADA. PERSECUÇÃO CRIMINAL DEFLAGRADA APENAS COM BASE EM DENÚNCIA ANÔNIMA.

2. *A interceptação telefônica é subsidiária e excepcional, só podendo ser determinada quando não houver outro meio para se apurar os fatos tidos por criminosos, nos termos do art. 2º, inc. II, da Lei n. 9.296/1996. Precedente.*

3. Ordem concedida para se declarar *a ilicitude das provas produzidas pelas interceptações telefônicas, em razão da ilegalidade das autorizações, e a nulidade das decisões judiciais que as decretaram amparadas apenas na denúncia anônima, sem investigação preliminar* [grifo nosso].[13]

3.2. A permanência da prática de decidir sem fundamentar, a desafiar correção perante os tribunais, justifica, pois, recuperar e atualizar o rastro dogmático/legal que resultou no reconhecimento do caráter político do dever de fundamentação, em especial porque da análise desta e de outras situações semelhantes salta aos olhos que a violação do dever de fundamentação é detectada com mais frequência em decisões patrimoniais, no campo penal, que apesar disso são dotadas de alto grau de intromissão na esfera dos direitos das pessoas coletivas e naturais, como é o caso analisado neste parecer suplementar.

Em artigo publicado em 1979, portanto durante a mais recente ditadura civil-militar brasileira, José Carlos Barbosa Moreira iluminou os vínculos entre motivação das decisões e o Estado de Direito, que à época constituía sonho e ambição da nossa sociedade, que lutava por recuperar plenamente a sua liberdade.

O resgate dos fundamentos éticos e políticos da motivação apoiava-se, em primeiro lugar, no reconhecimento de que a exigência de fundamentação das decisões judiciais caminhara quase lado a lado com

---

[13] HC 108.147 PR. Segunda Turma do Supremo Tribunal Federal (STF). Relatora: Ministra Cármen Lúcia. Impetrante: Alexandre Longo. Julgamento em 11 de dezembro de 2012.

## CONFISCO ALARGADO

o movimento de superação do autoritarismo no âmbito dos Estados de tradição ocidental.

Assim, Barbosa Moreira frisou que fora a Revolução Francesa, por meio do artigo 15, título V, da lei de organização judiciária de 1790, e depois, pelo artigo 208 da Constituição do ano III, a ostentar o pioneirismo na exigência de que os pronunciamentos decisórios declarassem as razões em que se baseavam.[14]

A energia produzida pela Revolução Francesa haveria de contaminar as legislações processuais europeias do período. Tanto assim que, no ponto, a Prússia passou a requisitar a fundamentação das decisões, em 1793, e o Código de Processo Civil francês, em seu artigo 141 (1807) e a Lei de organização judiciária de 1810, reafirmaram o prestígio da motivação, para a qual passou a valer a sanção de nulidade caso verificada a violação da exigência[15].

O contexto de previsão da garantia na Revolução Francesa era diverso, sem dúvida, daquele que no Brasil, pela via das Ordenações Filipinas (§7º, do título LXVI, do Livro III), consagrara o princípio e diferia também do que tocou à inovação processual, na Itália, em 1774 e 1788, respectivamente nas reformas de Nápoles e Trento.[16]

O contexto distinto de imposição do dever de motivar está a revelar a dualidade de cenários captada por Barbosa Moreira, relativamente ao papel da motivação das decisões no processo: por um lado, a motivação atende a exigências funcionais internas (endoprocessuais), que balizam

---

[14] "A motivação de sentença como garantia inerente ao estado de direito". *Revista da Faculdade de Direito da UFPR*, vol. 19, n. 0, ano 1979, p. 281.

[15] *Idem.*

[16] Michele Taruffo alerta para o fato de se encontrarem traços do "dever de motivar as sentenças" pelo menos no último período do Império Romano. Esclareça, ainda, o jurista italiano, que entre 1500 e 1600 os Duques de Florença impunham aos juízes o dever de fundamentar as suas decisões. TARUFFO, Michele. "La motivación de la decisión sobre los hechos". *Proceso y decisión*: lecciones mexicanas de Derecho Procesal. Barcelona: Marcial Pons, 2012, p. 87. O "percurso" da garantia e a analogia com a organização social de cada época são indicativos, porém, das diferentes funções e dos distintos fundamentos teórico-práticos do dever de motivar.

a atuação das partes e dos juízes e tribunais no processo que reclama decisão; vista por outro ângulo, no entanto, a garantia tem profundo significado político, de defesa do Estado de Direito por meio da proteção dos direitos fundamentais.

Textualmente, salienta Barbosa Moreira:

> Dado relevante é a atribuição de dignidade constitucional, em mais de um país, ao dever, imposto aos juízes, de motivar as decisões. *O fenômeno não esgota sua significação no acréscimo de estabilidade que assim se imprime à norma, colocada ao abrigo das vicissitudes legislativas em nível ordinário; sugere, ademais, visualização diversa da matéria, pela adequada valoração de seu enquadramento num sistema articulado de garantias fundamentais*[17] [grifo nosso].

**3.3.** É certo que não há uniformidade quanto aos pressupostos de base para a constituição do dever de motivar as decisões.

Em geral e a partir de uma perspectiva estritamente processual (endoprocessual), o dever de motivação cumpriria duas funções. Como ressalta Michele Taruffo, este dever:

> [...] serve as partes, em especial a que tenha perdido, porque através da motivação é possível identificar os erros e vícios que o juiz cometeu na sentença, o que facilita a elaboração da impugnação respectiva.[18]

Ademais, sublinha o processualista italiano, a motivação possibilitará ao tribunal (ou juízo de revisão/rescisão) sindicar a respeito da conexão

---

[17] "A motivação de sentença como garantia inerente ao estado de direito". *Revista da Faculdade de Direito da UFPR*, vol. 19, n. 0, ano 1979, p. 282. Desnecessário, para os fins deste parecer, situar a questão conforme é tratada no modelo da Common Law, mas ainda assim o professor da UERJ salientará que o dever está incorporado à tradição inglesa, principalmente nas Cortes Superiores, como sobressai no "mecanismo dos precedentes". Acrescento que o contexto norte-americano difere do inglês pelo papel que o júri exerce naquele e pelas considerações de legitimação e soberania daí decorrentes.

[18] Tradução livre. "La motivación de la decisión sobre los hechos". *Proceso y decisión*: lecciones mexicanas de Derecho Procesal. Barcelona: Marcial Pons, 2012, p. 88.

# CONFISCO ALARGADO

entre a própria impugnação da parte e a mencionada motivação, estabelecendo os limites de atuação da instância revisional.[19]

Barbosa Moreira enquadrará a questão, por este prisma, no campo da "economia das impugnações", no qual para além do significado técnico da garantia para determinar o "âmbito da *res iudicata*", realça que "só o conhecimento das razões de decidir pode permitir que os interessados recorram adequadamente e que os órgãos superiores controlem com segurança a justiça e a legalidade das decisões submetidas à sua revisão".[20]

Ambos os autores igualmente concordarão com o que parece ser o aspecto mais relevante da legitimação do dever de motivar e sobre o qual está alicerçada a referida legitimação, isto é, o valor *político* da garantia: a decisão de política legislativa de se requisitar a motivação de um pronunciamento judicial ou abrir mão dessa exigência tem *caráter político*, tal seja, diz com o modo como determinada sociedade encara o Estado de Direito.[21]

São atuais as palavras de Barbosa Moreira, proferidas no contexto de resgate da democracia no Brasil, ao final dos anos setenta do século XX:

Vai se firmando a convicção de que o problema se põe, antes de tudo, no plano *dos princípios fundamentais, de ordem política* – no mais nobre sentido da palavra – que devem presidir à disciplina da atividade estatal,

---

[19] Tradução livre. "La motivación de la decisión sobre los hechos". *Proceso y decisión*: lecciones mexicanas de Derecho Procesal. Barcelona: Marcial Pons, 2012, p. 88.

[20] "A motivação de sentença como garantia inerente ao estado de direito". *Revista da Faculdade de Direito da UFPR*, vol. 19, n. 0, ano 1979, p. 285.

[21] TARUFFO, Michele. "La motivación de la decisión sobre los hechos". *Proceso y decisión*: lecciones mexicanas de Derecho Procesal. Barcelona: Marcial Pons, 2012, p. 88. MOREIRA, José Carlos Barbosa. "A motivação de sentença como garantia inerente ao estado de direito". *Revista da Faculdade de Direito da UFPR*, vol. 19, n. 0, ano 1979, p. 286 e seguintes. Cabe esclarecer, ainda, que a motivação das decisões torna possível o exercício das funções críticas do direito a cargo da dogmática jurídica (TARUFFO, Michele. "La motivación de la decisión sobre los hechos". *Proceso y decisión*: lecciones mexicanas de Derecho Procesal. Barcelona: Marcial Pons, 2012, p. 91). No mesmo sentido, Barbosa Moreira, que trata do modo como o direito se desenha ao vivo, na prática judiciaria, sendo este também o material do oficio da dogmática jurídica (MOREIRA, José Carlos Barbosa. "A motivação de sentença como garantia inerente ao estado de direito". *Revista da Faculdade de Direito da UFPR*, vol. 19, n. 0, ano 1979, p. 289).

*in genere*, e da atividade jurisdicional, *in specie*. Nesse contexto, avulta a ideia de *garantia* como inspiração básica e fim precípuo da imposição do dever de enunciar, publicamente, as razões justificativas da decisão proferida. [Itálico nosso].[22]

Cabe recordar, ainda, a advertência de Taruffo, no sentido de que o Direito Processual Inquisitorial Eclesiástico sugeria aos juízes canônicos, entre os séculos XVI e XVIII, que não motivassem suas sentenças[23], para com base nessa simetria assinalar que o clima político favorável ou desfavorável à garantia de motivar as decisões varia conforme se está mais próximo ou mais distante do ideal do Estado de Direito.

3.4. As relativamente frequentes demandas deduzidas perante nossos tribunais, para repararem as violações ao dever de motivar, justificam a invocação da função básica do direito no Estado de Direito. Os juristas e cientistas políticos Danilo Zolo e Pietro Costa lembram que, "colocado no seu horizonte histórico-genético, o Estado de Direito evoca, portanto, o problema da relação entre os sujeitos, o direito e o poder"[24] e se caracteriza por instaurar um nexo funcional (direito) entre o poder e os sujeitos de modo a controlar o poder e a direcioná-lo à realização das plenas potencialidades dos seres humanos na busca por sua autodeterminação (dignidade).

Neste sentido, toda a evolução jurídico-constitucional das últimas décadas orientou-se à consolidação dos direitos fundamentais, direitos humanos positivados, domesticando o poder e sujeitando-o a nexos de causalidade, nas palavras de Mauro Cappelletti, isto é, à funcionalidade constitucional de todos os atos de império e à proibição de todo excesso de poder constitucionalmente relevante.[25]

---

[22] "A motivação de sentença como garantia inerente ao estado de direito". *Revista da Faculdade de Direito da UFPR*, vol. 19, n. 0, ano 1979, p. 286.

[23] "La motivación de la decisión sobre los hechos". *Proceso y decisión*: lecciones mexicanas de Derecho Procesal. Barcelona: Marcial Pons, 2012, p. 87.

[24] *Estado de Direito*: história, teoria e crítica. São Paulo: Martins Fontes, 2006, p. XIV.

[25] *La jurisdicción constitucional de la libertad con referencia a los ordenamientos alemán, suizo y austriaco*. Lima: UNAM, 2010, pp. 217/218.

## CONFISCO ALARGADO

Afinal, como salienta Barbosa Moreira, "no Estado de Direito, todos os poderes sujeitam-se à lei".[26]

3.5. Relevante, pois, o papel que exerce a fundamentação das decisões judiciais na atualidade. O poder de impor restrições no âmbito dos direitos individuais reivindica legitimação por meio da fundamentação do ato de poder e isso a tal ponto é consensual que mesmo ordens jurídicas que textualmente não incorporaram às suas Constituições o dever de motivar extraem a exigência de outros princípios constitucionais.

É o caso, por exemplo, da Alemanha. De acordo com Bodo Pieroth e Bernhard Schlink, do direito à audição jurídica, que significa "que uma pessoa pode se manifestar sobre os fatos, em princípio antes da emissão de uma decisão, nas perspectivas material e jurídica", resultam três graus de concretização: a) o direito à informação, que "obriga o tribunal, entre outras coisas, a proporcionar o conhecimento de todas as declarações da parte contrária..., dos factos e provas apresentados *ex oficio*..., inclusivamente as opiniões de peritos judiciais..., e das opiniões jurídicas que ele próprio pretende tomar por base da sua decisão e com a qual os envolvidos não tem de contar"; b) o direito à manifestação de opinião, que "exige a suficiente possibilidade de, no mínimo, se poder manifestar a opinião por escrito sobre as questões de facto e de direito"; e c) o *direito à tomada em consideração*, que se caracteriza por exigir a "presença, capacidade e disponibilidade de assimilação de todos os juízes que colaboram na decisão, bem como, em princípio, *uma fundamentação das decisões que dê atenção às exposições essenciais das partes*".[27]

---

[26] "A motivação de sentença como garantia inerente ao estado de direito". *Revista da Faculdade de Direito da UFPR*, vol. 19, n. 0, ano 1979, p. 287.

[27] *Direitos Fundamentais*: Direito Estadual II. Lisboa: Lusíada, 2008, pp. 362/363. Michele Taruffo é da mesma opinião. Segundo este jurista, se a Constituição alemã de 1948 não contém norma específica sobre o dever de motivar, a jurisprudência constitucional tratou de reconhecer a obrigação da motivação como garantia de tipo constitucional, "porque pertence justamente às garantias fundamentais que a Constituição prevê para as partes do processo" (tradução livre). "La motivación de la decisión sobre los hechos". *Proceso y decisión*: lecciones mexicanas de Derecho Procesal. Barcelona: Marcial Pons, 2012, p. 89.

Estes autores igualmente ressaltam algo que é decisivo para o enquadramento da questão proposta pelos Consulentes.

Com efeito, assinalam Pieroth e Schlink que os diferentes direitos fundamentais "aplicam-se a diferentes *domínios da vida*" (grifo dos autores). Em semelhante caso, estes "domínios da vida" constituirão situações no interesse do titular do direito delimitadoras do território no interior do qual o sujeito é livre para deliberar agir ou não agir (direito à autodeterminação), interditando ao Estado e a terceiros, a princípio, qualquer tipo de intervenção.

A este "território delimitado" a doutrina denomina "âmbito normativo" ou "de proteção" do direito fundamental, o qual impõe ao Estado "o ônus de justificação jurídica das ingerências"[28] quando estas se fazem necessárias.

Em um plano ideal, o Poder Judiciário é a voz do Estado de Direito e por suas decisões a ordem jurídica encontra a necessária proteção. Como garantias do direito os juízes asseguram a primazia da Constituição e a integridade dessa mesma ordem.

Referindo-se ao trabalho pioneiro de Bruggeman, na Alemanha, em 1971, Barbosa Moreira mencionará decisão da Comissão Europeia de Direitos Humanos, de 17 de janeiro de 1963, que confirmou a tese de que "o dever de motivar toca nesses casos a todos os tribunais sem restrição e não se limita a domínios ou ramos singulares do Poder Judiciário".[29]

3.6. É bem verdade que pelo ângulo abordado acima o que se pretendia era justificar o dever de fundamentação das decisões emanadas dos tribunais superiores, pois à doutrina sempre pareceu intuitivo que, para juízes e tribunais que deliberam sobre questões de fato e de direito, em um regime jurídico sujeito ao controle das partes por meio dos recursos, a fundamentação configura elemento essencial de qualquer provimento jurisdicional.

---

[28] PIEROTH, Bodo; SCHLINK, Bernhard. *Direitos Fundamentais*: Direito Estadual II. Lisboa: Lusíada, 2008, p. 62.

[29] "A motivação de sentença como garantia inerente ao estado de direito". *Revista da Faculdade de Direito da UFPR*, vol. 19, n. 0, ano 1979, p. 290.

# CONFISCO ALARGADO

Não foi o que se verificou, todavia, no presente caso.

3.7. Releva notar que muitos dos problemas advêm da dificuldade que os profissionais do direito encontram em dar conta da tarefa de maneira satisfatória[30] do dever motivação, por terem uma visão equivocada da própria função de fundamentar uma decisão.

A rigor, leciona J. J. Gomes Canotilho, a exigência de fundamentação das decisões judiciais radica em três razões, todas elas pertinentes à situação examinada neste parecer suplementar:

> (1) controlo da administração da justiça; (2) exclusão do carácter voluntarístico e subjectivo da atividade jurisdicional e abertura do conhecimento da racionalidade e coerência argumentativa dos juízes; (3) melhor estruturação dos eventuais recursos, permitindo às partes em juízo um recorte mais preciso e rigoroso dos vícios das decisões judiciais recorridas.[31]

Em geral, a inspiração de nossa melhor doutrina remete às considerações de Taruffo, que distingue as várias dimensões que exsurgem do processo cognoscitivo e decisório.[32]

---

[30] Convém observar, por exemplo, no âmbito dos principais manuais jurídicos o trato diferenciado deferido ao assunto. Paulo Rangel, por exemplo, após reafirmar o fundamento constitucional do dever de motivar, assinala que a "fundamentação é a exteriorização do raciocínio desenvolvido pelo juiz para chegar à conclusão, parte dispositiva da sentença" (*Direito Processual Penal*. 20ª ed. São Paulo: Atlas, 2012, p. 575. Guilherme Nucci, por sua vez, apresenta o tema em seu vínculo com a imparcialidade do juiz (*Princípios constitucionais penais e processuais penais*. São Paulo: RT, 2010, p. 307. André Nicolitt leciona que a "fundamentação consiste na explicitação das razões de fato e de direito que *levaram à decisão*" [grifo nosso] (*Manual de Processo Penal*. Rio de Janeiro: Elsevier, 2009, p. 43).

[31] *Direito Constitucional e Teoria da Constituição*. 7ª ed. Coimbra: Almedina, 2003, p. 667. Antonio Magalhães Gomes Filho adverte que é compreensível que a "atribuição de maiores poderes ao juiz resulte em exigências, cada vez mais intensas, de argumentações convincentes para demonstrar que não constituem as decisões produto do arbítrio, mas de procedimentos racionais e controláveis pela sociedade". *A motivação das decisões penais*. São Paulo: RT, 2001, p. 13.

[32] Inspirada nesta linha, sem dúvida, a melhor monografia brasileira sobre o tema: GOMES FILHO, Antonio Magalhães. *A motivação das decisões penais*. São Paulo, RT,

# GERALDO PRADO

Salienta o mestre peninsular que hão de ser afastados alguns mitos que povoam o imaginário do processo, entre os quais o de que a motivação tem caráter retórico, isto é, de "que tem como objetivo a persuasão e a convicção".[33]

Em realidade, cabe ao juiz "justificar" sua escolha e não persuadir. Pelo mesmo prisma Barbosa Moreira chamará atenção para o "suposto valor persuasivo das boas fundamentações", "frequentemente desmentido na prática".[34]

Sem embargo de a motivação eventualmente conter elementos de signo retórico, a pretensão de persuasão termina contestada pelo cotidiano forense.

3.8. Igualmente imprópria é a ideia de que a motivação está dotada do poder de rastrear o percurso intelectual de formação do convencimento do juiz.[35]

Em primeiro lugar, não parece provável – ou ao menos demonstrável – que se possa mapear o itinerário mental de alguém de forma analítica e completa, como registra Taruffo. Em segundo lugar, tal consideração presume que a tomada de decisão constitua processo monolítico, instantâneo e, sobretudo, puramente racional e despreza o fato de a decisão configurar-se paulatinamente, levando em conta aspectos nem sempre compreensíveis ao próprio juiz, além daqueles intuitivos. Finalmente, não explica o processo de formação da decisão em órgãos colegiados.

---

2001. E também, por direta e confessada influência da obra de Gomes Filho, o trabalho denominado "*A motivação das decisões penais a partir da teoria garantista*". SCHEID, Carlos Eduardo. Porto Alegre: Livraria do Advogado, 2009. Scheid realçará a distinção entre motivação, fundamentação e justificação, que ressalta da obra de Taruffo. "La motivación de la decisión sobre los hechos". *Proceso y decisión*: lecciones mexicanas de Derecho Procesal. Barcelona: Marcial Pons, 2012, p. 107 e seguintes.

[33] TARUFFO, Michele. "La motivación de la decisión sobre los hechos". *Proceso y decisión*: lecciones mexicanas de Derecho Procesal. Barcelona: Marcial Pons, 2012, p. 92.

[34] "A motivação de sentença como garantia inerente ao estado de direito". *Revista da Faculdade de Direito da UFPR*, vol. 19, n. 0, ano 1979, p. 285.

[35] Vide nota 19.

# CONFISCO ALARGADO

Daí a posição sustentada por Perfecto Andrés Ibáñez, no sentido de atribuir à motivação "caráter de justificação", que "opera como racionalização posterior".[36]

Assim é que em 1952, Calamandrei acentuava que:

A motivação, na maior parte dos casos, reflete, mais além que um estudo prévio realizado pelo juiz para decidir corretamente, um exame de consciência efetuado posteriormente pelo mesmo julgador para persuadir-se de haver julgado bem.[37]

No momento da fundamentação, em tese o juiz já terá formado a sua convicção, razão pela qual não se trata aqui de descobrir algo, a "verdade", mas de justificar a convicção exposta na decisão, valendo-se de argumentos apoiados nas provas que permitam controlar a racionalidade da justificação em si.

Como expõe Aury Lopes Jr., "a motivação serve para o controle da racionalidade da decisão judicial".[38]

3.9. A questão é controvertida, mas pode-se afirmar que sob a perspectiva analítica o processo decisório compreenderia, de acordo com Taruffo, três estágios.

---

[36] E "não como individualização do *iter* lógico-jurídico mediante o qual o juiz chegou à decisão" ou "atividade do tipo prevalentemente descritiva". "Sobre a motivação dos fatos na sentença penal". *In: Valoração da prova e sentença penal*. Rio de Janeiro: Lumen Juris, 2006, p. 67.

[37] "La crisis de la motivación". *In: Proceso y democracia*. Buenos Aires: EJA, 1960, p. 125.

[38] *Direito Processual Penal*. 10ª ed. São Paulo: Saraiva, 2013, p. 244. Eugênio Pacelli sublinha, no campo do livre convencimento, que "o juiz deverá declinar as razões que o levaram a optar por tal ou qual prova, fazendo-o com base em argumentação racional". *Curso de processo penal*. 16ª ed. São Paulo: Atlas, 2012, p. 330. Marcelo Lamy salienta que "motivar, por outro lado, não é mostrar como se formou a convicção da autoridade judicial (processo psicológico), mas explicitar que a convicção está fundada em razões aceitáveis... e que as razões mostram-se aptas a justificar a decisão". LAMY, Marcelo. "O princípio da legalidade sob a ótica da teoria e da jurisdição constitucional". *In:* BRANDÃO, Cláudio *et all* (coord.) *Princípio da legalidade: da dogmática jurídica à teoria do direito*. Rio de Janeiro: Forense, 2009, p. 326.

No primeiro deles, "na motivação se coloca a hipótese formulada para depois proceder à sua explicação"[39], constituindo a decisão a premissa da justificação. Com efeito, segundo Taruffo, a decisão não é o ponto de chegada, mas o de partida da fundamentação, configurando discurso autônomo relativamente ao próprio processo intelectual de formação da convicção!

Para além da superação do esquema que distingue sujeito e objeto, no processo de conhecimento, separando-os ao modo da filosofia da consciência, a motivação como argumento de justificação, que está mais adiante do próprio processo de conhecimento, porque parte dele (ou da convicção formada), atende ao objetivo de proporcionar "as razões racionais sobre as quais a decisão do juiz resulta *objetivamente aceitável* à luz de critérios de valoração e de juízo que se aplicam em termos gerais, para estabelecer se uma verdade determinada tem fundamento sobre a informação disponível e também para precisar se uma interpretação determinada da norma jurídica é correta ou não" (grifo nosso).[40]

Fica claro que há, subjacente à justificação, uma complexa tarefa de interpretação de fatos e normas jurídicas. É importante ressaltar que, no processo de interpretação, "o intérprete não escolhe o sentido que melhor lhe convém"[41], como pontua Lenio Streck.

Segundo Lenio:

> O resultado da interpretação não é um resultado de escolhas majoritárias e/ou produto de convencionalismos. Não se trata, evidentemente, de verdades ontológicas no sentido clássico... Os sentidos não estão 'nas coisas' e, tampouco, na 'consciência de si do pensamento pensante'. Os sentidos se dão intersubjetivamente.

---

[39] "La motivación de la decisión sobre los hechos". *Proceso y decisión*: lecciones mexicanas de Derecho Procesal. Barcelona: Marcial Pons, 2012, p. 96.

[40] TARUFFO, Michele. "La motivación de la decisión sobre los hechos". *Proceso y decisión*: lecciones mexicanas de Derecho Procesal. Barcelona: Marcial Pons, 2012, p. 97.

[41] *Jurisdição Constitucional e Decisão Jurídica*. 3ª ed. São Paulo: RT, 2013, p. 311.

## CONFISCO ALARGADO

> Consequentemente, na medida em que essa intersubjetividade ocorre na e pela linguagem, para além do esquema sujeito-objeto, *os sentidos arbitrários estão interditados*. É por isso que é possível alcançar respostas hermeneuticamente adequadas (corretas) [grifo nosso].[42]

3.10. Ora, o papel da motivação da decisão é essencial à legitimação dela própria, sob o ângulo do Estado de Direito, como afirmado em diversas passagens desta opinião jurídica. No âmbito do processo penal constitucional a estrutura da decisão revela-se crucial.

Afinal, como destaca Gomes Filho, a dupla dimensão de garantia do processo, vislumbrada pelo aspecto político e pela ótica individual

> [...] traz como desdobramento natural a constatação de que a proteção que ele representa seria inócua e ineficaz se *a própria estrutura processual não fosse concebida de forma a atingir aqueles mesmos objetivos de correção do exercício do poder estatal e de defesa do indivíduo no confronto com o poder punitivo estatal* (grifo nosso).[43]

À conquista deste objetivo dificilmente é suficiente a atuação isolada de uma garantia. Ao revés, reconhece Luigi Ferrajoli, da correlação entre as diversas garantias é que surge a possibilidade de extrair o resultado perseguido de instauração do mencionado nexo funcional entre o exercício do poder e os sujeitos titulares de direitos fundamentais.[44]

Luigi Ferrajoli assinala que entre as garantias processuais em sentido estrito, e ao lado das garantias relativas à formação do juízo (direito à prova, à defesa, garantia do contraditório etc.) assume relevante posição à da motivação da convicção judicial.[45]

---

[42] *Jurisdição Constitucional e Decisão Jurídica*. 3ª ed. São Paulo: RT, 2013, p. 311.

[43] *A motivação das decisões penais*. São Paulo: RT, 2001, p. 30.

[44] COSTA, Pietro; ZOLO, Danilo. *Estado de Direito*: história, teoria e crítica. São Paulo: Martins Fontes, 2006, p. XIV.

[45] *Derecho y Razón*: teoría del garantismo penal. 9ª ed. Madrid: Trotta, 2009, pp. 539/540.

# GERALDO PRADO

Sublinha o professor italiano que a motivação viabiliza a "*verificabilidade*" da decisão e sua compatibilidade com as demandas de estrita legalidade e jurisdicionalidade[46] próprias do Estado de Direito.

Para sindicar a existência de motivação válida há de se recorrer à estrutura da decisão, que deve estar conforme o modelo normativo de "decisão judicial fundamentada", correspondente ao discurso de justificação empregado que por sua vez seja capaz de demonstrar a racionalidade da escolha levada a cabo pelo juiz.[47] Afinal, "a motivação é a explicação da convicção e da decisão".[48]

3.11. Indicador disso, marcantemente no caso deste parecer, é a inadmissibilidade das provas obtidas por meios ilícitos, norma disposta no art. 5º, inciso LVI, da Constituição da República.

O importante papel da fundamentação das decisões judiciais pode ser medido, portanto, antes mesmo da decisão final, por sua capacidade de dar conta, em cada caso, do escrupuloso respeito ao devido processo legal.

Aury Lopes Jr. salienta que o dever de motivação não se refere, com exclusividade, à sentença, mas se apresenta, também, em todas as "decisões interlocutórias tomadas no curso do procedimento".[49] Acrescento que o dever de fundamentação da sentença não se esgota na determinação da responsabilidade penal dos acusados, mas também incide nas demais cláusulas da decisão que resolvam controvérsias como a perda de bens.

3.12. Motivar a decisão de perda de bens implica apontar os elementos que delimitam o denominado produto do crime, qualitativa e quantitativamente, compará-los com os bens apreendidos e estabelecer

---

[46] *Derecho y Razón*: teoría del garantismo penal. 9ª ed. Madrid: Trotta, 2009, p. 543.

[47] GOMES FILHO, Antonio Magalhães. *A motivação das decisões penais*. São Paulo: RT, 2001, pp. 108 e 116/117.

[48] MARINONI, Luiz Guilherme; ARENHART, Sérgio Cruz. *Manual do Processo de Conhecimento*. 5ª ed. São Paulo: RT, 2006, p. 468.

[49] *Direito Processual Penal*. 13ª ed. São Paulo: Saraiva, 2016, p. 244.

racionalmente a conclusão acerca da intervenção patrimonial, que ser fiel a parâmetros de legalidade e proporcionalidade.

Assim, na esteira da doutrina sobre o conteúdo da decisão validamente fundamentada exige-se da que decreta a perda de bens: que seja completa, aludindo à totalidade das questões de fato e de direito relevantes; consistente, isto é, que haja compatibilidade entre os argumentos "nos critérios de escolha das premissas e na inferência das conclusões"; suficiente, conforme o estágio da cultura jurídica e social vigente; e coerente, tal seja, revele-se instrumentalmente capaz de organizar os argumentos conforme critérios de relevância e contingência.[50]

A violação de quaisquer destes preceitos constitutivos da motivação gera nulidade da decisão.[51]

A coerência da decisão será verificada no confronto entre os argumentos que, apoiados em elementos probatórios, sustentam a premissa e convocam à inevitável conclusão exposta pelo magistrado.

No caso concreto, todavia, isso não ocorreu.

A decisão que decretou a perda de bens pode com toda tranquilidade ser encartada em qualquer processo e não parecerá um corpo estranho justo porque foi lavrada em termos tão genéricos que não há como assegurar que o culto juiz federal tenha de fato apreciado o enquadramento da medida na hipótese submetida a julgamento.

3.13. A este propósito penso que é conveniente sublinhar a referência que Juan José Hernández Domínguez e José Israel Martínez Martín fazem a julgado paradigmático do Tribunal Constitucional

---

[50] LAMY, Marcelo. "O princípio da legalidade sob a ótica da teoria e da jurisdição constitucional". *In:* BRANDÃO, Cláudio e outros (coord.) *Princípio da legalidade:* da dogmática jurídica à teoria do direito. Rio de Janeiro: Forense, 2009, pp. 327/328.

[51] Na Itália os requisitos das decisões cautelares de natureza pessoal são equiparados, expressamente, aos da sentença, sob pena de nulidade. VARONE, Fabio. "Il procedimento applicativo delle misure cautelari personali". *In:* VARONE, Fabio; TODARO, Guido. *La difesa nel procedimento cautelare personale.* Milano: Giuffrè, 2012, p. 318.

espanhol, ainda que o paradigma esteja referido a outro direito constitucional (a inviolabilidade do domicílio):

> En la sentencia del Tribunal Constitucional 56/2003, de 24 de marzo, se recoge la doctrina de esa jurisdicción sobre los requisitos generales que han de cumplimentarse para cercenar el derecho fundamental a la inviolabilidad del domicilio con motivo de una investigación delictiva. Al respecto se exponen los siguientes argumentos:
>
> '... esa motivación para ser suficiente debe expresar con detalle el juicio de *proporcionalidad* entre la limitación que se impone al derecho fundamental restringido y su límite, argumentando la *idoneidad* de la medida, su *necesidad* y el debido *equilibrio* entre el sacrificio sufrido por el derecho fundamental limitado y la ventaja que se obtendrá del mismo...El órgano judicial deberá precisar con detalle las circunstancias *espaciales* (ubicación del domicilio) y *temporales* (momento y plazo) de la entrada y registro, y de ser posible también las *personales* (titular u ocupantes del domicilio en cuestión).
>
> [...] A esta primera información, indispensable para concretar el objeto de la orden de entrada y registro domiciliarios, deberá acompañarse la motivación de la decisión judicial en sentido propio y sustancial, con la indicación de las razones por las que se acuerda semejante medida y el juicio sobre la gravedad de los hechos supuestamente investigados, e, igualmente, habrá de tenerse en cuenta si se está ante una diligencia de investigación encuadrada en una instrucción judicial iniciada con antelación, o ante una mera actividad policial origen, justamente, de la instrucción penal.'[52]

## 4. Quesito

Diante do exposto, passo a responder ao quesito:

---

[52] *Derecho fundamental a la Inviolabilidad del domicilio*: nociones básicas y análisis jurisprudencial. Madrid: Dilex, 2013, pp. 55/56.

# CONFISCO ALARGADO

A decisão que decretou a perda de bens está fundamentada?

Não. A decisão que decretou a perda de bens pode com toda tranquilidade ser encartada em qualquer processo e não parecerá um corpo estranho justo porque foi lavrada em termos tão genéricos que não há como assegurar que o culto juiz federal tenha de fato apreciado o enquadramento da medida na hipótese submetida a julgamento.

Exige-se da decisão que decreta a perda de bens:

a) que seja completa, aludindo à totalidade das questões de fato e de direito relevantes e ambas as sentenças são incompletas no ponto;

b) que seja consistente, isto é, que haja compatibilidade entre os argumentos "nos critérios de escolha das premissas e na inferência das conclusões". Também aí a decisão não está fundamentada, pois não indica as razões pelas quais vincula os bens apreendidos ao "produto" ou "proveito" do crime, não identifica a posição destes bens em face da infração penal (para efeito da decretação da perda de primeiro ou de segundo grau), tampouco quantifica o mencionado "produto" ou "proveito";

c) que seja suficiente, conforme o estágio da cultura jurídica e social vigente; e coerente, tal seja, revele-se instrumentalmente capaz de organizar os argumentos conforme critérios de relevância e contingência. Da leitura da decisão não é possível aferir se o magistrado de fato distinguiu as situações previstas no Código Penal e na lei de lavagem de ativos de origem ilícita.

Não basta a genérica declaração de que "tendo em vista que nos crimes da espécie o dinheiro 'é produto do crime' ou 'proveito auferido pelo agente com a prática do fato criminoso'", cabe decretar a perda de todos os bens apreendidos. Isso não atende ao requisito da fundamentação da perda de bens.

Por fim, no caso concreto a empresa seguiu funcionando, ainda que de forma precária. E durante todo o tempo praticou atos econômicos lícitos. Parte de sua receita foi liberada pelo próprio tribunal. A prevalecer a tese esposada nas condenações há no mínimo mescla entre o produto do crime e bens adquiridos de fontes lícitas a reclamar a explicitação judicial que está ausente da decisão.

Assim, ressalvado melhor entendimento, esta é a minha opinião.

Rio de Janeiro, 06 de junho de 2015.

# REFERÊNCIAS BIBLIOGRÁFICAS

ANDRÉS IBÁÑEZ, Perfecto. "Sobre a motivação dos fatos na sentença penal". *In: Valoração da prova e sentença penal*. Rio de Janeiro: Lumen Juris, 2006.

BRASIL. Sexta Turma do Superior Tribunal de Justiça. *Habeas corpus n. 49.146/SE*. Relatora: Min. Maria Thereza Rocha de Assis Moura. Impetrante: Evânio José de Moura Santos. Julgamento em 15 de abril de 2010.

BRASIL. Segunda Turma do Supremo Tribunal Federal. *Habeas Corpus n. 108.147/PR*. Relatora: Ministra Cármen Lúcia. Impetrante: Alexandre Longo. Julgamento em 11 de dezembro de 2012.

CALAMANDREI, Piero. "La crisis de la motivación". *Proceso y democracia*. Buenos Aires: EJA, 1960.

CANOTILHO, J. J. Gomes. *Direito Constitucional e Teoria da Constituição*. 7ª ed. Coimbra: Almedina, 2003.

CAPPELLETTI, Mauro. *La jurisdicción constitucional de la libertad con referencia a los ordenamientos alemán, suizo y austriaco*. Lima: UNAM/Palestra, 2010.

CORREIA, João Conde. *Da proibição do confisco à perda alargada*. Lisboa: Imprensa Nacional Casa da Moeda/Procuradoria-Geral da República, 2012.

COSTA, Pietro; ZOLO, Danilo. *Estado de Direito*: história, teoria e crítica. São Paulo: Martins Fontes, 2006.

FERRAJOLI, Luigi. *Derecho y Razón*: teoría del garantismo penal. 9ª ed. Madrid: Trotta, 2009.

GOMES FILHO, Antonio Magalhães. *A motivação das decisões penais*. São Paulo: RT, 2001.

# CONFISCO ALARGADO

HERNÁNDEZ DOMÍNGUEZ, Juan José; MARTÍNEZ MARTÍN, José Israel. *Derecho fundamental a la Inviolabilidad del domicilio*: nociones básicas y análisis jurisprudencial. Madrid: Dilex, 2013.

LAMY, Marcelo. "O princípio da legalidade sob a ótica da teoria e da jurisdição constitucional". *In:* BRANDÃO, Cláudio (coord.). *Princípio da legalidade*: da dogmática jurídica à teoria do direito. Rio de Janeiro: Forense, 2009.

LOPES Jr., Aury. *Direito Processual Penal*. 10ª ed. São Paulo: Saraiva, 2013.

MARINONI, Luiz Guilherme; ARENHART, Sérgio Cruz. *Manual do Processo de Conhecimento*. 5ª ed. São Paulo: RT, 2006.

MOREIRA, José Carlos Barbosa. "A motivação de sentença como garantia inerente ao estado de direito". *In: Revista da Faculdade de Direito da UFPR*, Rio de Janeiro, vol. 19, n. 0, ano 1979.

MOREIRA, José Carlos Barbosa. *Temas de direito processual*: segunda série. 2ª ed. São Paulo: Saraiva: 1988.

NICOLITT, André. *Manual de Processo Penal*. Rio de Janeiro: Elsevier, 2009.

NUCCI, Guilherme. *Princípios constitucionais penais e processuais penais*. São Paulo: RT, 2010.

PACELLI, Eugênio. *Curso de processo penal*. 16ª ed. São Paulo: Atlas, 2012.

PIARANGELLI, José Henrique. *Processo Penal*: evolução histórica e fontes legislativas. Bauru: Jalovi, 1983.

PIEROTH, Bodo; SCHLINK, Bernhard. *Direitos Fundamentais*: Direito Estadual II. Lisboa: Lusíada, 2008.

RANGEL, Paulo. *Direito Processual Penal*. 20ª ed. São Paulo: Atlas, 2012.

RODRIGUES, Hélio Rigor; RODRIGUES, Carlos A. Reis. *Recuperação de activos na criminalidade económico-financeira*: viagem pelas idiossincrasias de um regime de perda de bens em expansão. Lisboa: SMMP, 2013.

SCHEID, Carlos Eduardo. *A motivação das decisões penais a partir da teoria garantista*. Porto Alegre: Livraria do Advogado, 2009.

STRECK, Lenio Luiz. *Jurisdição Constitucional e Decisão Jurídica*. 3ª ed. São Paulo: RT, 2013.

TARUFFO, Michele. "La motivación de la decisión sobre los hechos". *In: Proceso y decisión*: lecciones mexicanas de Derecho Procesal. Barcelona: Marcial Pons, 2012.

VARONE, Fabio. "Il procedimento applicativo delle misure cautelari personali". *In:* VARONE, Fabio; TODARO, Guido. *La difesa nel procedimento cautelare personale*. Milano: Giuffrè, 2012.

# A SEGURANÇA JURÍDICA E A DEFESA DA LIBERDADE COMO DOIS VETORES ORIENTADOS À PRESERVAÇÃO DA DIGNIDADE DA PESSOA HUMANA[1]

> "O que hoje não se faz, nos faz falta amanhã".
>
> (*Fausto*. Goethe)

## I. Consulta

1. Consultam-me os cultos advogados Valeska Teixeira Z. Martins e Cristiano Zanin Martins sobre questão atinente à possibilidade de deferimento de medida liminar em *habeas corpus* preventivo impetrado no Supremo Tribunal Federal em favor de Luiz Inácio Lula da Silva.

2. Esclarecem os Consulentes que Luiz Inácio Lula da Silva foi condenado no juízo da 13ª Vara Federal de Curitiba à pena de nove

---

[1] Parecer *pro bono*, em face da relevância do tema e de sua repercussão no Direito brasileiro.

## GERALDO PRADO

anos e seis meses de reclusão, pela prática dos crimes de corrupção passiva e lavagem de dinheiro.

3. Acrescentam que a condenação foi mantida em grau de apelação e a sanção penal foi aumentada, fixando-se em doze anos e um mês de reclusão.

4. O processo está em fase de apreciação dos Embargos de Declaração opostos pela Defesa,[2] sendo certo que tanto a apelação como os mencionados embargos suscitam temas relacionados à emissão, pelo tribunal regional federal, de decisão contrária à lei federal e a dispositivos da Constituição da República.[3]

5. Apesar disso, o acórdão condenatório contemplou a determinação de imediata execução da pena, independentemente da interposição de Recurso Especial e Recurso Extraordinário, invocando o verbete n. 122 das Súmulas do Tribunal Regional Federal da 4ª Região e as decisões proferidas no âmbito do Supremo Tribunal Federal (STF) no julgamento do *habeas corpus* n. 126.292/SP e das medidas cautelares requeridas nas Ações Declaratórias de Constitucionalidade n. 43 e 44.

6. Sem embargo da posição de fundo quanto ao âmbito normativo da presunção de inocência, sustentada pelos Consulentes nas suas impugnações, com respaldo em decisões monocráticas de Ministros do próprio STF, fato é que por também considerarem não fundamentada

---

[2] Petição de Embargos de Declaração do acórdão proferido na Apelação Criminal n. 5046512-94.2016.4.04.7000. Tribunal Regional Federal da 4ª Região. Embargante: Luiz Inácio Lula da Silva. Data: 20 de fevereiro de 2018.

[3] Teses defensivas pertinentes a recurso especial arguidas na apelação e nos embargos de declaração: a) da negativa de vigência do artigo 158 do Código de Processo Penal; b) da incorreta aplicação das regras processuais de competência – artigos 69 e 70 do Código de Processo Penal; c) da incorreta aplicação do artigo 254 do Código de Processo Penal – contrariedade à jurisprudência do STJ; d) da negativa de vigência do artigo 616 do Código de Processo Penal; e) da imotivada majoração da pena-base; f) da necessária demonstração de um ato de ofício concreto para configuração do crime de corrupção passiva; g) da condenação pelo crime de corrupção passiva galgada na Teoria do Domínio do Fato; h) da possível atipicidade quanto ao crime de lavagem – mero exaurimento do delito antecedente.

126

# A SEGURANÇA JURÍDICA E A DEFESA DA LIBERDADE COMO DOIS...

a decisão de imediata execução da pena, respaldada que está em "mera invocação de precedentes do Supremo Tribunal Federal despidos de caráter vinculante" e em virtude de estar lastrada em "súmula formulada pela Corte Regional que, indevidamente, tornou automática a execução provisória da pena", aqueles impetraram *habeas corpus* perante o Superior Tribunal de Justiça (STJ).

7. A medida liminar requerida no *habeas corpus* n. 434.766/PR, impetrado no STJ, foi indeferida, ensejando a impetração de *habeas corpus* preventivo no Supremo Tribunal Federal, autuado sob o n. 152.752/PR.[4]

8. Em 09 de fevereiro de 2018, o culto Ministro Edson Fachin indeferiu o requerimento de medida liminar por entender que "não se trata de decisão manifestamente contrária à jurisprudência do STF ou de flagrante hipótese de constrangimento ilegal".[5]

9. Além disso, o e. Ministro relator decidiu afetar o julgamento da questão de mérito do *habeas corpus* ao Plenário do Supremo Tribunal Federal, haja vista as Ações Declaratórias de Constitucionalidade estarem pendentes de resolução definitiva.[6]

10. Posteriormente, em 06 de março de 2018, foi julgado o processo de *habeas corpus* impetrado no STJ e foi denegada a ordem. Convém sublinhar que o Ministro Felix Fischer sustentou a inexistência "de dano efetivo ou de risco potencial ao direito ambulatorial" de Luiz Inácio Lula da Silva, pois, na linha do que havia deliberado o Ministro Humberto Martins, ao indeferir a liminar, o relator não vislumbrou "seja

---

[4] Petição de Habeas Corpus preventivo com pleito liminar (Habeas Corpus n. 152.752/PR). Supremo Tribunal Federal. Paciente: Luiz Inácio Lula da Silva. Impetrantes: Cristiano Zanin Martins, José Roberto Batochio, Valeska Teixeira Z. Martins e outros. Data: 02 de fevereiro de 2018.

[5] Medida Cautelar no Habeas Corpus n. 152.752/PR. Decisão Monocrática do Min. Edson Fachin. Relator: Min. Edson Fachin. Paciente: Luiz Inácio Lula da Silva. Impetrante: Cristiano Zanin Martins e outro(a/s). Julgamento em 09 de fevereiro de 2018.

[6] Habeas Corpus n. 152.752/PR. Decisão Monocrática do Min. Edson Fachin. Relator: Min. Edson Fachin. Paciente: Luiz Inácio Lula da Silva. Impetrante: Cristiano Zanin Martins e outro(a/s). Julgamento em 09 de fevereiro de 2018.

em uma análise meramente perfunctória ou em um juízo de cognição exauriente, 'o fundado receio de ilegal constrangimento e a possibilidade de imediata prisão' do paciente".[7]

11. De forma objetiva os Consulentes pretendem resposta sobre que efeito ou efeitos jurídicos resulta(m) da situação jurídica descrita, haja vista ainda o julgamento do *habeas corpus* pelo Supremo Tribunal Federal estar pendente de inclusão do processo em pauta, e formulam as seguintes indagações:

*Primeiro quesito:* se está fundamentada a decisão proferida pelo Tribunal Regional Federal da 4ª Região no ponto em que determina a execução da pena, independentemente da possibilidade de interposição de recurso especial e de recurso extraordinário?

*Segundo quesito:* e se agora, à luz da decisão definitiva do processo de *habeas corpus*, no âmbito do Superior Tribunal de Justiça, estaria configurada a hipótese de progressividade aflitiva a justificar a reapreciação e deferimento do pleito de medida liminar pelo Ministro relator do *writ* impetrado no Supremo Tribunal Federal?

*Terceiro quesito:* se a preferência regimental do *habeas corpus* tem implicação jurídica relativamente à garantia de Luiz Inácio Lula da Silva quanto a aguardar em liberdade a deliberação do Pleno do Supremo Tribunal Federal?

12. A consulta leva em consideração as cópias físicas e digitais de elementos do processo que os Consulentes apresentaram.

13. O estudo será iniciado pela análise da relação entre a segurança jurídica e o princípio de defesa da liberdade.

14. Dada a limitação de tempo, o estudo abordará sumariamente as questões que são objeto de provocação dos Consulentes, o que não

---

[7] Habeas Corpus n. 434.766/PR. Voto do Ministro Felix Fischer. Quinta Turma do Superior Tribunal de Justiça. Relator: Min. Felix Fischer. Paciente: Luiz Inácio Lula da Silva. Impetrantes: Cristiano Zanin Martins e outros. Julgamento em 06 de março de 2018.

significa que se trate de questões menores. Ao revés, a matéria talvez seja hoje a mais importante no campo jurídico, tocando diretamente na noção de Estado de Direito.

A segurança jurídica e a defesa da liberdade como dois vetores orientados ao mesmo propósito: a preservação da dignidade da pessoa humana.

15. Embora certos conceitos sejam de conhecimento comum aos juristas do campo processual penal, e mais ainda dos Ministros do Supremo Tribunal Federal, por uma questão de organização racional das ideias convém iniciar o estudo tratando de explicitar a noção de "segurança jurídica" na sua relação com o direito de liberdade.

16. Antes, no entanto, releva destacar que as regras do Regimento Interno do Supremo Tribunal Federal estabelecem prioridade para o julgamento dos processos de *habeas corpus*. Com efeito, dispõem os artigos 145 e 149 do mencionado Regimento Interno:

> Art. 145. Terão prioridade, no julgamento do Plenário, observados os arts. 128 a 130 e 138:
>
> i – os habeas corpus;
>
> ii – os pedidos de extradição;
>
> iii – as causas criminais e, dentre estas, as de réu preso;
>
> iv – os conflitos de jurisdição;
>
> v – os recursos oriundos do Tribunal Superior Eleitoral;
>
> vi – os mandados de segurança;
>
> vii – as reclamações;
>
> viii – as representações;
>
> ix – os pedidos de avocação e as causas avocadas.[8]
>
> Art. 149. Terão prioridade, no julgamento, observados os arts. 128 a 130 e 138.

---

[8] BRASIL. *Regimento interno do Supremo Tribunal Federal (STF)*. Brasília: STF, Secretaria de Documentação, 2017. Disponível em http://www.stf.jus.br/arquivo/cms/legislacaoRegimentoInterno/anexo/RISTF_integral.pdf. Acesso em 09.03.2018.

## GERALDO PRADO

i – os habeas corpus;

ii – as causas criminais, dentre estas as de réu preso;

iii – as reclamações. (Incluído pela Emenda Regimental n. 9, de 8 de outubro de 2001).[9]

17. Mais do que uma normativa operacional, dirigida à gestão do trabalho no STF, a preferência regimental dos processos de *habeas corpus* concretiza o princípio constitucional da relevância da tutela da liberdade entre tantos importantes bens jurídicos diretamente protegidos pela Constituição da República.

18. O reconhecimento da especial posição que a tutela da liberdade ocupa na Constituição, no contexto da matéria abordada no estudo, guarda relação direta com os efeitos da decisão proferida pelo culto Ministro Edson Fachin de afetar o julgamento da questão de mérito do *habeas corpus* ao Pleno do STF.

19. Em verdade, a decisão de afetar a matéria ao Pleno, em consideração ainda ao fato de que pendem de julgamento as Ações Declaratórias de Constitucionalidade n. 43 e 44, é um potente indicativo de que as divergências de entendimento manifestadas por membros da Corte, sobre o âmbito normativo da presunção de inocência, não podem ser ignoradas.

20. Sem dúvida que pelo ângulo estritamente técnico-jurídico não é possível relevar o importante julgamento das medidas liminares nas ADCs n. 43 e 44.

21. O método técnico-jurídico em voga em meados do século passado na Itália, via pela qual chegou ao Brasil, esbarra, porém, na realidade constitucional pós-transição, que não apenas conferiu *status* normativo aos princípios como reorientou os critérios de interpretação e aplicação das normas jurídicas em nosso ordenamento, conferindo à liberdade a

---

[9] BRASIL. *Regimento interno do Supremo Tribunal Federal (STF)*. Brasília: STF, Secretaria de Documentação, 2017. Disponível em http://www.stf.jus.br/arquivo/cms/legislacaoRegimentoInterno/anexo/RISTF_integral.pdf. Acesso em 09.03.2018.

preponderância que as democracias modernas reconhecem, em oposição aos valores coletivistas que inspiraram os autoritarismos do século vinte.

22. Desnecessário enfatizar o ponto por uma razão muito simples: foram os Ministros do Supremo Tribunal Federal que conduziram este processo de mudança, condizente com uma nova "tradição" que se pretende ver enraizada em nosso país.

23. A ótica pela qual a "segurança jurídica" passa a ser encarada igualmente mudou. Não se trata de "mera certeza", da garantia das condições de "previsibilidade" das decisões que estão fundamentadas no Direito. Isso diz com a forma e com os efeitos da "segurança jurídica".

24. À "segurança jurídica", porém, no contexto dessa nova tradição democrática inspirada nas condições político-jurídicas do processo Constituinte de 1987-1988, importa o elemento material. O que, afinal, se "assegura" é no mínimo tão relevante quanto a própria condição de asseguramento.

25. Ao tratar do tema à luz das premissas clássicas, em obra de referência, Humberto Ávila colocou em destaque a perspectiva tradicional da "segurança jurídica". São suas palavras:

> De outro lado, porém, pode-se defender que a segurança jurídica exige a elevada capacidade do cidadão de compreender os sentidos possíveis de um texto normativo, a partir de núcleos de significação a serem reconstruídos por meio de processos argumentativos intersubjetivamente controláveis. É nesse sentido que se fala em determinabilidade e certeza (relativa) do Direito. É igualmente nessa acepção que parte da doutrina qualifica a segurança jurídica como algo a ser progressivamente atingido. O mesmo Kelsen, em estudo posterior, não mais utiliza o termo 'ilusão', porém emprega o termo 'ficção' para descrever um ideal que pode ser 'aproximadamente realizável' (*annährungsweise realisierbar*). É também nesse sentido que a doutrina, notadamente tributária, refere-se ao princípio da legalidade 'estrita' ou tipicidade material 'aberta'.[10]

---

[10] ÁVILA, Humberto. *Teoria da segurança jurídica*. 3ª ed. São Paulo: Malheiros, 2014, p. 137.

26. Observadas as coisas por este ângulo, o culto jurista salientou que há de fato uma expectativa de conhecimento quanto ao "conteúdo da decisão futura", mas não deixou de asseverar que o aspecto subjetivo da segurança jurídica reclama identificar não somente os seus beneficiários diretos, mas importa em saber "quem ditará o critério seu *aferidor*". Mais uma vez recorrendo às palavras de Ávila, reproduzo o texto:

> O aspecto subjetivo envolve, além de se saber quem irá se beneficiar com a segurança jurídica, também examinar quem lhe deve servir de *critério* aferidor. A segurança jurídica pode, em primeiro lugar, envolver o conhecimento, a confiança e o cálculo do Direito por meio do cidadão comum. Essa compreensão decorre da consideração do destinatário das normas, vocacionadas a servir de instrumento de orientação para aqueles que estão sujeitos às prescrições normativas.[11]

27. O "quem" do critério projeta-se no problema concreto que o cerne das teses divergentes acolhidas pelos Ministros Celso de Mello, Marco Aurélio, Luiz Fux e Edson Fachin, por exemplo, ilumina com muito vigor. À falta de uma decisão definitiva sobre o âmbito normativo da presunção de inocência, a teoria do órgão cede às decisões individuais em sentidos opostos, a conferir à tutela da liberdade de locomoção pleiteada perante o STF o caráter de solução lotérica, a depender da sorte do requerente na distribuição do seu caso.

28. Evidente que a decisão do Ministro Edson Fachin de afetar a matéria ao Pleno pretende resolver o problema da "definição do âmbito normativo da presunção de inocência". Caberá ao Pleno acolher uma ou outra das teses que disputam a interpretação adequada do inciso LVII do artigo 5º da Constituição da República.

29. A intenção esbarra, todavia, em uma situação que confronta, claramente, com o princípio norteador dos citados dispositivos do Regimento Interno do STF.

---

[11] ÁVILA, Humberto. *Teoria da segurança jurídica*. 3ª ed. São Paulo: Malheiros, 2014, p. 170.

# A SEGURANÇA JURÍDICA E A DEFESA DA LIBERDADE COMO DOIS...

30. Como foi sublinhado, a preferência regimental do *habeas corpus* não tem função operacional, de otimização dos trabalhos na Corte. O papel dessa prioridade está em concretizar a "preferência constitucional" da defesa da liberdade de locomoção.

31. Ao tratar da "segurança jurídica" pelo prisma material mais uma vez é Humberto Ávila quem discorre acerca da preponderância da proteção da liberdade. Com desculpas pelo recurso à citação, transcrevo a seguinte passagem da obra de Ávila:

> A CF/88 é insistente na proteção da liberdade não só no seu conjunto, como já analisado, como nas suas partes. Já no "Preâmbulo" ela institui um Estado Democrático de Direito, destinado a garantir a liberdade. E no capítulo dos direitos e das garantias individuais inicia garantindo aos cidadãos a inviolabilidade do direito à liberdade para, em seguida, instituir uma série de direitos mais específicos (liberdade de manifestação do pensamento, de consciência e de crença, da atividade intelectual, artística, científica e de comunicação, de associação para fins lícitos) e de garantias destinadas à efetivação da liberdade (recebimento de informação dos órgãos públicos, impetração de mandado de segurança ou de *habeas corpus*).[12]

32. O elemento material da "segurança jurídica" resulta ser o critério fundamental de orientação em situações como a reconhecida pelo e. Ministro Edson Fachin, de que mesmo após a decisão liminar das ADCs, não se estabeleceu orientação segura a respeito da possibilidade de execução provisória da pena privativa de liberdade.

33. No ponto mais uma vez convém recorrer aos ensinamentos de Humberto Ávila:

> O exame do conteúdo dos princípios de liberdade permite comprovar que os ideais de confiabilidade e de calculabilidade

---

[12] ÁVILA, Humberto. *Teoria da segurança jurídica*. 3ª ed. São Paulo: Malheiros, 2014, p. 233.

funcionam como pressupostos para a sua eficácia. Sem um ordenamento jurídico cognoscível, confiável e calculável não se pode minimamente exercer com autonomia os direitos patrimoniais de liberdade, nem exercer a liberdade de autodeterminação.[13]

34. Para fugir ao caráter lotérico que adquirem as decisões em um ambiente de incerteza jurídica sobre se é possível ou não executar provisoriamente a pena privativa de liberdade, situação randômica não substancialmente alterada pelas resoluções sobre as medidas liminares das ADCs, convém recorrer aos "ideais de confiabilidade e calculabilidade" que estão baseados no princípio da liberdade. Aqui as consequências do erro são muito menores.

35. Assim é que não há impedimento a que se decrete uma prisão cautelar e que seus efeitos se estendam ao julgamento dos recursos especial e extraordinário, enquanto presentes as causas de suspeição de que o mau uso da liberdade pelo condenado coloca em risco a aplicação da lei penal.

36. Uma solução que, à luz da prioridade constitucional que adquire a tutela da liberdade, mantenha as prisões de índole estritamente processual, fundadas no risco de fuga, e preserve a liberdade dos condenados cuja prisão decorre do estrito convencimento de que os efeitos da condenação devem ser produzidos desde logo, distribui de forma equilibrada os riscos de erro judiciário oriundo das instâncias inferiores.

37. A distribuição dos riscos neste âmbito contempla o respeito ao princípio da liberdade encarnado ainda na preferência de julgamento do *habeas corpus* por Turma ou pelo Pleno do STF, justificando que o ônus de aguardar a decisão do Pleno ou das ADCs 43 e 44 não seja suportado pelo titular do direito à liberdade.

38. De observar que o fundamento exclusivo da prisão ordenada no caso concreto, na cláusula final do acórdão condenatório, sem que

---

[13] *Teoria da segurança jurídica*. 3ª ed. São Paulo: Malheiros, 2014, p. 234.

# A SEGURANÇA JURÍDICA E A DEFESA DA LIBERDADE COMO DOIS...

tenha havido requerimento do Ministério Público Federal, consistiu na aplicação do verbete n. 122 das Súmulas do Tribunal Regional Federal da 4ª Região.[14]

39. Esta também foi a base da decisão de denegação do *habeas corpus* no STJ.

40. Não obstante o fato de que o voto condutor da decisão sobre medidas liminares nas ADCs n. 43 e 44 sustenta a evidencia de que a execução provisória e o imediato encarceramento são uma "possibilidade jurídica" e não uma inevitabilidade, o presente estudo defende a tese de enquanto não julgado pelo Pleno do STF o *habeas corpus* impetrado, o fundamento constitucional da "segurança jurídica" impõe que seja reapreciada a medida liminar e deferido ao paciente que aguarde em liberdade o julgamento do *habeas corpus* e das citadas ADCs.[15]

41. Voltando às indagações formuladas pelos Consulentes, concluo o presente estudo e respondo:

*Primeiro quesito:* se está fundamentada a decisão proferida pelo Tribunal Regional Federal da 4ª Região no ponto em que determina a execução da pena, independentemente da possibilidade de interposição de recurso especial e de recurso extraordinário?

*Respondido no curso do parecer.* O fundamento exclusivo consiste em que deverá ser executada imediatamente a pena imposta em apelação

---

[14] *Súmula 122 do TRF-4:* Encerrada a jurisdição criminal de segundo grau, deve ter início a execução da pena imposta ao réu, independentemente da eventual interposição de recurso especial ou extraordinário.

[15] "Essa a razão pela qual, após esgotadas as instâncias ordinárias, a condenação criminal *poderá provisoriamente surtir o imediato efeito do encarceramento*, uma vez que o acesso às instâncias extraordinárias se dá por meio de recursos que são ordinariamente dotados de efeito meramente devolutivo. A regra do art. 283 do CPP, com sua atual redação, com a devida vênia de quem entende de outra forma, não conduz a resultado diverso". Voto do Ministro Edson Fachin nas Ações Declaratórias de Constitucionalidade. Tribunal Pleno do Supremo Tribunal Federal. Relator: Ministro Marco Aurélio. Requerente ADC 43: Partido Ecológico Nacional – PEN. Requerente ADC 44: Conselho Federal da Ordem dos Advogados do Brasil – CFOAB. Julgamento em 05 de outubro de 2016.

na hipótese em que caiba impugnação da condenação exclusivamente pela via dos recursos especial e extraordinário. Não foi imposta prisão processual a Luiz Inácio Lula da Silva.

*Segundo quesito:* e se agora à luz da decisão definitiva do processo de *habeas corpus*, no âmbito do Superior Tribunal de Justiça, estaria configurada a hipótese de progressividade aflitiva a justificar a reapreciação e deferimento do pleito de medida liminar pelo Ministro relator do *writ* impetrado no Supremo Tribunal Federal?

*Respondido no curso do parecer.* Sem dúvida que ao acolher a tese sobre o tema da prisão, definida no julgamento da apelação, o STJ manteve a situação de ameaça concreta e imediata à liberdade de locomoção do interessado.

*Terceiro quesito:* se a preferência regimental do *habeas corpus* tem implicação jurídica relativamente à garantia de Luiz Inácio Lula da Silva quanto a aguardar em liberdade a deliberação do Pleno do Supremo Tribunal Federal?

*Respondido no curso do parecer.* A preferência regimental do *habeas corpus* é a concretização da prioridade que a Constituição da República confere à defesa da liberdade.

No caso, afetada ao Pleno a decisão do *habeas corpus* em virtude das conhecidas divergências de entendimento sobre a matéria no âmbito do STF, o princípio da segurança jurídica leva a que seja garantido a Luiz Inácio Lula da Silva aguardar em liberdade a solução da causa e o julgamento das ADCs n. 43 e 44.

Este é o parecer, ressalvado melhor entendimento.

Rio de Janeiro, 12 de março de 2018.

# REFERÊNCIAS BIBLIOGRÁFICAS

ÁVILA, Humberto. *Teoria da segurança jurídica.* 3ª ed. São Paulo: Malheiros, 2014.

BRASIL. Tribunal Pleno do Supremo Tribunal Federal. *Ações Declaratórias de Constitucionalidade n. 43 e 44.* Relator: Ministro Marco Aurélio. Requerente ADC 43: Partido Ecológico Nacional – PEN. Requerente ADC 44: Conselho Federal da Ordem dos Advogados do Brasil – CFOAB. Julgamento em 05 de outubro de 2016.

BRASIL. *Regimento interno do Supremo Tribunal Federal (STF).* Brasília: STF, Secretaria de Documentação, 2017. Disponível em http://www.stf.jus.br/arquivo/cms/legislacaoRegimentoInterno/anexo/RISTF_integral.pdf. Acesso em 09.03.2018.

# A SEGURANÇA JURÍDICA E O ACORDO DE COLABORAÇÃO PREMIADA

## 1. A Consulta

No que concerne ao procedimento de revisão de acordo de colaboração premiada adiante mencionado, consulta-me o culto advogado Conrado Donati Antunes sobre questões atinentes ao respectivo regime jurídico-penal, com especial ênfase à problemática da rescisão.

Com efeito, J. M. B. e R. S., representados pelo Consulente, e F. de A. e S., entre outros, ajustaram com o Ministério Público Federal acordos de colaboração premiada orientados à cooperação no sentido de fornecer elementos probatórios por sua vez relacionados à delação de 1.893 agentes políticos. Estes agentes políticos em tese seriam autores de diversas e graves infrações penais.

Tendo em vista o fato de que entre os suspeitos delatados havia autoridades às quais a Constituição da República assegura o foro por prerrogativa de função, os mencionados acordos foram homologados no âmbito do Supremo Tribunal Federal (STF), pelo eminente Ministro Edson Fachin, em 11 de maio de 2017. A homologação foi confirmada pelo Pleno do STF em 29 de junho de 2017.

Sublinha o Consulente que no curso da execução do ajuste processual, em 04 de setembro de 2017, o então Procurador-Geral da

# GERALDO PRADO

República Rodrigo Janot instaurou procedimento de revisão dos acordos firmados por J. M. B., R. S. e F. de A. e S.

No relato de instauração do procedimento, o Procurador-Geral da República menciona a suspeita de que J. M. B., R. S. e F. de A. e S. tenham algum envolvimento com crimes de exploração de prestígio, obstrução às investigações e participação em organização criminosa que igualmente acredita terem sido praticados pelo ex-Procurador da República M. M. No mesmo procedimento acentua o Procurador-Geral que R. S. teria omitido informação acerca de conta no exterior, "mais especificamente no Paraguai", não declarada quando da assinatura do acordo em 03 de maio de 2017. E, finalmente, agrega que teria havido má-fé na omissão de fato pertinente ao Senador C. N., que supostamente recebeu R\$ 500.000,00 em troca de apoio à Presidenta Dilma Rousseff por ocasião do processo de *impeachment*.

A base empírica para a instauração do procedimento de revisão consistiu em arquivo de áudio denominado "X.WAV", apresentado em 31 de agosto de 2017 na esfera da execução do pacto entre MPF e colaboradores.

Releva notar que em sua manifestação, datada de 14 de setembro de 2017, o Procurador-Geral da República sustentou que J. M. B. e R. S. respectivamente infringiram as cláusulas 26 e 25 dos seus pactos de colaboração, com a ressalva, relativamente a R. S., de que a singular violação da cláusula 6ª de seu acordo, que diz respeito à declaração patrimonial, ensejaria "repactuação de multa ou perda de bem" (fl. 31). No tocante a F. de A. e S., admite provisoriamente o Ministério Público Federal (MPF) "que não há elementos suficientes nos autos para decidir sobre a revisão de seu acordo", reservando-se a emitir pronunciamento definitivo após a conclusão de diligências que determinou (fls. 49 e 50).

Sustenta, portanto, o MPF, que os colaboradores J. M. B. e R. S. descumpriram a avença ao omitirem fatos criminosos de que tinham conhecimento.

O Consulente apresentou farta documentação em meio digital e formulou os seguintes quesitos, que serão respondidos a partir da

# A SEGURANÇA JURÍDICA E O ACORDO DE COLABORAÇÃO PREMIADA

documentação apresentada, que é tomada como premissa do raciocínio jurídico que embasa o presente estudo:

3. A entrega de áudio com gravação efetuada pelo colaborador de ato ilícito praticado pelo senador C. N., nos termos relatados na decisão de rescisão, dentro do prazo fixado para a apresentação de anexos complementares, implica omissão de má-fé capaz de rescindir o acordo de colaboração?

4. A omissão da entrega de áudios em relação aos quais o colaborador entendia não haver crime caracteriza omissão de má-fé?

5. No que se refere à participação de M. M. nos fatos em questão: partindo-se das premissas que (i) o profissional pediu formalmente exoneração do Ministério Público Federal em 23 de fevereiro de 2017; (ii) foi efetivamente exonerado em 5 de abril e a portaria data de 4 de março de 2017; (iii) nesse período orientou os executivos da Empresa Y sobre procedimento de colaboração, mas; (iv) não praticou atos de ofício em favor dos mesmos (v) não explorou ou prometeu explorar prestígio ou influência junto a servidores púbicos ou agentes de Estado e (vi) não orientou o escamotear ou a supressão de provas ou fatos. É possível identificar a prática de crime por parte de M. M. ou dos executivos contratantes? Se negativa a resposta, tal participação deveria ser relatada em anexos em acordo de colaboração premiada?

6. A informação, por parte de R. S., da existência de conta no exterior no último dia do prazo previsto para a apresentação de anexos complementares implica omissão de má-fé capaz de rescindir o acordo de colaboração?

7. Caso constatada alguma omissão dolosa nos relatos – quesito apresentado apenas por hipótese – a extensão e relevância das colaborações, sob o prisma da proporcionalidade, indicaria a rescisão do acordo como um todo ou sua repactuação, com a revisão dos benefícios na medida da gravidade do fato omitido?

8. Com base nas considerações anteriores, a decisão de rescindir os acordos de colaboração de J. M. B. e R. S. encontra fundamento legal e adequação jurídica?

O estudo está estruturado da seguinte forma: o capítulo 2 analisa o tema à luz da teoria do adimplemento substancial do acordo de colaboração premiada em sua interface com as garantias do processo penal; e o capítulo 3 avalia a situação do ex-Procurador da República M. M. no contexto que ensejou o requerimento de rescisão do pacto.

## 2. O adimplemento substancial do acordo de colaboração premiada

2.1. Não há dúvida de que os acordos de colaboração premiada objeto do presente estudo impactaram de forma decisiva e irreversível a vida nacional. Os desdobramentos da notícia de que quase 1.900 agentes políticos podem estar envolvidos com a prática de graves infrações penais produzirão sequelas por muito tempo na nossa sociedade, afetando o cenário político, a economia e até a autoestima dos brasileiros.

Igualmente sensível resulta o fato de que o veículo informativo das relações promíscuas profundas entre a classe política e agentes econômicos tenha sido a controvertida *delação premiada*, que no caso, dada a abrangência da cooperação probatória ajustada entre o MPF e os colaboradores, levou ao ajuste da imunidade processual dos colaboradores.

2.2. O caráter inédito tanto da *denúncia* como do *prêmio* agitou a mídia e também mobilizou setores do campo jurídico, direta ou indiretamente associados aos episódios que estão em apuração.

Não causa estranheza, pois, que a sequência dos acontecimentos seja acompanhada emocionalmente, dia a dia, graças à cobertura da comunicação social, garantido ao público o legítimo conhecimento dos desdobramentos do que se reconhece como a mais grave crise republicana pós-ditadura.

A cobertura da comunicação social é fundamental para garantir a legitimidade de todo o *processo* deflagrado pelos acordos de colaboração,

# A SEGURANÇA JURÍDICA E O ACORDO DE COLABORAÇÃO PREMIADA

mas por certo cobra alto preço e o faz ao introduzir elementos emocionais em espaços reservados à ponderação e prudência, como são os espaços institucionais do Ministério Público e do Poder Judiciário.

Com antevisão, a magistrada e professora Simone Schreiber alertou para riscos e consequências da publicidade opressiva das causas criminais,[1] riscos que se convertem em realidade no caso concreto.

2.3. Os significativos efeitos emocionais da publicidade opressiva são potencializados pela divulgação de áudios que integram o acervo probatório das investigações em curso que tratam de pessoas públicas. Isso é fato.

Também é fato que o caráter praticamente inédito do fenômeno dos maxiprocessos no Brasil está vinculado às formas consensuais de colaboração com a Justiça Criminal em extensos atos de autoinculpação voluntária e contribui para gerar um clima de expectativas no cenário jurídico, expectativas inclinadas à insegurança jurídica.

Uma Justiça Criminal que formalmente recorre a acordos não está na tradição do direito brasileiro, como, por exemplo, não era da tradição do direito alemão até recentemente, levando neste caso os juristas Claus Roxin e Barbara Huber a afirmarem que o Código de Processo Penal alemão se encontra em viagem ao desconhecido, "proporcionando muitas tendências inseguras do Direito Processual Penal".[2]

2.4. Também o Direito Processual Penal brasileiro está viajando rumo ao desconhecido a bordo da complexa combinação de maxiprocessos, acordos de colaboração premiada e publicidade intensiva e opressiva dos casos criminais.

---

[1] SCHREIBER, Simone. *A publicidade opressiva de julgamentos criminais*: uma investigação sobre as consequências e formas de superação da colisão entre a liberdade de expressão e informação e o direito ao julgamento criminal justo, sob a perspectiva da Constituição brasileira de 1988. Rio de Janeiro: Renovar, 2008.

[2] HUBER, Barbara. "Por fin socialmente aceptable: acuerdos procesales en Alemania?". *In*: ALBRECHT, Hans-Jörg; SIEBER, Ulrich; SIMON, Jan-Michael; SCHWARZ, Felix (coord.) *Criminalidad, evolución del Derecho penal y crítica al Derecho penal en la actualidad*. Buenos Aires: Editores del Puerto, 2009, p. 115.

A aparente inevitabilidade da colaboração premiada para auxiliar na investigação de infrações penais graves, ressaltada em manifestações doutrinárias, em pareceres que foram entranhados no procedimento de ratificação dos acordos perante o Pleno do STF, e em várias decisões anteriores e paradigmáticas do mesmo Supremo, como é o caso da proferida no julgamento do habeas corpus n. 127.483 (PR), da relatoria do e. Ministro Dias Toffoli, desafia a que a solução para questões controvertidas não previstas, total ou parcialmente pela Lei n. 12.850/2013, seja construída no bojo do próprio processo, em clima de tensão, requisitando por isso mesmo redobrada prudência e permanente atenção aos princípios constitucionais do processo penal.

A sensação de intensa emoção deve ceder lugar à análise prudente dos fatos, colocando em perspectiva todos os episódios de sorte a separar aquilo que é moralmente incômodo daquilo que foi tomado à partida como infração de cláusula de acordo de colaboração, mas que efetivamente não o é.

2.5. O método de suspensão de nossos juízos estritamente associados à sensibilidade é imprescindível, porque separa os conceitos e noções de ordem pragmático-sistêmica, que informam os critérios jurídicos de avaliação da validade do ajuste de cooperação probatória à luz dos fatos citados pelo MPF, dos sentimentos morais que levam a que o próprio instrumento da colaboração premiada seja *julgado* com exclusividade à luz da moral da vida comum e, em particular, da boa educação, sob o efeito psicológico de uma conversa confessadamente mantida em termos grosseiros e vulgares, com ilações e especulações, entre pessoas alcoolizadas, olvidando a natureza instrumental e a função estratégica do instrumento processual.

A boa-fé ou má-fé das ações atribuídas a J. M. B. e R. S. devem ser consideradas não à luz de critérios de comportamento social cortês, das boas maneiras, ineludivelmente não presente na longa conversa entre duas pessoas que estavam bebendo, travada em termos muito pesados e nada refinados, em um momento em que as expectativas sobre o futuro e a liberdade de ambos os interlocutores e de outras pessoas estavam a depender da força do fio da *espada de Dâmocles* que representava a iniciativa

# A SEGURANÇA JURÍDICA E O ACORDO DE COLABORAÇÃO PREMIADA

de buscar ou não as autoridades e negociar o acordo penal da expressão do que afinal veio a público. Tampouco podem ser levadas em conta com base em ilações e especulações que não se traduziram em atos.

A ausência ou a presença de malícia, relativamente aos três fatos invocados como fundamento da pretensão de rescisão, devem ser consideradas no seu efetivo contexto, como se disse, em perspectiva pragmático-sistêmica, portanto, do ponto de vista que pondera o que de fato ocorreu e que contribuição a notícia da prática da ação atribuída ao Senador C. N., hipoteticamente às vésperas do *impeachment* de Dilma Rousseff, as conversas com o ex-Procurador da República M. M. e a informação sobre conta mantida no exterior pelo colaborador R. S. ofereceram à implementação dos objetivos da colaboração premiada.

Não custa recordar que todas essas informações foram prestadas no prazo ajustado consensualmente entre MPF e colaboradores, na forma do §2º do art. 3º dos acordos de colaboração.[3]

Tampouco neste momento é irrelevante relembrar que o instituto da colaboração premiada é antes de mais nada tributário da perspectiva utilitarista[4] que se inspira no mencionado paradigma pragmático-sistêmico a levar em conta, nesse nível, a complexidade da vida social contemporânea, as noções de *risco* e *paradoxo* e, claro, as opções de ação.

2.6. As luzes que iluminam o instituto da colaboração premiada são funcionalistas. A ótica pragmática que inspira o instituto decorre da

---

[3] Processo Administrativo PGR n. 1.00.000.016663/2017-47. Referência ao despacho n. 1011/2017/GTLJ – PGR. Ofício n. 515/2017. Decisão de rescisão do acordo de colaboração premiada. Procurador-Geral da República Rodrigo Janot. Interessados: J. M. B., R. S. e F. de A. e S. Data: 14 de setembro de 2017, p. 20.

[4] "Não se trata, mais uma vez se deve insistir, de uma volta ao passado (CAMARGO, 2006, p. 136), mas sim de equilibrar garantias, eficiência e justiça no processo penal. Acima de tudo, e isso não se pode negar, a delação/colaboração premiada é um instrumento funcional. Um instrumento que se destina, via de regra, para aquela criminalidade complexa. Por isso, esse instrumento é próprio de um sistema que privilegia sua adoção apenas em situações especiais e em crimes especiais", assevera Miguel Wedy. WEDY, Miguel Tedesco. "A colaboração premiada entre o utilitarismo e a racionalidade de princípios". *Revista Direito e Liberdade*, vol. 18, n. 3, set.-dez. 2016, pp. 227/228.

# GERALDO PRADO

admissão da sua eficácia para alcançar resultados em termos de processamento de infrações penais que no passado permaneceram invisíveis.[5]

A expansão do uso do instrumento é uma realidade não apenas no Brasil.

Barbara Huber, que fizera coro a Roxin sobre a insegurança jurídica que o regime anterior das colaborações processuais havia instaurado na Alemanha, não pode deixar de reconhecer que pelos idos de 2007 e 2008, 95,5% dos juízes-presidentes, ministério público e defensores com atuação na área do Direito Penal econômico haviam participado de procedimentos de negociação em causas penais.[6]

Na Itália, referindo-se especificamente ao *patteggiamento* e ritos premiais, Emilio Dolcini mencionará que em 2004 estes superaram em quase 40% o total de sentenças condenatórias proferidas no âmbito do juízo ordinário.[7]

2.7. As críticas aos mecanismos e dispositivos negociais em matéria penal são antigas, profundas e muitas vezes bastante pertinentes, mesmo na origem, no âmbito do *Common Law*,[8] e os norte-americanos convivem com elas há décadas, em um contexto de certa discricionariedade na atuação do Ministério Público, mesmo em casos em que a não acusação penal gerou controvérsias e reprovação social,[9] justamente por estar inspirada no citado paradigma pragmático-sistêmico.

---

[5] Sobre a perspectiva pragmático-sistêmica: ROCHA, Leonel Severo *et all*. *Introdução à teoria do sistema autopoiético do Direito*. Porto Alegre: Livraria do Advogado, 2005, p. 31.

[6] HUBER, Barbara. "Por fin socialmente aceptable: acuerdos procesales en Alemania?". *In:* ALBRECHT, Hans-Jörg; SIEBER, Ulrich; SIMON, Jan-Michael; SCHWARZ, Felix (coord.) *Criminalidad, evolución del Derecho penal y crítica al Derecho penal en la actualidad*. Buenos Aires: Editores del Puerto, 2009, p. 117.

[7] DOLCINI, Emilio. "Problemi vecchi e nuovi in tema di riti alternativi: patteggiamento, accertamento di responsabilità, misura della pena". *Rivista Italiana di Diritto e Procedura Penale*, Milano, vol. 52, n. 2, abr. 2009, p. 576.

[8] PIZZI, William T. *Trials without truth*: why our system of criminal trials has become an expensive failure and what we need to do to rebuild it. New York: New York University Press, 1999.

[9] United States Court of Appeals for the Second Circuit. *Inmates of Attica Correctional Facility v. Rockefeller*. 477 F2D. 375 (1973).

# A SEGURANÇA JURÍDICA E O ACORDO DE COLABORAÇÃO PREMIADA

2.8. Os critérios jurídicos de avaliação das condições de realização do negócio processual e de seu cumprimento são definidos no marco do peso diferenciado que ostentam os interesses sacrificados e os benefícios obtidos, priorizando-se o fato de os colaboradores abrirem mão de direitos e garantias individuais para que a acusação penal logre resultados que de outra maneira muito provavelmente não alcançaria.

Não pode haver, pois, uma discricionariedade a favor do acusador que permita que este usufrua das vantagens da colaboração, sem questionar sua moralidade intrínseca, e declare rompida a avença ao isolar determinados fatos desse mesmo contexto de efetiva contribuição para o esclarecimento de graves infrações penais imputadas a cerca de 1.900 agentes públicos.

Neste sentido, dada a natureza dos direitos e garantias individuais submetidos à compressão ainda em um regime jurídico de discricionariedade, pelo menos desde 1980, na esfera federal norte-americana, há pautas que regulam a relação entre Ministério Público e os interessados, na sequência da decisão do caso Bordenkircher v. Haves, que decidiu que a ampla discricionariedade do órgão acusador está sujeita a limites constitucionais".[10]

A colaboração premiada, como modalidade de cooperação procedimental dirigida à obtenção de meios de prova ou à descoberta de fontes de prova, está inserida no contexto da denominada justiça penal consensual e como as demais técnicas desse modelo, funciona basicamente a partir de concessões recíprocas que não são marcadas pelo equilíbrio de poder entre os participantes do negócio jurídico.

Assim, vale insistir que no caso, para facilitar o acesso do Estado a meios de prova e meios de obtenção de prova, o colaborador renuncia ao exercício de vários direitos e garantias individuais, com destaque para a tutela contra a autoincriminação compulsória e as restrições de comportamentos processuais lícitos, mas que lhe são vedados no ajuste com o propósito de assegurar a maior eficácia possível ao pacto firmado.

---

[10] COLOMER, Juan-Luis Gómez (coord). *Introducción al Proceso Penal Federal de los Estados Unidos de Norte América*. Valencia: Tirant lo Blanch, 2013, pp. 276/277.

GERALDO PRADO

2.9. A genealogia do processo penal consensual é essa. A renúncia ao exercício de diversos direitos e garantias individuais caracteriza o negócio jurídico, quer no modelo que na origem inspirou os atualmente em uso no direito da tradição continental europeia, quer nos dessa tradição, agora atualizada, como é o caso da nossa colaboração premiada.[11]

O paradigmático acórdão do STF, no julgamento do habeas corpus n. 127.483 (PR),[12] que foi mencionado linhas atrás, ressalta o sentido negocial, dirigido "precipuamente a produzir efeitos no âmbito do processo penal".

Não se trata de um negócio jurídico pautado pelo equilíbrio entre as posições ocupadas pelas partes e esse desequilíbrio já na origem não deve ser ignorado no momento em que se avalia se o pacto será ou não mantido.

Ao analisar o *plea bargaining* pelo prisma dos critérios do direito de tradição continental europeia, Pedro Albergaria atenta para algo que é comum também ao acordo de colaboração premiada e que não permite que este seja visto como um negócio jurídico equivalente aos negócios jurídicos do Direito Civil ou mesmo do Processo Civil.

Salienta o citado jurista que o processo penal negocial implica em coerção e erosão das garantias de defesa do arguido (imputado). Literalmente:

> [3. Coerção e erosão das garantias de defesa do arguido]
>
> Em certo sentido, aliás não raramente sublinhado pelos defensores do *plea bargaining system*, a negociação e o acordo entre a acusação e a defesa são a forma, por excelência, de participação do arguido na definição do direito do caso e na conformação do seu destino. Porém, uma tal visão das coisas ressente-se de uma

---

[11] TURNER, Jenia I. *Plea bargaining across borders*: criminal procedure. New York: Wolters Kluwer, Law & Business, 2009, p. 37.

[12] Habeas Corpus 127.483/PR. Tribunal Pleno do Supremo Tribunal Federal. Relator: Ministro Dias Toffoli. Impetrante: J. L. O. L. e outro(s). Julgamento em 27 de agosto de 2015.

# A SEGURANÇA JURÍDICA E O ACORDO DE COLABORAÇÃO PREMIADA

> dose não irrelevante de cinismo, pois finge ignorar que aquela negociação e aquele acordo são as mais das vezes impostos ao arguido com recurso a formas de pressão e através da erosão de direitos e garantias processuais que são, eles mesmos, penhor de uma participação (efetivamente, materialmente) constitutiva no dizer do direito do caso.
>
> Efectivamente, a hipervalorização da confissão que se extrai da esmagadora prevalência de *pleas of guilty* ocorre porque o sistema está desenhado para ser coercitivo e, porque o é, dá em que ao arguido sejam subtraídas, por renúncia, as garantias e direitos processuais que estão preordenados as assegurar um processo justo".[13]

Compreende-se perfeitamente este quadro quando se considera a natureza administrativa do procedimento no bojo do qual operará a colaboração premiada: a investigação criminal das condutas delatadas.

2.10. Com efeito, o acordo de colaboração premiada entre MPF e colaboradores instaura um tipo de relação que, no âmbito dos atos administrativos, é definido como *relação especial de poder*.

Assim é que Maria João Estorninho sublinhará o *estado de dependência* especial do particular, relativamente à Administração, com o sacrifício dos meios de proteção jurídica dos particulares.

Nas palavras da autora, preocupada com a subtração contra o particular da aplicação da reserva de lei, dos direitos fundamentais e dos meios de proteção jurídica tradicionais, observa-se quanto à relação especial de poder:

> Em última instância, a relação especial de poder implica uma ideia de dependência especial de um particular em relação à Administração. Tal situação pode resultar directamente da lei (serviço militar obrigatório), de uma sentença (cumprimento de

---

[13] ALBERGARIA, Pedro Soares de. *Plea Bargaining:* aproximação à justiça negociada nos E.U.A. Coimbra: Almedina, 2007, pp. 115/116.

uma pena de prisão), ou da própria vontade do particular (situação de funcionário público).

O problema fundamental que estas relações especiais de poder colocam é o de saber se nelas valem as vinculações jurídico-públicas típicas e os meios de protecção jurídica dos particulares. Aliás, o aparecimento histórico desta construção das relações especiais de poder pretendeu precisamente justificar, em certos domínios, a introdução de limitações aos direitos fundamentais, sem fundamento legal específico. A ideia era, de facto, criar um espaço juridicamente livre ("rechtsfreier Raum") que, sendo considerado como dizendo respeito apenas ao foro interno das entidades públicas, acabava por construir um verdadeiro "feudo da Administração". Justificando o "atropelo" aos direitos dos particulares mediante recurso à ideia de que, pelo menos na maioria dos casos, haveria um consentimento directo ou indirecto dos particulares, o que se pretendia era criar alguns "redutos", nos quais a ideia do alargamento do âmbito de aplicação dos direitos fundamentais e das outras vinculações jurídico-públicas, que referi no ponto anterior, continuasse a não se aplicar. Embora se considerasse que o fundamento coercivo, para a constituição de uma relação especial de poder, precisasse de apoio legal, o desenvolvimento específico de tal relação entre a Administração e o particular já seria totalmente subtraído à aplicação da reserva de lei, dos direitos fundamentais e dos meios de proteção jurídica tradicionais.[14]

Não há muita dúvida sobre o negócio jurídico processual da colaboração premiada *criar redutos* no interior dos quais o denominado *direito de não produzir provas contra si mesmo* não se aplica, valendo relembrar a sempre referida lição de Maria Elizabeth Queijo.[15]

2.11. Daí que é igualmente válido o alerta de Estorninho de que há de ser perseguida a redução desse desequilíbrio à partida, submetendo

---

[14] ESTORNINHO, Maria João. *Réquiem pelo contrato administrativo*. São Paulo: Almedina, 2003, pp. 163/164.

[15] QUEIJO, Maria Elizabeth. *O direito de não produzir prova contra si mesmo*: o princípio *nemo tenetur se detegere* e suas decorrências no processo penal. 2ª ed. São Paulo: Saraiva, 2012, pp. 254-259.

# A SEGURANÇA JURÍDICA E O ACORDO DE COLABORAÇÃO PREMIADA

as relações especiais de poder ao império das garantias e dos direitos fundamentais. Novamente tem a palavra a jurista:

> Com o decurso do tempo, contudo, acabou por reconhecer-se que a própria regulamentação administrativa interna possui carácter jurídico, o que eliminou a barreira teórica tradicional. A principal consequência foi a de se passar a considerar que os direitos fundamentais se aplicariam também às relações especiais de poder, excepto em certos casos muito restritos, nos quais a própria lei determinasse uma qualquer limitação.[16]

2.12. Do ponto de vista prático, a posição mais favorecida que o MPF ocupa no acordo de colaboração premiada, como beneficiário de uma relação especial de poder que ajusta com os colaboradores condutas procedimentais de renúncia a diversos direitos e garantias que conformam os complexos direitos constitucionais de defesa e contra a autoincriminação compulsória (garantia), é compensada pela aplicação do postulado da proporcionalidade na avaliação das concretas condições de execução do ajuste.[17]

Seria dessa maneira, com modulações e temperamentos extraídos dos direitos fundamentais, ainda que se tratasse de avença meramente de direito privado. Claus-Wilheim Canaris recorda que normas de Direito Privado podem ofender direitos fundamentais, resolvendo-se em favor dos direitos fundamentais o conflito que eventualmente surja.[18]

---

[16] ESTORNINHO, Maria João. *Réquiem pelo contrato administrativo*. São Paulo: Almedina, 2003, pp. 163/164.

[17] Sobre a necessária aplicação do critério da proporcionalidade na avaliação da regularidade dos citados acordos manifestou-se o professor Daniel Sarmento, em estudo submetido ao STF no mesmo caso. Os critérios aludidos por Sarmento para embasar a validade jurídica dos acordos de colaboração premiada têm inteira aplicação na análise da manutenção dos ajustes, conforme foram pactuados, malgrado a irresignação do MPF. SARMENTO, Daniel. Parecer. *Colaboração Premiada*. Competência do Relator para Homologação e Limites à sua Revisão Judicial Posterior. Proteção à Confiança, Princípio Acusatório e Proporcionalidade. Rio de Janeiro, 16 de junho de 2017.

[18] CANARIS, Claus-Wilhelm. *Direitos Fundamentais e Direito Privado*. Tradução de Ingo Wolfgang Sarlet e Paulo Mota Pinto. Coimbra: Almedina, 2016, p. 24.

2.13. Ao examinar o tema do adimplemento das obrigações pactuadas, Anderson Schreiber sublinha que no direito contemporâneo a situação se reveste de caráter funcional, vinculada "ao atendimento dos efeitos essenciais do negócio jurídico concretamente celebrado pelas partes".[19]

Investigando-se o assunto no campo do direito privado, sob o ângulo do necessário equilíbrio que deve caracterizar as avenças ainda quando à partida o desequilíbrio seja evidente e consequente a uma determinada relação especial de poder exercitada por um dos sujeitos, e tomando em conta a perspectiva funcional que orienta os acordos e a tutela de direitos fundamentais que não escapa às situações do direito privado, Anderson Schreiber propõe análise que merece ser transplantada para as hipóteses de negócios jurídicos-penais, nas quais, com maior razão, a renúncia prévia a direitos e garantias individuais afeta psicologicamente os colaboradores.

São palavras de Schreiber:

> Todavia, cumpre reconhecer que o adimplemento dirige-se não à satisfação arbitrária do credor, mas ao atendimento da função socioeconômica, identificada com a própria causa do ajuste estabelecido entre ambas as partes.
>
> Em outras palavras, o que o adimplemento exige não é tanto a satisfação do interesse unilateral do credor, mas o atendimento à causa do contrato, que 'se constitui, efetivamente, do encontro do concreto interesse das partes com os efeitos essenciais abstratamente previstos no tipo (ou, no caso dos contratos atípicos, da essencialidade que lhe é atribuída pela própria autonomia negocial)'. Se o comportamento do devedor alcança aqueles efeitos essenciais que, pretendidos concretamente pelas partes com a celebração do negócio, mostram-se merecedores de tutela jurídica, tem-se o adimplemento da obrigação, independentemente da satisfação psicológica ou não do credor.[20]

---

[19] SCHREIBER, Anderson. "A Tríplice Transformação do Adimplemento". *Revista Trimestral de Direito Civil*, vol. 32, out.-dez., Rio de Janeiro: Padma, 2007, p. 14.

[20] SCHREIBER, Anderson. "A Tríplice Transformação do Adimplemento". *Revista Trimestral de Direito Civil*, vol. 32, out.-dez., Rio de Janeiro: Padma, 2007, p. 14.

# A SEGURANÇA JURÍDICA E O ACORDO DE COLABORAÇÃO PREMIADA

2.14. *Satisfação arbitrária, satisfação unilateral do credor* não são resultados compatíveis com a ordem jurídica, em decorrência de inadimplemento parcial de pactos, sem a ponderação das condições concretas que caracterizam o acordo.

O balanceamento dos efeitos de eventual rescisão do acordo de colaboração premiada é indispensável e a verificação no caso concreto sobre se houve ou não adimplemento substancial é imperiosa para evitar abuso – que na hipótese seria *abuso de poder* – provocado por motivo outro que não a obtenção pelo MPF das vantagens negociadas. Vale registrar o desconforto evidente do ex-Procurador-Geral da República com as duras críticas sofridas publicamente por haver negociado a imunidade processual.

2.15. Ao investigar o tema das convenções processuais no processo civil, o Procurador da República Antonio do Passo Cabral chama atenção para a forte tendência de aproveitamento e convalidação dos negócios jurídicos processuais a partir da constatação de que foram alcançados os fins visados pelas convenções.[21]

Muito embora o acordo entre MPF e colaboradores não tenha se dado no curso de um processo, indiscutivelmente o fato de versar sobre a abdicação do exercício de direitos e garantias individuais pesa na exigência de jurisdicionalização que a lei de regência do tema impõe.

A convenção tem índole processual porque destinada à captação de meios de prova e de obtenção de prova, como assinalado, de sorte que a revisão do acordo e, em especial, a sua rescisão, geram consequências equivalentes àquelas que inspiram o regime jurídico das invalidades e é perfeitamente possível, senão mesmo indispensável, aplicar à hipótese o princípio da instrumentalidade das formas.

2.16. A seguinte passagem das lições de Passo Cabral tem plena aplicação à situação objeto do presente estudo. Convém citar literalmente:

---

[21] CABRAL, Antonio do Passo. *Convenções Processuais*. Salvador: JusPodvim, 2016, p. 255.

# GERALDO PRADO

[5.3.3. Aplicação do sistema de invalidades processuais: aproveitamento e convalidação dos negócios jurídicos processuais]

Uma das repercussões mais relevantes deste vetor aplicativo é a possibilidade de convalidação ou aproveitamento das convenções processuais se suprido o vício, se sanada a manifestação de vontade, se complementada a inobservância da forma ou se atingido o escopo pretendido pela parte com a prática do ato (instrumentalidade das formas). A pedra de toque deve ser a regra de que não se deve pronunciar nulidade sem prejuízo (art. 282 §2º e 283, parágrafo único, ambos do CPC/2015).[22]

2.17. A simples constatação do extraordinário conjunto de informações que os colaboradores se dispuseram a proporcionar ao MPF – e de fato colocaram à disposição da Procuradoria da República, desde o primeiro momento, até mesmo no que concerne ao Senador C. N., delatado no início da cooperação – não apenas revela que o teor da conversa travada nas circunstâncias mencionadas não se converteu em fatos concretos prejudiciais às investigações, não passando de ilações de pessoas alcoolizadas e sob tensão, como também, na correta exposição teórica de Passo Cabral, o escopo pretendido pelo MPF foi atingido.

Não se tratava de poucas obrigações; não se cuidava de elementos probatórios irrelevantes. Com base neles, duas denúncias foram oferecidas contra o Presidente da República.

2.18. Observe-se o já mencionado prazo para a conduta positiva dos colaboradores, a sua implementação neste prazo, a absoluta ausência de prejuízo para a parte contrária (MPF) e mesmo os termos especulativos empregados na narrativa do ex-Procurador-Geral da República para referir-se ao que supõe justificar a rescisão, e não há como concluir de forma diversa: houve adimplemento das obrigações pelos colaboradores e somente quanto ao tempo da informação por R. S. acerca da conta mantida no exterior pode-se cogitar de adimplemento parcial, mas inequivocamente substancial, basta comparar com a totalidade das

---

[22] CABRAL, Antonio do Passo. *Convenções Processuais*. Salvador: JusPodvim, 2016, p. 255.

# A SEGURANÇA JURÍDICA E O ACORDO DE COLABORAÇÃO PREMIADA

obrigações impostas a ele, devidamente cumpridas até a presente data, ao menos do que se tem conhecimento.

Diz o MPF, no pleito de rescisão, que:

> *Não parece* que o colaborador tenha agido de boa-fé ao deixar de apresentar os anexos relacionados a C. N., não apenas por conter o áudio "X.WAV", cujo conteúdo estranho ao nome e de conteúdo duvidoso, mas também porque o próprio colaborador admitiu ter ciência do fato e deliberadamente escolheu apresentar no último dia do prazo estabelecidos para trazer anexos novos, em uma clara tentativa de ludibriar o órgão ministerial.[23] [Grifo nosso].

2.19. Não é certamente a aparência de *ausência de boa-fé* que respalda a rescisão de um acordo de colaboração premiada. É a prova da má-fé em ato que prejudica a obtenção de informações significativas para a elucidação de infrações penais que pode, a depender do seu caráter de substancialidade, ensejar a rescisão do acordo.

2.20. Na passagem acima mencionada do pronunciamento rescisório do MPF salta aos olhos a incerteza quanto à existência de má-fé. O ajuste de colaboração premiada até pode negociar o *nemo tenetur se detegere*. Em nenhuma hipótese, todavia, poderá eliminar a presunção de inocência e calcar presunção em desfavor dos imputados.

Ainda assim é bom que se esclareça que a ilação extraída da conversa gravada, envolvendo J. M. B. e R. S., não faria sentido fora do estado alcoólico em que se encontravam quando se sabe: 1. Que o Senador C. N. foi delatado em um dos primeiros anexos da colaboração; 2. O fato referido na conversa, sobre o *impeachment* da Presidenta Dilma, foi igualmente delatado, no prazo ajustado de comum acordo entre as partes; 3. A conta mantida no exterior por R. S. também foi informada

---

[23] Processo Administrativo PGR n. 1.00.000.016663/2017-47. Referência ao despacho n. 1011/2017/GTLJ – PGR. Ofício n. 515/2017. Decisão de rescisão do acordo de colaboração premiada. Procurador-Geral da República Rodrigo Janot. Interessados: J. M. B., R. S. e F. de A. e S. Data: 14 de setembro de 2017, p. 23.

dentro do prazo geral, embora não o tivesse sido no primeiro momento. Em todas estas situações não se vislumbra prejuízo algum ao MPF. Ao contrário, à vista do significativo acervo de elementos probatórios colocado à disposição da Procuradoria da República, nota-se que o escopo do acordo foi atingido no prazo planejado pelos pactuantes.

2.21. No que concerne à complexa relação obrigacional, em âmbito não penal, Judith Martins-Costa adverte para o fato de que a questão não está em ligar meramente, de modo estático, crédito e débito. Impende a análise da estrutura, do processo e da função que são o substrato da obrigação, ponderando resultados e posições das partes contratantes.

Assinala a autora, importante jurista na implantação do atual Código Civil:

> Nessa perspectiva, a avaliação da *situação de mora* (que é fato), não prescinde da consideração da efetiva *fattispecie* negocial, à luz do critério da boa-fé como cânone de *interpretação congruente* das disposições negociais e como norma impositiva de *deveres de cooperação e consideração* que incumbem a ambas as partes da relação. O critério da conduta segundo a boa-fé poderá, assim, *acrescer os deveres de diligência ou mesmo flexibilizá-los*, conforme as circunstâncias, exigindo-se, indubitavelmente, *da parte que detém maior poder na concreta relação* (econômico, político, jurídico, de informação sobre o negócio, ou o produto ou o serviço), um acréscimo dos deveres de diligência.[24] (Grifo em negrito nosso).

Novamente aqui o tema da parte que detém maior poder reaparece para reforçar a tese de que a má-fé ou malícia não se confundem com *intenções, especulações ou elucubrações* que não se traduziram em atos prejudiciais ao que fora pactuado. Em outras palavras, não há no ponto *dolo* que afete o acordo de colaboração premiada, porque à luz do que se tem conhecimento não houve ação orientada a ludibriar o MPF e

---

[24] MARTINS-COSTA, Judith. "A boa-fé objetiva e o adimplemento das obrigações". *Revista brasileira de direito comparado*. Disponível em http://www.idclb.com.br/revistas/25/revista25%20(13).pdf. Acesso em 28.11.2017.

# A SEGURANÇA JURÍDICA E O ACORDO DE COLABORAÇÃO PREMIADA

obter resultados não permitidos pela lei. Ao revés, o acordo foi cumprido pelos colaboradores, apresentando-se os elementos probatórios concernentes às informações quanto à conta no exterior, titularizada por R. S., e ao valor entregue ao Senador C. N.

2.22. Por fim, ainda que se ignore que o próprio MPF reconheceu que o atraso de R. S. não é causa isolada de rescisão do acordo relativamente a ele, e que as informações relativas ao Senador C. N. foram fornecidas no prazo e não houve prejuízo às investigações, ainda assim, à luz do cumprimento substancial do acordo, que levou ao ajuizamento de medidas penais em face de algumas das mais importantes autoridades brasileiras, em tese envolvidas em infrações penais graves, a sua rescisão ou revogação integral é incabível.

Termino este capítulo do estudo com trecho de monografia de Vinicius Vasconcellos, que cuida justamente da prudência que há de dirigir a decisão sobre a aplicação da medida extrema:

> De qualquer modo, para que haja revogação integral do acordo por descumprimento, excluindo-se a concessão de qualquer prêmio ao imputado, deve-se *analisar com cautela a amplitude dessa violação às cláusulas pactuadas*, pois a diferenciação entre um cumprimento parcial das obrigações impostas ao colaborador no acordo homologado e o seu descumprimento é ponto de complexidade ímpar. A não realização de parte das obrigações assumidas, em regra, não deve ocasionar a não concessão de todos os benefícios acordados, *mas somente a sua redução, em conformidade com os critérios de análise da efetividade da colaboração no momento do sentenciamento*, especialmente se houver justificativa razoável apresentada pelo imputado. Portanto, somente em casos de manifesto descumprimento o negócio deverá ser totalmente desfeito e, assim, nenhum benefício concedido. A questão relevante, portanto, é a análise das possibilidades de colaboração do acusado, para averiguar-se o descumprimento foi intencional, nos casos em que a atenção às obrigações se mostrava possível ao colaborador.[25]

---

[25] VASCONCELLOS, Vinicius Gomes de. *Colaboração premiada no processo penal*. São Paulo: Revista dos Tribunais, 2017, p. 251.

## 3. A atuação do ex-Procurador da República M. M.

3.1. Presume o ex-Procurador-Geral da República, a partir da interpretação que confere à conversa narrada no áudio mencionado no início do parecer, que o ex-Procurador M. M., ainda na condição de membro do MPF, teria auxiliado J. M. B. e R. S. a "escamotear e manipular os fatos e provas, filtrar informações e ajustar depoimentos"[26] para dessa maneira obstruir a justiça no âmbito dos acordos de colaboração premiada ainda na fase das tratativas.

Acrescenta que a conversa igualmente sugeriria prestígio de M. M. perante o próprio Procurador-Geral, visando a exploração dessa suposta situação. De notar que não se cuidava de conversa de M. M. com quem quer que fosse, mas de conversa de J. M. B. e R. S., nas circunstâncias que muito bem podem ser compreendidas quando se tem em vista que os crimes noticiados envolviam em tese o Presidente da República, Senadores, Deputados Federais e um sem número de autoridades consideradas com razão bastante poderosas.

3.2. A base empírica para as conclusões do MPF, que por isso também pretende a rescisão do acordo de colaboração, residiria no fato de M. M. ter estado com os três colaboradores referidos no presente estudo, a partir de fevereiro de 2017, sozinho ou acompanhado de advogada do escritório T., R. e W., para tratar de temas relacionados a pactos de leniência e de delação premiada, com despesas arcadas pela empresa Y, que teria reembolsado o referido escritório.

Afirma o ex-Procurador-Geral da República que "não é factível" que os colaboradores não estivessem remunerando M. M. pelos serviços prestados. Essa é a especulação que motivou este capítulo da pretensão de rescisão.

A análise seguinte considerará o episódio à luz das informações consignadas no procedimento de revisão do acordo.

---

[26] Processo Administrativo PGR n. 1.00.000.016663/2017-47. Referência ao despacho n. 1011/2017/GTLJ – PGR. Ofício n. 515/2017. Decisão de rescisão do acordo de colaboração premiada. Procurador-Geral da República Rodrigo Janot. Interessados: J. M. B., R. S. e F. de A. e S. Data: 14 de setembro de 2017, p. 26.

# A SEGURANÇA JURÍDICA E O ACORDO DE COLABORAÇÃO PREMIADA

3.3. Em parecer primoroso, ao qual não cabe acrescentar nada relativamente às premissas fáticas e conclusões, que endosso pelas razões expostas, o jurista Luis Fernando Massoneto vai tratar da desinvestidura de Procurador da República, de efeitos diferidos no tempo dessa desinvestidura e da aparência perante terceiros.[27]

3.4. As considerações que podem ser acrescidas guardam relação com as provas que constam do procedimento de revisão do acordo e a interpretação conferida a elas pelo MPF.

O fato é que também neste episódio o fundamento da conduta revisional do MPF é a presunção, que está escancarada na pergunta retórica sobre M. M. ter atuado sem qualquer contrapartida (fl. 26 da manifestação).

3.5. Por meio de certidão emitida pelo MPF (Certidão PGR/MPF – 13 de julho de 2017), sabe-se da trajetória funcional de M. M. do instante em que deixou o Grupo de Trabalho da Lava Jato/PGR (30.06.2016) até o momento em que solicitou exoneração do cargo (23.02.2017). A certidão menciona que a exoneração foi efetivada (04.03.2017), logo após o feriado do carnaval, sendo certo que M. M. imediatamente entrou em gozo de férias e licença médica até que em 05 de Abril de 2017 a exoneração passou a surtir efeitos.

Neste período, salientou Massoneto, M. M. trabalhou oito dias úteis como Procurador da República e nesse tempo não atuou na Operação Lava Jato, não consultou documentos relativos à mencionada Operação e não diligenciou por interesses da empresa Y perante o MPF ou diretamente com o ex-Procurador-Geral da República.

As versões dos três colaboradores que são parte no procedimento de revisão do acordo de colaboração premiada e a do próprio M. M. não foram desmentidas por testemunhas ou documentos e apenas sobre

---

[27] MASSONETO, Luís Fernando. Parecer. *Desinvestidura de procurador da república*: efeitos diferidos no tempo. Interpretação. Relação com terceiros de boa-fé. Teoria da aparência e presunção de legalidade das condutas práticas por terceiros de boa-fé. São Paulo, 10 de setembro de 2017.

elas é possível exercer juízo de valor à luz da conversa gravada nas circunstâncias já referidas, circunstâncias marcadas por especulações de pessoas com estado de ânimo alterado pelo consumo de álcool.

3.6. São estas versões que podem ser objeto de valoração no juízo de rescisão e não a especulação do ex-Procurador-Geral da República, lembrando que a rescisão de um acordo de colaboração premiada homologado em juízo requisita prova cabal de violação substancial do pacto.

No âmbito do Sistema Acusatório, a análise a que está sujeita a pretensão rescisória é delimitada pelo órgão acusador e este demarcou o perímetro da controvérsia, estabelecendo o território de exercício da garantia constitucional do contraditório, no despacho de 04 de setembro de 2017 e na decisão de 14 de setembro de 2017.

Neste ponto temos de um lado executivos de uma corporação econômica, empresa privada, pessoas que refletiam sobre que decisão tomar no cenário de um grandioso esquema de corrupção que enredava as suas empresas e hipoteticamente alcançava a Presidência da República, e de outro um Procurador da República que havia integrado o Corpo Diplomático brasileiro, de onde saiu para o MPF e agora pretendia deixar o serviço público para atuar no ramo da boa governança empresarial, orientado por seu padrinho L. F. de F. S., que trilhou o mesmo caminho, nos anos 80, deixando o Ministério Público do Rio de Janeiro para atuar na empresa B.

L. F. de F. S. foi colega do autor do presente estudo em meados dos anos 80, no MPE/RJ, e destacou-se por conduta ilibada e reputação de intransigente defesa da democracia e dos direitos humanos.

3.7. Os fatos, que são a única base sobre a qual é possível escorar uma decisão de rescisão de acordo de colaboração premiada, dão conta da aproximação de M. M. ao escritório T., R. e W., para atuar no setor de *Compliance*; da aproximação recíproca entre o escritório e a Empresa Y, em busca de organizar a área, por exigência do MPF em procedimento que estava em andamento: e da aproximação entre M. M. e a Empresa Y, para esse mesmo fim, tudo conforme os depoimentos disponíveis nos autos.

# A SEGURANÇA JURÍDICA E O ACORDO DE COLABORAÇÃO PREMIADA

3.8. Os colaboradores afirmam que M. M. lhes fora apresentado como profissional que deixara o MPF e era tido por extremamente competente na área de auto governança e boas práticas das empresas privadas.

O ex-Procurador da República manifestou seu pedido de exoneração em 23 de fevereiro de 2017. Muito embora o processo de exoneração seja complexo e diferido no tempo, como Massoneto demonstrou, o fato é que a Lei n. 8.112/1990 estabelece em seu artigo 34 que a "exoneração do cargo efetivo dar-se-á a pedido do servidor, ou de ofício".

3.9. A inferência que interessa ao caso é o tipo de raciocínio que liga uma premissa baseada em fatos a uma conclusão. Evidentemente que as inferências variam conforme o conjunto de experiências acumuladas pelo sujeito, de tal maneira que diante da mesma situação fática, o raciocínio probatório de dois sujeitos poderá levar a conclusões diversas, conforme sejam distintos e em que grau sejam distintos os conjuntos de experiências de cada sujeito.

Este critério, associado à noção de contexto, é a chave para a determinação do significado das condutas para as pessoas. Karl Popper definia contexto assim:

> Conforme tive ocasião de expor, entendo por «contexto» um conjunto de pressupostos básicos, ou princípios fundamentais – ou seja, uma textura *intelectual*. É importante distinguir esta urdidura de algumas atitudes que se podem considerar pré-requisitos para uma discussão, tais como a vontade de chegarmos à verdade ou dela nos aproximarmos, e uma vontade de partilhar problemas ou entender os objetivos e problemas de outrem.[28]

Em Direito Penal, por exemplo, são os aspectos pré-típicos das condutas, definidos pelo contexto, que estabelecem a condição concreta daquela conduta vir a ser integrada em algum modelo típico.

---

[28] POPPER, Karl. *O Mito do Contexto*: em defesa da ciência e da racionalidade. Lisboa: Edições 70, 2009, p. 70.

## GERALDO PRADO

Compreensível, pois, para quem atua na iniciativa privada, que uma pessoa que se apresenta como ex-Procurador da República, de cujo cargo havia se desligado por ter pedido exoneração, com ato de exoneração publicado, não seja mais um Procurador da República.

3.10. Ao contrário do que sustenta o MPF, uma inferência do gênero, desassociando M. M. da Procuradoria da República, era mais do que razoável.

Da mesma forma, o elo inferencial a respeito de M. M. não ser Procurador da República, mas profissional com qualidades no campo do *Compliance* que o tornassem alguém atraente para ser contratado para atuar em acordos de leniência, que são vitais para as grandes corporações envolvidas em episódios de corrupção ou de violação da livre concorrência, fortalece-se quando ele atua como contratado da T., R. e W. porque este escritório tem a reputação de ser o mais qualificado na implementação da gestão de boas práticas em grandes corporações,[29] em parceria com o principal escritório do gênero no mundo.[30]

3.11. Do ponto de vista de M. M., as explicações sobre os contatos com os colaboradores, quando ainda não era advogado, sustentam-se na tese de que o profissional de *Compliance* não necessariamente é advogado e isso é verdade.[31]

Assevera M. M. que não prometeu influir em autoridades ou, ainda mais especificamente, influenciar o então Procurador-Geral da República, a qualquer título.[32]

---

[29] T., R. e W. *Atuação Global*. Disponível em http://www.trenchrossi.com/site/Atuacao-global.html. Acesso em 28.09.2017

[30] B. M. *Compliance & Investigations*. Disponível em: http://www.bakermckenzie.com/en/expertise/practices/compliance--investigations. Acesso em 28.09.2017.

[31] OGAWA, Marina. "Entenda o que é 'compliance', o mecanismo corporativo anticorrupção". *Jovem Pan*. Publicado em 18 de agosto de 2017. Disponível em http://jovempan.uol.com.br/noticias/brasil/voce-sabe-o-que-e-compliance-entenda-como-essa-palavra-poderia-ter-evitado-corrupcao.html. Acesso em 28.09.2017.

[32] *Exploração de prestígio*
Art. 357. Solicitar ou receber dinheiro ou qualquer outra utilidade, a pretexto de influir

# A SEGURANÇA JURÍDICA E O ACORDO DE COLABORAÇÃO PREMIADA

Uma possibilidade é a de que M. M. tenha participado das reuniões com os colaboradores e os orientado, no sentido e na medida superficial que relatou, estritamente na esfera do acordo de leniência, sem interferir nas negociações da colaboração premiada, porque almejava ser aquele que viabilizaria um grande cliente para o novo espaço profissional, que é dedicado a gerir estratégias de boas práticas empresariais e não a atuar no campo criminal particular da colaboração premiada.

A conversa relatada, entre M. M. e R. S., é mencionada por ambos neste contexto.

Esta suposição é razoável porque em harmonia com as explicações apresentadas pelos demais, mas também porque, se há provas de que M. M. seria beneficiado legitimamente por levar um cliente do porte da Empresa Y para o escritório T., R. e W., não há um fiapo de prova de que o ex-Procurador da República interveio junto ao então Procurador-Geral, junto a seus ex-colegas, perante outras autoridades relacionadas à Lava Jato na esfera criminal ou pesquisou informações que pudessem ser empregadas na negociação futura das colaborações premiadas.

3.12. Inferências sem base empírica são mera especulação. Mobilizam a opinião pública, tornam ainda mais emocional a vida política e são a porta de entrada da insegurança jurídica e das decisões injustas.

Se havia da parte de algum colaborador o propósito de se beneficiar do fato de M. M. ter sido Procurador da República, não há elemento probatório mínimo a indicar que este explorou prestígio, *influiu* em juiz, jurado, órgão do Ministério Público, funcionário da justiça, perito, tradutor, intérprete ou testemunha (enumeração taxativa), ou sequer insinuou aos colaboradores que poderia influir no mesmo contexto ou, ainda, que haja traficado influência.

---

em juiz, jurado, órgão do Ministério Público, funcionário de justiça, perito, tradutor, intérprete ou testemunha:

Pena – reclusão, de um a cinco anos, e multa.

Parágrafo único – As penas aumentam-se de um terço, se o agente alega ou insinua que o dinheiro ou utilidade também se destina a qualquer das pessoas referidas neste artigo.

## GERALDO PRADO

3.13. A rigor, em um estudo do gênero reza o protocolo que se analisam os elementos da tipicidade objetiva e subjetiva de cada conduta imputada aos colaboradores e a M. M., incluindo aqui a de participação em organização criminosa.

No caso concreto, no entanto, isso é impossível porque não há base fática para o raciocínio inferencial, não se podendo confundir esse raciocínio com a especulação, de que a passagem extraída da manifestação do ex-Procurador-Geral da República é o exemplo mais evidente.

Pode-se criticar a ética de M. M., em atuar junto à Procuradoria da República nas tratativas da leniência, quando já não era mais Procurador da República e estava a serviço do escritório T., R. e W., mas não há como deixar de reconhecer que não havia proibição legal e que ele agiu às claras, sendo de lembrar que essa foi a razão da comoção provocada na comunicação social.

No contexto, para J. M. B. e R. S., M. M. era um advogado da credenciada e merecidamente respeitada T., R. e W., que pretendiam contratar – ele ou a T., R. e W. – para renovar a gerência das atividades de *Compliance* da Empresa Y, em seguida ao grande impacto que as revelações de uma eventual colaboração premiada causariam.

É natural que tenha havido conversas sobre o desejo de contratação e as funções e atividades que M. M. poderia desempenhar quando efetivada a contratação.

Exonerado do Ministério Público Federal, M. M. era visto como ex-Procurador da República a serviço da T., R. e W., para a qual a Empresa Y teria pago as despesas de reembolso de viagem, o que não apenas não altera o contexto, mas reforça a ideia de que a crença de J. M. B. e R. S. de que não havia crime sendo cometido por M. M. era uma crença fundada para ambos.

Não havia, pois, o que relatar, como não caberia a ambos, por exemplo, relatar a hipotética contratação da consultoria jurídica de renomados escritórios, que têm em seus quadros antigos membros do STF, como o sempre admirado mestre Sepúlveda Pertence, se essa

164

# A SEGURANÇA JURÍDICA E O ACORDO DE COLABORAÇÃO PREMIADA

houvesse sido a decisão dos colaboradores. Profissionais com *expertise* em áreas sensíveis às atividades econômicas são profissionais com os quais as corporações justificadamente preferem trabalhar.

Não havendo infração penal, não houve violação de dever de informação.

A suposição de que M. M. participou de organização criminosa sequer logra ser descrita adequadamente nos documentos do MPF, porque a esta imputação, então, lhe falta a mais mínima base empírica, resultando de pura especulação, ao menos à luz de todos os documentos que instruem o procedimento, respeitada, pois, a premissa fática da análise levada a cabo neste estudo.

Em vista disso, entendo que é possível responder aos quesitos formulados pelo Consulente.

## 4. Quesitos

1. A entrega de áudio com gravação efetuada pelo colaborador de ato ilícito praticado pelo senador C. N., nos termos relatados na decisão de rescisão, dentro do prazo fixado para a apresentação de anexos complementares, implica omissão de má-fé capaz de rescindir o acordo de colaboração?

Como explicado no corpo do parecer, não houve omissão ou má-fé. O elemento informativo foi entregue no prazo acordado e não causou qualquer prejuízo às investigações. Omissão haveria, por evidente, se não houvesse sido entregue. Releva notar que havia informação prestada pelos colaboradores imputando em tese ao citado Senador a prática de crime.

2. A omissão da entrega de áudios em relação aos quais o colaborador entendia não haver crime caracteriza omissão de má-fé?

O contexto é o critério de que se valem as pessoas para inferir das premissas determinadas conclusões. O contexto não indicativo da existência de crime não caracteriza omissão de má-fé. Era, pois, impossível aos colaboradores sequer cogitar de noticiar fato que consideravam lícito.

165

# GERALDO PRADO

3. No que se refere à participação de M. M. nos fatos em questão: partindo-se das premissas que (i) o profissional pediu formalmente exoneração do Ministério Público Federal em 23 de fevereiro de 2017; (ii) foi efetivamente exonerado em 5 de abril e a portaria data de 4 de março de 2017; (iii) nesse período orientou os executivos da Empresa X sobre procedimento de colaboração, mas; (iv) não praticou atos de ofício em favor dos mesmos (v) não explorou ou prometeu explorar prestígio ou influência junto a servidores púbicos ou agentes de Estado e (vi) não orientou o escamotear ou a supressão de provas ou fatos. É possível identificar a prática de crime por parte de M. M. ou dos executivos contratantes? Se negativa a resposta, tal participação deveria ser relatada em anexos em acordo de colaboração premiada?

Os acordos de colaboração premiada são meios de obtenção de prova da prática de infrações penais. Não havendo infração penal a ser noticiada, não há obrigação alguma de comunicação. Ainda assim, convém ressaltar que a atuação de M. M., como contratado de escritório de advocacia, a serviço da Empresa Y, para as tratativas do acordo de leniência, era do conhecimento da Procuradoria da República. Por seu turno, as informações relatadas acerca de conversa sobre colaboração premiada dão conta de contato superficial, sem adequação aos elementos que caracterizam os crimes de tráfico de influência e exploração de prestígio. Não foi demonstrado que M. M. houvesse sugerido manipulação de elementos probatórios, tampouco que tenha prometido influir em autoridades para beneficiar os colaboradores. Não há fundamento fático que apoie a pretensão revisional. Neste ponto, a pretensão rescisória se caracteriza, confessadamente, por ser especulação do MPF, inferida da interpretação de ilações em conversa cujas circunstâncias foram referidas no estudo. Não há fato a sustentar o raciocínio inferencial mencionado.

4. A informação, por parte de R. S., da existência de conta no exterior no último dia do prazo previsto para a apresentação de anexos complementares implica omissão de má-fé capaz de rescindir o acordo de colaboração?

Como exposto no corpo do parecer, a informação foi prestada no prazo geral pactuado para a apresentação dos elementos de confirmação dos fatos delatados. O fato de a informação não ter sido prestada de imediato quando muito está sujeito ao tratamento teórico do adimplemento substancial, não tendo causado prejuízo as investigações. Não se trata, portanto, de causa para rescisão do acordo de colaboração, como aliás reconhece o próprio MPF.

5. Caso constatada alguma omissão dolosa nos relatos – quesito apresentado apenas por hipótese – a extensão e relevância das colaborações, sob o prisma da proporcionalidade, indicaria a rescisão do acordo como um todo ou sua repactuação, com a revisão dos benefícios na medida da gravidade do fato omitido?

A teoria do adimplemento substancial seria aplicada à hipótese formulada, pois se trata de colaboração envolvendo número pequeno de colaboradores, que deram notícia da prática de uma quantidade extraordinária de graves infrações penais, em tese cometidas por quase 1.900 autoridades. De salientar que algumas das informações serviram de base para as duas acusações deduzidas em face do Presidente da República.

6. Com base nas considerações anteriores, a decisão de rescindir os acordos de colaboração de J. M. B. e R. S. encontra fundamento legal e adequação jurídica?

A decisão de rescindir os acordos de colaboração de J. M. B. e R. S. não encontra fundamento legal, tampouco adequação jurídica, conforme exposto ao longo do estudo. Também aqui convém ressaltar que o procedimento foi instaurado em face de F. de A. e S., muito embora nem mesmo no momento da instauração houvesse indício da prática de ato lesivo ao que fora ajustado pelas partes.

O quadro, pois, na opinião sustentada no parecer, aponta para a inexistência de fatos que autorizem a rescisão do acordo de colaboração premiada.

Ressalvado melhor entendimento, este é o parecer.

Rio de Janeiro, 29 de setembro de 2017.

GERALDO PRADO

# REFERÊNCIAS BIBLIOGRÁFICAS

ALBERGARIA, Pedro Soares de. *Plea Bargaining:* aproximação à justiça negociada nos E.U.A. Coimbra: Almedina, 2007.

BRASIL. *Habeas Corpus 127.483/PR.* Tribunal Pleno do Supremo Tribunal Federal. Relator: Ministro Dias Toffoli. Impetrante: J. L. O. L. e outro(s). Julgamento em 27 de agosto de 2015.

CABRAL, Antonio do Passo. *Convenções Processuais.* Salvador: JusPodvim, 2016.

CANARIS, Claus-Wilhelm. *Direitos Fundamentais e Direito Privado.* Tradução de Ingo Wolfgang Sarlet e Paulo Mota Pinto. Coimbra: Almedina, 2016.

COLOMER, Juan-Luis Gómez (coord). *Introducción al Proceso Penal Federal de los Estados Unidos de Norte América.* Valencia: Tirant lo Blanch, 2013.

DOLCINI, Emilio. "Problemi vecchi e nuovi in tema di riti alternativi: patteggiamento, accertamento di responsabilità, misura della pena". *Rivista Italiana di Diritto e Procedura Penale,* Milano, vol. 52, n. 2, abr. 2009.

ESTADOS UNIDOS DA AMÉRICA. "United States Court of Appeals for the Second Circuit". *Inmates of Attica Correctional Facility v. Rockefeller.* 477 F2D. 375 (1973).

ESTORNINHO, Maria João. *Réquiem pelo contrato administrativo.* São Paulo: Almedina, 2003.

HUBER, Barbara. "Por fin socialmente aceptable: acuerdos procesales en Alemania?". *In:* ALBRECHT, Hans-Jörg; SIEBER, Ulrich; SIMON, Jan-Michael; SCHWARZ, Felix (coord.). *Criminalidad, evolución del Derecho penal y crítica al Derecho penal en la actualidad.* Buenos Aires: Editores del Puerto, 2009.

MASSONETO, Luís Fernando. Parecer. *Desinvestidura de procurador da república.* Efeitos diferidos no tempo. Interpretação. Relação com terceiros de boa-fé. Teoria da aparência e presunção de legalidade das condutas práticas por terceiros de boa-fé. São Paulo, 10 de setembro de 2017.

MARTINS-COSTA, Judith. "A boa-fé objetiva e o adimplemento das obrigações". *Revista brasileira de direito comparado.* Disponível em http://www.idclb.com.br/revistas/25/revista25%20(13).pdf. Acesso em 28.09.2017.

# A SEGURANÇA JURÍDICA E O ACORDO DE COLABORAÇÃO PREMIADA

OGAWA, Marina. "Entenda o que é 'Compliance', o mecanismo corporativo anticorrupção". *In: Jovem Pan*. Publicado em 18 de agosto de 2017. Disponível em http://jovempan.uol.com.br/noticias/brasil/voce-sabe-o-que-e-*Compliance*-entenda-como-essa-palavra-poderia-ter-evitado-corrupcao.html. Acesso em 28.09.2017.

PIZZI, William T. *Trials without truth*: why our system of criminal trials has become an expensive failure and what we need to do to rebuild it. New York: New York University Press, 1999.

POPPER, Karl. *O Mito do Contexto*: em defesa da ciência e da racionalidade. Lisboa: Edições 70, 2009.

QUEIJO, Maria Elizabeth. *O direito de não produzir prova contra si mesmo*: o princípio *nemo tenetur se detegere* e suas decorrências no processo penal. 2ª ed. São Paulo: Saraiva, 2012.

ROCHA, Leonel Severo *et all*. *Introdução à teoria do sistema autopoiético do Direito*. Porto Alegre: Livraria do Advogado, 2005.

SARMENTO, Daniel. Parecer. *Colaboração Premiada*. Competência do Relator para Homologação e Limites à sua Revisão Judicial Posterior. Proteção à Confiança, Princípio Acusatório e Proporcionalidade. Rio de Janeiro, 16 de junho de 2017.

SCHREIBER, Anderson. "A Tríplice Transformação do Adimplemento". *Revista Trimestral de Direito Civil*, vol. 32, out.-dez., Rio de Janeiro: Padma, 2007.

SCHREIBER, Simone. *A publicidade opressiva de julgamentos criminais*: uma investigação sobre as consequências e formas de superação da colisão entre a liberdade de expressão e informação e o direito ao julgamento criminal justo, sob a perspectiva da Constituição brasileiro de 1988. Rio de Janeiro: Renovar, 2008.

TURNER, Jenia I. "Plea bargaining across borders: criminal procedure". New York: Wolters Kluwer, Law & Business, 2009.

VASCONCELLOS, Vinicius Gomes de. *Colaboração premiada no processo penal*. São Paulo: Revista dos Tribunais, 2017.

WEDY, Miguel Tedesco. "A colaboração premiada entre o utilitarismo e a racionalidade de princípios". *Revista Direito e Liberdade*, vol. 18, n. 3, set.-dez. 2016.

# INFILTRAÇÃO POLICIAL E INSTIGAÇÃO EM CADEIA: TENSÃO NO ÂMBITO DA LEGALIDADE PROCESSUAL PENAL: NOTAS AO DIREITO BRASILEIRO[1]

## Introdução

A influência das ideias jurídico-penais do Professor Manuel da Costa Andrade no Brasil pode ser medida pelo fato de que, com independência das várias Escolas de Processo que investigam os temas atinentes à adjudicação de responsabilidade penal, com enfoques diferenciados e até opostos, os processualistas penais brasileiros, sem exceção, reverenciam o mestre português e incorporam as suas lições nos respectivos âmbitos de pesquisa e produção teórica.

Homenagear o Professor Costa Andrade nada mais significa, pois, que reconhecer de forma expressa essa imensa influência, marcando posição afirmativamente no que toca à filiação inequívoca do pensamento do homenageado à tutela concreta da dignidade da pessoa humana.

---

[1] Artigo originalmente publicado no livro "*Estudos em Homenagem ao Prof. Doutor Manuel da Costa Andrade*. vol. II: Direito Penal. Direito Processual Penal". (*In:* COSTA, José de Faria; RODRIGUES, Anabela Miranda; ANTUNES, Maria João; MONIZ, Helena; BRANDÃO, Nuno; FIDALGO, Sónia (coord.). Coimbra: Universidade de Coimbra, 2017).

Por sua vez, a constelação de temas abordados pelo Professor Costa Andrade, articulando os saberes da Criminologia, Direito Penal e Direito Processual Penal, sempre na perspectiva típica do constitucionalismo democrático, incentivou-me a eleger uma aproximação que privilegiasse a prática, fruto de estudo que me foi solicitado para um caso concreto, e também a teoria, no particular apta a vincular direito e processo penal.

Com este propósito, o ensaio de nossa modesta homenagem tratará de interrogar, à luz do direito brasileiro, a validade do emprego da infiltração de agentes de polícia em tarefas de investigação, por meio da criação e manutenção de uma página eletrônica na *deep web*, e a legalidade ou não de recusa judicial em assegurar à defesa do imputado a identificação do suposto agente de polícia infiltrado, usuário do sítio eletrônico.

O ensaio está organizado da seguinte forma: inicialmente são identificados os fundamentos constitucionais da investigação criminal. Depois, sucessivamente, são enfrentadas as questões pertinentes à estrutura acusatória do processo penal, a legalidade da investigação criminal e a infiltração de agentes na perspectiva da tutela contra a autoincriminação compulsória.

## Parte I: Os fundamentos constitucionais da investigação criminal como pressuposto de validade jurídica. Ponto de partida

A jurista portuguesa Maria Fernanda Palma assinala que:

> No quadro do sistema jurídico de um Estado de Direito, o Processo Penal é um instrumento de aplicação do Direito Penal que, no entanto, tem necessariamente de desempenhar finalidades autônomas do Direito Penal, relacionadas com as garantias de defesa e com a disciplina do Estado na prossecução punitiva.[2]

---

[2] "O problema penal do processo penal". *In: Jornadas de Direito Processual Penal e Direitos Fundamentais*. Coimbra: Almedina, 2004, p. 41. Maria Fernanda Palma é professora da Faculdade de Direito de Lisboa e Juíza do Tribunal Constitucional português.

## INFILTRAÇÃO POLICIAL E INSTIGAÇÃO EM CADEIA: TENSÃO...

O direito brasileiro não discrepa disso. Com efeito, o Supremo Tribunal Federal teve a oportunidade de fixar entendimento no sentido de que a persecução penal constitui "atividade estatal juridicamente vinculada",[3] o que é compreensível na medida em que a nossa ordem constitucional consagra a filiação ao Estado de Direito e por Estado de Direito há de ser compreendido o vínculo funcional (Direito) entre as pessoas e o Estado, limitador do Poder Estatal, que deve ser contido e orientado à realização das potencialidades plenas das pessoas, em um contexto de valorização da dignidade da pessoa humana.[4]

Neste sentido, toda a evolução jurídico-constitucional dos últimos 60 anos no Ocidente orientou-se à consolidação dos direitos fundamentais, direitos humanos positivados, domesticando o poder e sujeitando-o a nexos de causalidade, nas palavras de Mauro Cappelletti, isto é, à funcionalidade constitucional de todos os atos de império e à proibição de todo excesso de poder constitucionalmente relevante.[5]

E desde 1988, no Brasil, com a Constituição da República, este tem sido o referente teórico a definir o cruzamento do horizonte histórico-genético do Estado de Direito com o das funções de nossas instituições, especialmente aquelas cuja atuação implica, necessariamente, em imposição de restrições ao exercício das liberdades públicas dos indivíduos.[6]

---

[3] HC 73.338-7. Primeira Turma. Relator Min. Celso de Mello. DJU de 19.12.96. Ementário n. 1855-02.

[4] COSTA, Pietro; ZOLO, Danilo. *Estado de Direito*: história, teoria e crítica. São Paulo: Martins Fontes, 2006, p. XIV.

[5] *La jurisdicción constitucional de la libertad con referencia a los ordenamientos alemán, suizo y austriaco*. Lima: UNAM, 2010, pp. 217/218.

[6] Na defesa da opção constitucional pelo Estado de Direito, Marco Aurélio Marrafon salienta que: "Mais além, é forçoso reconhecer que, dada a caracterização do direito como fenômeno social complexo, *especialmente ligado a processos de manifestação do poder*, sua metodologia também não se desvincula de uma determinada concepção de Estado, de sua relação com a política, das escolhas valorativas consideradas juridicamente relevantes e de uma análise global de seu papel em sociedade". *O caráter complexo da decisão em matéria constitucional*: discursos sobre a Verdade, radicalização hermenêutica e fundação ética na práxis jurisdicional. Rio de Janeiro: Lumen Juris, 2010, p. 126.

# GERALDO PRADO

A afirmação de que a persecução penal é uma exigência do Estado de Direito é pacífica e projeta-se na realidade que requisita a intervenção de órgãos estatais para atribuir responsabilidade penal aos autores de delitos.

Finalidades securitárias e de repressão, à diferença do passado relativamente recente, portanto, submetem-se aos vínculos estabelecidos pelo ordenamento jurídico entre a ação dos sujeitos processuais responsáveis pela investigação e punição das infrações penais e os instrumentos de contenção de eventuais abusos, historicamente determinados (violação da integridade física, moral, patrimonial e da própria vida do imputado).

Estes instrumentos funcionais de contenção do poder de punir são as garantias. A tensão dialética entre liberdade e segurança, pois, convocou os Estados a buscarem harmonizar suas estruturas e aparelhos institucionais, para controlar e reprimir a criminalidade, com a nota diferencial de que os mecanismos surgidos nas três últimas décadas igualmente sujeitaram-se, em sua configuração e dinâmica, aos parâmetros assentados para o Estado de Direito, que neste contexto reflete a garantia do devido processo legal.[7]

Como sublinhado, a balança brasileira pendeu para o Estado de Direito e no campo processual condicionou a validade das decisões judiciais à sua adequação aos parâmetros do devido processo legal (artigo 5º, inc. LIV, da Constituição).

Independentemente da discussão sobre o conceito de devido processo legal, sua filiação ou não ao equivalente do direito norte-americano,[8] e sobre se é princípio ou regra, a verdade é que a integração

---

[7] Sobre as garantias do devido processo legal: GRINOVER, Ada P. "Igualdade de partes e paridade de armas: a posição do MP no Superior Tribunal Militar". *In: O processo em evolução*. 2ª ed. Rio de Janeiro: Forense Universitária, 1998, pp. 312-316. Sobre o conceito de devido processo legal, formal (procedimental) e material no direito norte-americano: CHEMERINSKY, Erwin. *Constitutional Law*: Principles and Policies. 4ª Ed. New York: Wolters Kluwer Law & Business, 2011, pp. 557-559; e HALL, Daniel E. *Criminal Law and Procedure*. 6ª ed. Delmar Cengage Learning, pp. 283/284.

[8] FERREIRA, Marco Aurélio Gonçalves. *O devido processo legal*: um estudo comparado. Rio de Janeiro: Lumen Juris, p. 4.

# INFILTRAÇÃO POLICIAL E INSTIGAÇÃO EM CADEIA: TENSÃO...

à nossa ordem jurídica da Convenção Americana sobre Direitos Humanos (Pacto de São José da Costa Rica – Decreto n. 678/2002) convoca a contribuição da Corte Interamericana de Direitos Humanos (CIDH) na enunciação dos parâmetros do devido processo legal, cuja criteriosa aplicação aos casos concreto condiciona a validade – ou determina a invalidade – dos atos do procedimento de persecução penal.

A CIDH, por sua vez, em mais de um momento teve a oportunidade de assinalar que, se o processo judicial é o meio adequado para proporcionar a decisão justa de uma controvérsia, a produção de uma decisão válida depende do conjunto de atos reunidos sob o conceito de devido processo, atos que se caracterizam pelo direito de defesa processual daqueles cujos direitos e obrigações estão sob consideração judicial (garantias mínimas previstas nos artigos 7º e 8º da mencionada Convenção).[9]

Assim, decidiu a Corte, em 2001, que é ilícita toda forma de exercício do poder público que viole os direitos reconhecidos pelo Pacto de São José da Costa Rica e isto é ainda mais importante quando o Estado exerce seu poder de punir, ressalta Maljar, pois que este "não só pressupõe a atuação das autoridades com total apego à ordem jurídica, como implica ademais a concessão de garantias mínimas do devido processo a todas as pessoas que se encontram sujeitas a sua jurisdição, sob as exigências estabelecidas na Convenção".[10]

A vasta jurisprudência da Corte Interamericana sobre o tema e as decisões de nossos tribunais superiores, reafirmando a prevalência do devido processo legal, em todos os âmbitos da investigação criminal, não tem valor meramente retórico.[11] Ao revés, o multifacetado conteúdo

---

[9] MALJAR. Daniel E. *El Proceso Penal y las Garantías Constitucionales*. Buenos Aires: Ad Hoc, 2006, p. 37.

[10] MALJAR. Daniel E. *El Proceso Penal y las Garantías Constitucionales*. Buenos Aires: Ad Hoc, 2006, p. 39.

[11] Sobre as decisões da Corte Interamericana: LANDA ARROYO, César. *Jurisprudencia de la Corte Interamericana de Derechos Humanos*. Lima: Palestra, 2005. No mesmo sentido há muito tem decidido o Tribunal Europeu de Direitos Humanos (TEDH): Sentencia

normativo que informa o princípio do devido processo legal *constitui-se* em oposição dicotômica com as práticas que diminuem o âmbito dos direitos e garantias afirmados em tratados internacionais e em nossa Constituição.

A presunção de inocência em sua dupla dimensão – regra de tratamento do acusado e de disposição sobre o ônus da prova – o caráter acusatório do processo, que requisita a atuação das partes e a sua mediação por juiz equidistante e imparcial, a igualdade de tratamento entre estas mesmas partes e a paridade de armas, a publicidade e a motivação das decisões penais e todos os consectários deste repertório de direitos e garantias, a desaguar em um processo em contraditório, são conformadores do devido processo penal consoante consagrado pela tradição do Estado de Direito a que aderimos quando a democracia foi restabelecida.[12]

A investigação criminal não está alheia a este repertório. Com independência de se tratar de fase de instrução preliminar, dirigida a "fornecer elementos de convicção que permitam justificar o processo ou o não processo",[13] salta aos olhos que a Constituição reformulou, conceitualmente, a investigação, "na onda de reconstrução do Estado de Direito".[14] Esta passa a ser vista como "filtro processual" apto a conter os abusos e evitar as acusações infundadas ou temerárias,[15] fortalecendo sua vocação de garantia na tutela da dignidade da pessoa.

Reconhece-se, pois, a investigação criminal conforme ao devido processo legal em dupla perspectiva: a) como meio hábil à formação da

---

del Tribunal Europeo de Derechos Humanos de Estrasburgo, de 6 dezembro de 1988. Caso Barberá, Messegué y Jabardo contra España. *In:* DÍAZ REVORIO, Francisco Javier (coord.). *Jurisprudencia del Tribunal Europeo de Derechos Humanos.* Lima: Palestra, 2004, p. 567 e seguintes.

[12] BONATO, Gilson. *Devido processo legal e garantias processuais penais.* Rio de Janeiro: Lumen Juris, 2003.

[13] LOPES Jr., Aury. *Sistemas de Investigação Preliminar no Processo Penal.* 3ª ed. Rio de Janeiro: Lumen Juris, 2005, p. 60.

[14] CHOUKR, Fauzi Hassan. *As garantias constitucionais na investigação criminal.* 2ª ed. Rio de Janeiro: Lumen Juris, 2006, p. 5.

[15] LOPES Jr., Aury. *Sistemas de Investigação Preliminar no Processo Penal.* 3ª ed. Rio de Janeiro: Lumen Juris, 2005, pp. 60/61.

## INFILTRAÇÃO POLICIAL E INSTIGAÇÃO EM CADEIA: TENSÃO...

justa causa para a ação penal, interditando o *recurso* à acusação penal nos casos em que esta não supera o filtro das condições mínimas para levar alguém a juízo;[16] b) como exigência de que a própria investigação esteja adequada ao conjunto de garantias que controlam a vocação expansiva do poder de punir.[17]

E é justamente esta segunda fronteira normativa que tem irritado de modo mais intenso o propósito da Constituição da República de conter nos limites do devido processo legal, em primeiro lugar, a própria investigação criminal.

A reserva constitucional de função do Poder Judiciário é para a jurisdição dever de tutela dos direitos fundamentais das pessoas e é neste contexto que a legítima atuação das agências de repressão penal encontra limites.

O que se acentua neste ensaio e tem sido observado, merecendo da doutrina consideração especial pela gravidade como se projeta no âmbito das investigações, é que o inquérito policial carente de elementos objetivos apoia-se quase sempre em aparências, em tendente pré-condenação do suspeito,[18] e busca extrair das aparências os fundamentos para um "estado de necessidade investigatório" que burla os requisitos para invadir a privacidade alheia.

A investigação criminal transforma-se, pois, na sede das principais controvérsias processuais, na maioria das vezes com enorme desvantagem estratégica para o investigado, em virtude do caráter sigiloso dos

---

[16] MOURA, Maria Thereza Rocha de Assis. *Justa causa para a ação penal:* doutrina e jurisprudência. São Paulo: RT, 2001.

[17] Exemplo disso as decisões do STF "trancando inquéritos policiais" abusivamente instaurados. HC n. 96.055 SP, Primeira Turma (Rel. Min. Dias Toffoli, 06.04.2010); Quest. Ord. em Ação Penal n. 422-4 SP, Tribunal Pleno (Rel. Min. Cármen Lúcia, 27.03.2008); HC n. 89.902-1 SP, Segunda Turma (Rel. Min. Gilmar Mendes, 18.09.2007); Quest. Ord. em Petição 3.593-3 SP, Tribunal Pleno (Rel. Min. Celso de Mello, 02.02.2007); Emb. Decl. no HC n. 92.484 AM, Segunda Turma (Rel. Min. Joaquim Barbosa, 05.06.2012).

[18] PALMA, Maria Fernanda. "O problema penal do processo penal". *In: Jornadas de Direito Processual Penal e Direitos Fundamentais.* Coimbra: Almedina, 2004, p. 46.

177

inquéritos e da tradição injustificável de recusa de aplicação da garantia do contraditório, que está prevista na nossa Constituição como filtro de validação de qualquer ato processual, cautelar ou de tutela satisfativa (artigo 5º, inc. LV).

Bacigalupo lembra que a responsabilidade por manter a investigação criminal nos trilhos do Estado de Direito é da jurisdição, que em um ambiente de enfraquecida legalidade penal e desviadas funções processuais haverá de cumprir a tarefa de tutela dos direitos fundamentais que as Constituições lhes assinam.[19]

O novo cenário constitucional em que a investigação criminal está enquadrada e o tipo de cognição que se deve esperar do juiz em face dos elementos probatórios obtidos mediante violação de direitos fundamentais estão delineados nestes termos.

A legalidade da investigação criminal assim é também uma questão problemática em nível processual e igualmente compreende-se que o seu desrespeito invalide o próprio processo penal.

É flagrante a violação do devido processo legal quando a base fática para a adoção de medidas restritivas de direitos fundamentais, como a infiltração em tarefas de investigação criminal que se projeta nas comunicações de dados, decorrem de instigação realizada por agente provocador.

Assim, reconhecendo a existência de conflitos entre interesses constitucionalmente protegidos na fase da persecução penal, Fauzi Hassan Choukr sustenta que "nesse ponto é necessário evidenciar que a investigação criminal encerra, talvez, o dilema fundamental do processo penal, que é o equacionamento e balanceamento dos valores da segurança e liberdade".[20]

---

[19] "Sobre la justicia y la seguridad jurídica en Derecho Penal". *In: La crisis del principio de legalidad en el nuevo Derecho Penal*: ¿decadencia o evolución? Barcelona: Marcial Pons, 2012, p. 71.

[20] *As garantias constitucionais na investigação criminal*. 2ª ed. Rio de Janeiro: Lumen Juris, 2006, p. 08.

INFILTRAÇÃO POLICIAL E INSTIGAÇÃO EM CADEIA: TENSÃO...

Diante do citado antagonismo, impõe-se como solução a invocação à supremacia da dignidade da pessoa humana em detrimento da tutela do interesse de prevenção e repressão do crime.

Klaus Tiedmann destaca:

[...] assim sendo, uma vez que a verdade não pode ser investigada a qualquer preço, mas somente mediante preservação da dignidade da pessoa humana e dos direitos fundamentais do acusado, fica evidente mais uma vez a estreita ligação do Direito Processual Penal e o Direito Constitucional.[21]

## Parte II: A estrutura acusatória do processo penal

A capacidade em concreto do processo penal dar conta das "garantias de defesa e com a disciplina do Estado na prossecução punitiva" depende da adequação de sua estrutura às referidas finalidades. Nem toda estrutura processual está apta a proporcionar o resultado de arbitrar responsabilidade criminal de modo legítimo. A estrutura acusatória é aquela, reconhecida pelas Cortes Internacionais de Direitos Humanos, dotada dos requisitos para viabilizar o exercício legítimo do magistério punitivo.

Como ponto de partida, portanto, é necessário deixar claro que não se pode negar a sujeição do processo penal brasileiro ao regime jurídico peculiar às estruturas processuais de matriz acusatória.[22]

A Constituição da República reconfigurou o processo penal brasileiro, orientada esta transformação pelo propósito de substituir por completo as estruturas inquisitoriais que abrigavam institutos incompatíveis com o Estado de Direito. Entre as áreas do processo afetadas de maneira direta pela mudança, uma das mais sensíveis foi aquela cuja função consiste no controle de admissibilidade da acusação, na

---

[21] ROXIN, Claus. ARZT, Gunter; TIEDMANN, Klaus. *Introdução ao Direito Penal e Direito Processual Penal*. Belo Horizonte: Del Rey, 2007, p. 154.

[22] Sobre o tema: PRADO, Geraldo. *Sistema Acusatório*: a conformidade constitucional das Leis Processuais Penais. 4ª ed. Rio de Janeiro: Lumen Juris, 2006.

atualidade submetido às regras previstas nos artigos 394 a 399 do Código de Processo Penal, em um sistema de "reserva de código" que impõe seja aplicado a todos os procedimentos penais.[23]

O Brasil seguiu, em tese, a trilha das jovens democracias do continente que se viram desafiadas a reedificar seus sistemas de Justiça Criminal. A razão disso, sublinhou o professor argentino Alberto Binder, no ano de 1991, residia no fato de a maioria dos países latino-americanos aplicar o "sistema inquisitivo", em alguns casos conservado em suas estruturas quase puras, em outros, dotado de alguma nota modernizadora.[24]

Releva notar, segundo sustenta o mesmo jurista, que os movimentos pela mudança do processo penal – por sua reforma – não devem ser "contidos" em uma explicação meramente de técnica processual, a opor as duas tradicionais estruturas antagônicas: o modelo acusatório de processo e seu reverso, o inquisitório.

Salienta Binder, com justo motivo, que a requisição de uma radical transformação dos sistemas de justiça criminal no continente está vinculada: a) ao processo de transição, recuperação ou simplesmente construção da democracia e da república; b) ao processo de pacificação relativamente a todas as formas de beligerância experimentadas historicamente, com ênfase na violência de Estado e sua filha tristemente vistosa, a tortura; c) à expansão econômica e relativização do papel das fronteiras nacionais; d) à crise do estado no nível de eficiência nas prestações públicas devidas neste novo pacto social includente; e, por último, e) ao maior protagonismo do sistema interamericano de direitos humanos e ao grau de aceitação obrigatória da jurisprudência da Corte Interamericana de Direitos Humanos.[25]

---

[23] Art. 394. O procedimento será comum ou especial.

(...)

§ 4º As disposições dos arts. 395 a 398 deste Código aplicam-se a todos os procedimentos penais de primeiro grau, ainda que não regulados neste Código.

[24] "Perspectivas de la reforma procesal penal en América Latina". *In: Justicia Penal y Estado de Derecho*. 2ª ed. Buenos Aires: Ad-Hoc, 2004, pp. 199/200.

[25] "Reforma de la Justicia Penal: del programa político al programa científico". *In: Ideas y materiales para la reforma de la Justicia Penal*. Buenos Aires: Ad-Hoc, 2000, pp. 17-19.

## INFILTRAÇÃO POLICIAL E INSTIGAÇÃO EM CADEIA: TENSÃO...

A distinta dinâmica dos processos políticos de restauração da democracia no continente e a diversidade de pactos de restabelecimento da institucionalidade democrática igualmente refletiram na natureza e profundidade das mudanças no âmbito do sistema de justiça criminal.[26]

O Chile, por exemplo, optou por uma transformação radical de seu Sistema Penal, há pouco mais de quinze anos, e o fez com o propósito de cultivar a cultura acusatória por meio de métodos de valorização das partes e deslocamento do juiz para a posição central, cabendo-lhe dirigir o processo e arbitrar a oposição dicotômica em equilíbrio, o que reclama a paridade de armas e igualdade de tratamento entre as partes.[27]

O exemplo chileno é paradigmático porque tanto o Chile como o Brasil são signatários do Pacto de Direitos Civis e Políticos (Decreto n. 592//92) e da Convenção Interamericana sobre Direitos Humanos (Decreto n. 678/92), que em seus dispositivos asseguram o exercício efetivo do direito de defesa (art. 14, 3 e 8, 2, respectivamente). Ambos também estão sujeitos à jurisdição da Corte Interamericana de Direitos Humanos.

O Código de Processo Penal chileno, em atenção a isso, garante ao imputado, explicitamente desde o começo da investigação criminal, o direito a ser assistido por advogado, base para o exercício do direito de defesa em todas as fases da persecução penal.[28]

No Brasil é inegável que as disposições constitucionais sobre o monopólio da ação penal pública (art. 129, inc. I), o fortalecimento normativo do princípio do juiz natural (art. 5º, inc. LIII) e a expansão dos institutos do contraditório e da ampla defesa, para incluir em seu raio de regência os procedimentos administrativos (art. 5º, inc. LV), configuram programa de implantação de um processo penal de tipo acusatório.

---

[26] Sobre o caso brasileiro: PRADO, Geraldo. "La reforma del proceso penal en Brasil". *In: Em torno da Jurisdição*. Rio de Janeiro: Lumen Juris, 2010, pp. 63-69.

[27] Para uma visão geral: FUENTES, Claudio. *Diez años de la reforma procesal penal en Chile*. Santiago: Universidad Diego Portales, 2011.

[28] "Art. 102. Derecho a designar libremente a un defensor. Desde la primera actuación del procedimiento y hasta la completa ejecución de la sentencia que se dictare, el imputado tendrá derecho a designar libremente uno o más defensores de su confianza...".

# GERALDO PRADO

Como alertado, a questão que diz com a sucessão de modelos processuais (inquisitório ⇒ acusatório) não se resolve com meros enunciados normativos. Com efeito, Binder salienta que o inquisitório "não se trata somente de um sistema processual de tais ou quais características particulares (escrito, burocrático, despersonalizado, igual ao utilizado antigamente para perseguir bruxas e hereges de modo completamente arbitrário)".[29]

O autor esclarece algo que à toda evidência se aplica ao caso brasileiro:

> O verdadeiramente notável é que ao cabo de mais de cinco séculos de aplicação contínua, mais que um sistema processual, mais ainda que um sistema completo para administrar justiça, constitui-se em *um modo particular de situar-se ante a realidade e considerá-la* (grifo de Binder).[30]

Uma cultura e uma mentalidade inquisitoriais disseminadas condicionam a maneira como habitualmente são interpretadas e aplicadas as regras processuais penais, independentemente de a Constituição e as leis terem modificado de forma incisiva o arcabouço normativo de nosso modelo de Justiça Criminal.

A respeito do mesmo fenômeno, porém na Itália, em 2010 o penalista Francesco Palazzo alertou para a propagação de um "vírus inquisitório", "autoritário", que contamina a prática processual penal, alimentando-se da relativização das garantias, em um nível estrutural do próprio sistema.[31]

---

[29] "Reforma de la Justicia Penal: del programa político al programa científico". *In: Ideas y materiales para la reforma de la Justicia Penal.* Buenos Aires: Ad-Hoc, 2000, p. 200 (tradução livre).

[30] "Reforma de la Justicia Penal: del programa político al programa científico". *In: Ideas y materiales para la reforma de la Justicia Penal.* Buenos Aires: Ad-Hoc, 2000, p. 200.

[31] "Conclusioni". *In:* NEGRI, Daniele; PIFFERI, Michele (coord.). *Diritti Individuali e Processo Penale Nell'Italia Repubblicana:* Ferrara, 12-13 novembre 2010. Milano: Giuffrè, 2011, pp. 414/415.

# INFILTRAÇÃO POLICIAL E INSTIGAÇÃO EM CADEIA: TENSÃO...

Assinalou o respeitado jurista, ao fim dos trabalhos do Congresso em Ferrara, cuja reflexão central versou acerca da preocupação dominante com a "obsessão securitária" dos anos 2001 e seguintes, em alguma medida antecipada entre 1992-1997,[32] que tal receio é justificável haja vista o evidente contraste entre a "afirmação teórica dos direitos e a realidade inquisitória do processo".[33]

A mentalidade inquisitorial domina a disputa de sentidos que é travada na doutrina e nos tribunais sobre significado e alcance do contraditório, da ampla defesa etc. e isso é particularmente grave porque, como destaca Palazzo, os direitos individuais desempenham na origem o papel de limite. O caso concreto é paradigmático. O primeiro momento de operar com o direito fundamental do acusado de não ser processado com base em provas ilícitas – portanto, de atender à função do direito fundamental, que é de limite ao poder ínsito à situação jurídica ostentada pelo acusador – é o da admissibilidade da acusação. Salientam os juristas alemães Pieroth e Schlink que os direitos fundamentais têm uma função jurídico-objetiva, porque *limitam* a margem de atuação e decisão do Estado, que fica inviabilizado na eventual pretensão de uso arbitrário das suas competências.[34]

Das considerações pelo menos dois pontos resultam desde logo evidentes: a) uma nova "gramática constitucional" requisita dos atores políticos o enquadramento aos cânones sufragados pela Constituição; b) a necessidade de (re)leitura de institutos e instituições do processo penal de acordo com os novos paradigmas, a reclamar a sinergia normativa entre os comandos de mudança da Constituição e a transformação concreta das práticas jurídico-políticas.

Claro que não se trata apenas de "abandonar a linguagem inquisitorial". Mas este é o primeiro passo, sem o qual os demais correm

---

[32] CAPPELLINI, Paolo. "Le ragioni de un dialogo". *In:* NEGRI, Daniele; PIFFERI, Michele (coord.). *Diritti individuali e processo penale nell'Italia repubblicana:* Ferrara, 12-13 novembre 2010. Milão: Giuffrè Editore, 2011, p. 5.

[33] PALAZZO, Francesco. "Conclusioni". *In:* NEGRI, Daniele; PIFFERI, Michele (coord.). *Diritti individuali e processo penale nell'Italia repubblicana:* Ferrara, 12-13 novembre 2010. Milão: Giuffrè Editore, 2011, p. 414.

[34] *Direitos fundamentais:* direito estadual II. Lisboa: Lusíada, 2008, pp. 23/24.

GERALDO PRADO

o risco de percorrer no solo concreto de cada processo penal um caminho errático, decisionista, que se caracteriza pelo "constituir" as regras a partir da deliberação pessoal de cada juiz, sem amarras que garantam a racionalidade do "fazer jurídico", seus fins ancorados em primeiro lugar na Constituição e o caráter isonômico que a abstração e generalidade das normas jurídicas buscam empreender.

A infiltração de agentes via *constituição* de um sítio eletrônico, sediado na *deep web*, com o exclusivo propósito de *atrair* usuários interessados em visualizar pornografia infantil, estimulando-os, como no caso que deu origem a este ensaio, a intensificar a sua participação por meio de *rankings* cujas melhores posições seriam alcançadas com uma mais ativa prática de condutas delituosas, confronta de modo inaceitável com a nova genealogia acusatória do processo penal brasileiro. A astúcia em questão foi dirigida a contornar a tutela contra autoincriminação compulsória e se converteu em método de incentivo à prática de crimes a pretexto de se ter acesso a meios de prova.

Ao dispor que a denúncia ou queixa poderá ser rejeitada por falta de justa causa[35] ou que o acusado poderá ser sumariamente absolvido[36], o Código de Processo Penal reformado afastou-se do modelo inquisitorial, baseado no princípio da "confiança" na investigação precedente, para adotar o esquema acusatório que coloca sob desconfiança os elementos informativos colhidos durante a investigação. Estes elementos passam a ser submetidos a um sucinto contraditório que tem por objetivo verificar

---

[35] Art. 395. A denúncia ou queixa será rejeitada quando:
I – for manifestamente inepta;
II – faltar pressuposto processual ou condição para o exercício da ação penal; ou
III – faltar justa causa para o exercício da ação penal.

[36] Art. 397. Após o cumprimento do disposto no art. 396-A, e parágrafos, deste Código, o juiz deverá absolver sumariamente o acusado quando verificar:
I – a existência manifesta de causa excludente da ilicitude do fato;
II – a existência manifesta de causa excludente da culpabilidade do agente, salvo inimputabilidade;
III – que o fato narrado evidentemente não constitui crime; ou
IV – extinta a punibilidade do agente.

184

# INFILTRAÇÃO POLICIAL E INSTIGAÇÃO EM CADEIA: TENSÃO...

sua sujeição a critérios materialmente adequados quer no que concerne à regularidade formal da produção, quer no que respeita à legitimidade da intervenção dos agentes do Estado.

Dito de outra maneira: nesta fase verifica-se: a) se os elementos informativos procedem de fonte conhecida e lícita; b) se cada elemento informativo constitui relato coerente da existência e autoria de uma infração penal; c) se os elementos informativos apreciados em conjunto ainda assim mantêm essa coerência e por isso configuram indícios de existência e autoria da infração penal imputada ao acusado.

A fuga da armadilha gramatical e semântica (e, via de consequência, da mentalidade inquisitória) reclama, portanto, conforme destaca Franco Cordero, a superação da herança pós-inquisitória, por meio do alheamento do modelo de duas etapas – ou misto – na direção daquele que exige da acusação hipóteses acusatórias bastante prováveis de resistir ao debate oral e ultrapassar a presunção de inocência.[37]

A imposição de um procedimento de persecução penal em três etapas busca controlar a acusação e evitar as abusivas. Releva notar, assim, que as experiências históricas que podem servir de paradigma ao processo penal brasileiro, quanto à estrutura acusatória, distinguem as atividades de persecução penal em três grandes grupos: fase preliminar, fase preparatória e fase de juízo.[38]

A primeira etapa ou fase preliminar é acusatória, muito embora não seja judicializada, salvo no tocante ao que cumpre com exclusividade ao juiz: a tutela dos direitos individuais do investigado consoante reserva constitucional de função.

Reitere-se que este é o contexto que desafia à (re)leitura da investigação criminal, de acordo com os novos paradigmas que reclamam a sinergia normativa entre os comandos de mudança da Constituição e a transformação concreta das práticas jurídico-políticas, conforme frisado.

---

[37] *Procedimiento Penal*. vol. II. Bogotá: Temis, 2000, p. 141.

[38] PEÑARANDA LÓPEZ, Antonio. *El proceso penal en España, Francia, Inglaterra y Estados Unidos:* descripción y terminología. Granada: Comares, 2011, pp. 37-42.

# GERALDO PRADO

A investigação criminal deve ser observada por dois ângulos: pela função que cumpre no bojo da *persecução penal*; pelos direitos e deveres do Ministério Público e do investigado e a relação de equilíbrio que deve existir neste contexto.

A investigação criminal, funcionalmente, inscreve-se na categoria de procedimento oficial, e é conhecida em praticamente todos os ordenamentos jurídicos originados no *Common Law* ou no direito europeu continental.

Vale dizer que a investigação criminal configura procedimento oficial de realização da fase preliminar naqueles ordenamentos, como o brasileiro, que não cometem ao juiz criminal tarefas de instrução e preparação. Quando é o caso de atribuir ao juiz a atividade – modelos espanhol e francês – as duas primeiras etapas praticamente se fundem e a autoridade judiciária, que *posteriormente não participará do julgamento*,[39] comandará a referida instrução preliminar.[40]

A etapa preliminar objetiva a averiguação da existência do delito, suas circunstâncias e autoria, e a aquisição e conservação dos elementos informativos que a *posteriori* serão introduzidos em juízo pelas partes para demonstração de suas respectivas alegações.

A etapa é orientada para a prática das diligências que seguem à notícia da comissão de um delito nos ordenamentos jurídicos que distinguem a fase preliminar da preparatória, como é o caso brasileiro, mas também do modelo anglo-americano. Assim é, leciona Gimeno Sendra, magistrado emérito do Tribunal Constitucional espanhol, porque à diferença do Processo Civil, no processo penal há de se distinguir entre o exercício da ação e a reunião da base fática sobre a qual se funda a pretensão, investigando-se a idoneidade da notícia crime

---

[39] A propósito do impedimento de participação do juiz da investigação no processo cabe referir a decisão do Tribunal Superior Espanhol de 23 de novembro de 2005, caso Colmenero Menéndez de Luarca. Ver em *Revista Aranzadi de Derecho y Proceso Penal*, n. 18, Navarra: Thomson, 2007, pp. 236-240.

[40] PEÑARANDA LÓPEZ, Antonio. *El proceso penal en España, Francia, Inglaterra y Estados Unidos:* descripción y terminología. Granada: Comares, 2011, pp. 43-50.

# INFILTRAÇÃO POLICIAL E INSTIGAÇÃO EM CADEIA: TENSÃO...

em si mesma.[41] Investigar a idoneidade da notícia crime passa, necessariamente, por colher elementos informativos e avaliar sua coerência interna e externa. Não há como avaliar a coerência interna e externa dos elementos informativos sem rastrear as fontes de prova. Neste caso, o juiz funciona como *gatekeeper*. Com efeito, cabe a ele, preliminarmente, diligenciar para identificar a origem dos elementos probatórios aportados pelas partes e em seguida excluir as provas obtidas por meios ilícitos e as derivadas.

Ressalta Peñaranda López, com acerto, que a etapa preliminar encerra-se com o convencimento do Ministério Público de que da investigação é possível depreender suficientes elementos para o exercício da ação penal (justa causa) obtidos de modo lícito.[42]

Não obstante a função da investigação criminal – de instrumento destinado a recolher elementos informativos para a subsidiar a ação penal – o regime jurídico-constitucional do processo penal, erguido em torno da ideia central da presunção de inocência, cobra que se permita à defesa atuar desde o primeiro momento, como exigem os citados Pactos Internacionais sobre Direitos Humanos, estabelecendo o equilíbrio entre a investigação que fornece lastro à acusação e as pesquisas que podem revelar a impropriedade ou temeridade dela.

É sob essa inspiração, por exemplo, que se instituiu na Itália a investigação defensiva, reconhecendo-se, nas palavras de Paolo Tonini, que a escolha do sistema acusatório pelo ordenamento italiano haveria de comportar a relevante consequência de viabilizar para a defesa o acesso a fontes de prova.[43] Ainda que esta atuação não se verifique no curso da investigação, ela é essencial na etapa intermédia, nas hipóteses em que a denúncia ou queixa não for rejeitada de plano.

---

[41] *Derecho Procesal Penal*. 2ª reimpresión. Madrid: Colex, 2006, p. 267.

[42] *El proceso penal en España, Francia, Inglaterra y Estados Unidos:* descripción y terminología. Granada: Comares, 2011, p. 38. Também, evidentemente, a investigação será concluída quando não for possível colher elementos suficientes para conferir justa causa para a ação penal, hipótese vertente.

[43] TONINI, Paolo. *Manuale di Procedura Penale*. 13ª ed. Milano: Giuffrè, 2012, p. 591.

# GERALDO PRADO

Igualmente no Chile, como registrado, o acolhimento do sistema acusatório repercutiu na investigação criminal e no papel atribuído ao Ministério Público e ao investigado, refletindo no conteúdo da etapa intermediária de controle da acusação, quer quanto aos *standards* probatórios (fiabilidade), quer sobre a ilicitude de seu modo de obtenção.[44] Informações que resultam de instigação em cadeia, praticada por agentes policiais com o objetivo de contornar a tutela contra a autoincriminação compulsória, não gozam de fiabilidade probatória. Comunicação eletrônica cuja integralidade não está preservada, ademais de não ser fiável constitui prova ilícita.

No Chile, segundo Andrés Baytelman e Mauricio Duce, o novo sistema se orientou a mudar significativamente a investigação, abandonando o sumário criminal secreto do paradigma inquisitório para entregar ao Ministério Público a direção dos atos de investigação.

A relevância da *par conditio* na investigação, no modelo chileno, pode ser avaliada pelo teor do art. 93, alínea "*c*", do CPP do Chile, que garante ao imputado o direito de requerer ao Ministério Público diligências destinadas a desautorizar as imputações.[45] A alínea "*e*" do mencionado preceito dispositivo assegura acesso do investigado aos termos da investigação.

A Itália, como assinalado, admite a participação da defesa na investigação como concretização da *par conditio*. Não foi, todavia, livre de obstáculos o percurso para a concretização do modelo acusatório no âmbito da investigação criminal italiana.

Com efeito, salienta Tulio Padovani, a relutância em admitir a "intromissão" da defesa na investigação resultou, em primeiro lugar, da

---

[44] BAYTELMAN, Andrés A.; DUCE, Mauricio J. *Litigación penal, juicio oral y prueba*. México: Fondo de Cultura Económica, 2005, pp. 40-42.

[45] "Art. 93. *Derechos y garantías del imputado*.
c) Solicitar de los fiscales diligencias de investigación destinadas a desvirtuar las imputaciones que se le formularen;
e) Solicitar que se active la investigación y conocer su contenido, salvo en los casos en que alguna parte de ella hubiere sido declarada secreta y sólo por el tiempo que esa declaración se prolongare".

# INFILTRAÇÃO POLICIAL E INSTIGAÇÃO EM CADEIA: TENSÃO...

*paura*, isto é, do medo da invasão do recinto "sacro" da investigação pelo suspeito. Havia receio de o imputado "manipular", alterar ou falsificar os elementos probatórios, com o que se desenvolveu um estereótipo do defensor do imputado como "usurpador", "a ponto tal que um instrumento concebido e introduzido para superar a assimetria entre o poder público e a atividade defensiva culminou com ser, se não penalizado, freado e redimensionado em sua potencialidade aplicativa".[46]

A exigência de conformação constitucional da investigação criminal ao modelo acusatório, não obstante às resistências, ultrapassou as desconfianças e se impôs como essencial à estrutura do processo penal acusatório italiano.

Tonini lembra que, se por um lado é necessário proteger a busca da verdade contra os atos que possam colocar em perigo a aquisição dos meios de prova, por outro impõe-se assegurar o exercício do direito de defesa.[47] Por isso, o §3º do citado art. 111 da Constituição italiana possibilita ao acusado o direito de ser informado, reservadamente, no mais breve espaço de tempo possível, sobre a natureza e motivos da imputação e por essa via verificar a credibilidade da fonte de prova e a operabilidade real e concreta dos resultados obtidos, bem como, sustenta Tonini, buscar as provas em seu próprio benefício.[48]

O CPP italiano cuidou de balancear os interesses contrapostos e assegurou ao defensor do indiciado o direito a participar de uma série

---

[46] Tradução livre: "Il difensore interiorizza spesso lo stereotipo dell'usurpatore, al punto tale che uno strumento concepito e introdotto per superare l'asimmetria tra poteri pubblici e attività difensiva, finisce con l'esserne, se non penalizzato, frenato e ridimensionato nelle sue potenzialità applicative" ("Prefácio". *In:* BRICCHETTI, Renato; RANDAZZO, Ettore (coord.). *Le indagini della difesa.* 2ª ed. Milano: Giuffrè, 2012, pp. IX/X). Ressalta o admirado jurista que este receio, por certo, era mais comum entre os antigos operadores do direito, aqueles educados e formados na dimensão inquisitória do Código Rocco, o que justificava "geneticamente" a resistência a aventurarem-se sobre um terreno radicalmente antitético à "reserva absoluta da autoridade" que caracterizava o modelo anterior. Um pouco ou muito disso é o que se vê no Brasil ainda hoje.

[47] TONINI, Paolo *Manuale di Procedura Penale.* 13ª ed. Milano: Giuffrè, 2012, p. 478.

[48] *Manuale di Procedura Penale.* 13ª ed. Milano: Giuffrè, 2012, p. 479.

de atos, consoante dispõem os §§ 1º e 3º, do art. 364, reservando o segredo a outros atos cujo conhecimento pelo indiciado possa prejudicar o esclarecimento dos fatos (art. 359, 361 e 362 do CPP).

Releva notar que o critério para a implementação deste "contraditório débil" na investigação, como é denominado pela doutrina peninsular, consiste na constatação do risco para o sucesso da pesquisa (da "verdade") na hipótese de a defesa conhecer e/ou participar da produção do ato de investigação.

A previsão da participação da defesa na investigação criminal e a definição do parâmetro citado denunciam uma visceral mudança de foco no processo penal italiano que, pelo menos em tese, como ressalta a doutrina, busca abandonar a perspectiva inquisitorial estribada no *in dubio contra reum*, peculiar ao modelo inquisitório, em favor de um concreto *in dubio pro reo* consequente ao processo regido pela presunção de inocência (art. 27, inc. 2, da Constituição da Itália).

Com efeito, parte-se da admissão de que "o procedimento penal é uma pena", conforme destaca Antonio Cavaliere,[49] professor titular de Direito Penal da Universidade de Nápoles, para modelar o processo de maneira a reduzir ao máximo os efeitos perversos das intervenções investigativas e dos poderes coercitivos, uma vez que "a instrução, como etapa pré-processual que cumpre, ao mesmo tempo, com a função de formação de provas fora do contraditório, é o eixo de um processo inquisitivo".[50]

Citando novamente Cavaliere, "a presunção de inocência não pode excluir qualquer intervenção sobre os direitos do imputado: caso contrário, seria radicalmente ilegítimo qualquer ato de investigação ou coerção que implique uma lesão aos direitos do

---

[49] "Las garantías del procedimiento en la experiencia italiana: desde la instrucción a las investigaciones preliminares". *In: Los derechos fundamentales en la instrucción penal en los países de América Latina*. México: Porrúa, 2007, p. 183.

[50] "Las garantías del procedimiento en la experiencia italiana: desde la instrucción a las investigaciones preliminares". *In: Los derechos fundamentales en la instrucción penal en los países de América Latina*. México: Porrúa, 2007, p. 185.

# INFILTRAÇÃO POLICIAL E INSTIGAÇÃO EM CADEIA: TENSÃO...

acusado, como por exemplo inspeções, registros, interceptações e a prisão preventiva".[51]

O processo penal italiano foi levado a definir situações gerais de exercício da defesa na investigação e especialmente na etapa intermediária.

A legislação vigente na Itália, portanto, prescreve a obrigatória assistência do defensor desde a fase das investigações criminais e regula a forma das sanções processuais decorrentes da desobediência ao mandamento, como assinala Cavaliere, abandonando "o princípio de que todas as nulidades são sanáveis" para "introduzir uma sanção específica para a violação de proibições probatórias – vale dizer a impossibilidade de utilização da prova ilegalmente obtida – que se caracteriza porque pode dar-se de ofício em todo estado ou grau de procedimento, art. 191 CPP".[52] A trajetória do processo penal italiano neste aspecto é semelhante à nossa, que resultou na reforma de 2008, em particular na configuração da estrutura trifásica do procedimento, pela Lei n. 11.719/2008, com a instituição e reforço dos deveres judiciais de fiscalização da idoneidade da investigação criminal.

Para finalizar, no que concerne ao direito italiano, e ainda remetendo fielmente às palavras do professor da Universidade de Nápoles sobre o direito de defesa na investigação criminal, convém sublinhar que "o direito de defesa nesta fase não se limita à dimensão da assistência às investigações, senão que abarca também a participação ativa no procedimento; antes que nada, a defesa pode apresentar memoriais e requerimentos e, de modo contrário ao Código Rocco, o juiz está obrigado a tomar medidas a respeito destas, dentro de quinze dias, art. 121 CPP. Sobretudo, a recente Lei n. 397/2000 trata de realizar, já desde a fase das investigações preliminares, uma aproximação ao ideal de

---

[51] "Las garantías del procedimiento en la experiencia italiana: desde la instrucción a las investigaciones preliminares". *In: Los derechos fundamentales en la instrucción penal en los países de América Latina*. México: Porrúa, 2007, p. 184.

[52] "Las garantías del procedimiento en la experiencia italiana: desde la instrucción a las investigaciones preliminares". *In: Los derechos fundamentales en la instrucción penal en los países de América Latina*. México: Porrúa, 2007, p. 195.

# GERALDO PRADO

paridade das partes, possibilitando que a defesa se prepare buscando elementos que sirvam, no processo, para a formação de provas favoráveis ao imputado".[53]

O paradigma chileno e o italiano merecem ser destacados porque se referem a estruturas processuais penais semelhantes à brasileira, por igual inspiradas as alienígenas nos princípios constitucionais da presunção de inocência e devido processo legal.

Trata-se de um contexto constitucional comum a vários estados ocidentais, independentemente das diferenças de tradição. Bernd Schünemann coloca em relevo que o processo penal das sociedades industrializadas se submete à influência de "dois modelos rivais: o anglo-americano e o continental europeu".[54]

O modelo anglo-americano, frisa Schünemann, inspira-se no tradicional processo de partes germânico e é conatural conceber-se este processo a partir da ideia da paridade de armas, com reflexos na investigação criminal e na invalidade dos atos "cobertos", isto é, daqueles aos quais a defesa não tem acesso quando este acesso não perturba o desenvolvimento regular da investigação.

Como sublinha Michele Taruffo, no processo penal anglo-americano a qualidade da sentença resultante do debate oral entre as partes, na fase de juízo que em nosso modelo corresponde à etapa que se inicia quando é proferida a decisão de admissibilidade da acusação (art. 399 do CPP)[55], deve grande parte de sua funcionalidade à fase

---

[53] "Las garantías del procedimiento en la experiencia italiana: desde la instrucción a las investigaciones preliminares". *In: Los derechos fundamentales en la instrucción penal en los países de América Latina.* México: Porrúa, 2007, p. 195. Cordero, por sua vez, acrescentará que a defesa é requisito de validade dos atos do procedimento, refratária à sanação na hipótese de violação da referida garantia (art. 179 e 627 do CPP italiano). CORDERO, Franco. *Procedura penale.* 9ª ed. Milano: Giuffrè, 2012, p. 285.

[54] *Obras.* Tomo II. Buenos Aires: Rubinzal-Culzoni, 2009, p. 393.

[55] Reitere-se: a reforma processual penal brasileira de 2008 modificou de forma significativa a estrutura do nosso processo penal e isso projetará seus efeitos na investigação. No lugar das tradicionais duas etapas da persecução (investigação criminal

# INFILTRAÇÃO POLICIAL E INSTIGAÇÃO EM CADEIA: TENSÃO...

anterior, denominada *pretrial*, "em que se realizam todas as atividades necessárias para que o debate possa ter lugar de modo mais rápido, ordenado e correto".[56]

Assim, enfatiza o referido jurista que no processo norte-americano, para que o julgamento possa ser eficaz instrumento de definição da verdade e de atribuição de responsabilidade penal, se for o caso, é imprescindível que na etapa preliminar as partes possam contar com amplo repertório de meios de *Discovery*, para o fim de "especificar, examinar e conseguir todos os meios de prova destinados a produzir-se em debate".[57]

Apesar de diversas as tradições jurídicas mencionadas – anglo-americana e continental europeia – no que concerne ao controle das acusações todos os ordenamentos jurídicos de filiação democrática caminham na mesma direção: obstar acusações temerárias, qualificando a cognição da etapa intermediária do processo.

É assim também na Alemanha. Com efeito, não obstante o processo penal alemão esteja filiado ao modelo continental europeu e resulte do conjunto de práticas inquisitórias,[58] tem buscado superar as vicissitudes causadas por uma tradicional fase de investigação caracterizada pelo alheamento do investigado, e este esforço ressoa na introdução de dispositivos que equilibram a posição da acusação e da defesa.

---

e processo), o modelo passou a contemplar três etapas: investigação criminal, admissibilidade da acusação e instrução. A etapa da admissibilidade da acusação que antes estava prevista para alguns poucos procedimentos tornou-se obrigatória para todos, a teor do disposto no § 4º do art. 394 do CPP. E se encerra com a admissão ou rejeição da denúncia. Na primeira hipótese, dispõe o art. 399 do estatuto processual que: "*Recebida a denúncia ou queixa, o juiz designará dia e hora para a audiência...*", sendo certo que é nesta audiência que serão produzidas as provas (Leis n. 11.690/08 e 11.719/08).

[56] TARUFFO, Michele. *El proceso civil adversarial en la experiencia americana*: el modelo americano del proceso de connotación dispositiva. Bogotá: Temis, 2008, p. 8 (tradução livre).

[57] *El proceso civil adversarial en la experiencia americana*: el modelo americano del proceso de connotación dispositiva. Bogotá: Temis, 2008. Ver ainda: HALL, Daniel H. *Criminal Law and Procedure*. 6ª ed. New York: Delmar, 2012, pp. 501/502.

[58] SCHÜNEMANN, Bernd. *Obras*. Tomo II. Buenos Aires: Rubinzal-Culzoni, 2009, p. 395.

GERALDO PRADO

Schünemann reclama o fortalecimento da posição do investigado na etapa preliminar como algo imprescindível em uma estrutura que, por força de uma "prática judicial", converteu esta fase em um momento decisivo na vida do imputado ao admitir e difundir métodos negociais em torno da sanção penal.[59]

A exclusão de elementos probatórios de origem ilícita configura método que tem a função de impedir a produção do denominado "efeito de perseverança" que classicamente marca toda atividade inquisitória ao fixar uma imagem seletiva do fato investigado, "constituída essencialmente pela atividade instrutória da polícia e segundo determinadas hipóteses de suspeita".[60] É contra a produção deste efeito de perseverança que se legitima a posição assumida pela defesa de Daniel. Informações obtidas por meios ilícitos – direta ou indiretamente –configuram uma determinada imagem do fato investigado que torna inócuo o contraditório.

O funcionamento efetivo da presunção de inocência – e não meramente retórico no processo penal –, cobra que o juízo de admissibilidade da acusação não seja automatizado e que questões afetas à idoneidade da própria acusação não sejam postergadas para quando concluída a instrução probatória. Ao contrário, cabe que a todo momento o magistrado interpele as fontes de prova, para concluir se à vista deste quadro provisório elas têm origem lícita ou não.

A síntese das experiências alemã, italiana e chilena serve como referência para a interpretação/aplicação das normas jurídicas constitucionais regentes do devido processo legal no contexto do controle da acusação no Brasil, pois são indicadoras do caráter dinâmico da interpretação das garantias do processo penal, interpretação que não pode ficar acomodada no leito inquisitório sob a forma inadmissível da suficiência de dados empíricos, mesmo que estes dados apontem para a direção oposta à tese acusatória.

---

[59] SCHÜNEMANN, Bernd. *Obras*. Tomo II. Buenos Aires: Rubinzal-Culzoni, 2009, pp. 398-400.

[60] SCHÜNEMANN, Bernd. *Obras*. Tomo II. Buenos Aires: Rubinzal-Culzoni, 2009, p. 409.

## Parte III: A legalidade da investigação criminal: qual legalidade?

Ralph Christensen salienta: "A mera lei não toma qualquer decisão".[61]

A afirmação deve ser compreendida no marco contemporâneo estabelecido pela hermenêutica, que toma em consideração a harmonia que preside os princípios jurídicos que a modernidade edificou e que sustentam a tradição do Estado de Direito, com destaque para a separação dos poderes e a limitação do arbítrio estatal.

No âmbito ocidental, a legalidade penal remotamente busca inspiração no art. 39 da *Magna Carta Libertatis* e nos artigos 104 e 105 da *Constitutio Criminalis Carolina,*[62] e ocupa lugar privilegiado na mencionada tradição porque define e delimita as fontes do Direito Penal em sentido lato, incluindo o processo penal, fontes nas quais o juiz deverá buscar solução para as questões controvertidas que é convocado a decidir.

O sistema jurídico dispõe de um limitado conjunto de fontes em matéria de restrição de direitos fundamentais. Pretende-se que seja assim para "reduzir a arbitrariedade dos poderes do Estado e garantir à cidadania a previsibilidade da atuação estatal".[63]

No Brasil, com a vigência do inc. LIV do artigo 5º da Constituição da República, que assegura que "ninguém será privado da liberdade ou

---

[61] "La paradoja de la decisión judicial. Teoría de sistemas y deconstrucción". *In:* MONTIEL, Juan Pablo (coord.). *La crisis del principio de legalidad en el nuevo Derecho penal*: ¿decadencia o evolución? Barcelona: Marcial Pons, 2012, p. 127.

[62] KUDLICH, Hans. "El principio de legalidad en el derecho procesal penal (en especial, en el derecho procesal penal alemán)". *In:* MONTIEL, Juan Pablo (coord.). *La crisis del principio de legalidad en el nuevo Derecho penal: ¿decadencia o evolución?* Barcelona: Marcial Pons, 2012, p. 443.

[63] MONTIEL, Juan Pablo. "La 'mala costumbre' de vulnerar derechos humanos: análisis y pronóstico de la costumbre como fuente del derecho penal nacional internacional". *In:* MONTIEL, Juan Pablo (coord.): *La crisis del principio de legalidad en el nuevo Derecho penal: ¿decadencia o evolución?* Barcelona: Marcial Pons, 2012, pp. 399/400 (tradução livre).

# GERALDO PRADO

de seus bens sem o devido processo legal",[64-65] parece fora de propósito, do ponto de vista dogmático, conceber a atuação estatal de verificação da responsabilidade penal além das margens instituídas no âmbito da legalidade.

Afinal, as garantias do processo penal também são, relativamente às liberdades públicas afetadas pela persecução penal, "garantias materiais dos direitos fundamentais". Neste contexto, o Estado de Direito revela-se o lugar por excelência de aferição da compatibilidade entre os direitos individuais em tese vigentes e as práticas coercitivas que de forma monopolística estão em mãos dos agentes que atuam nos aparelhos repressivos estatais.

---

[64] A propósito do tema, Frederico Marques assinalava, à luz da Constituição de 1946, que as garantias constitucionais reproduzem os clássicos princípios extraídos da Magna Carta e, em especial, do humanismo de Beccaria e da Revolução Francesa. Segundo este autor, tais princípios são imanentes à estrutura do Estado de Direito e condicionam o direito positivo, destinando-se a regular "a aplicação jurisdicional da lei". Sublinha o mestre, referindo-se ao texto de 1946, que "uma vez que a Constituição foi elaborada em função de ideais democráticos do Estado de Direito, é preciso situar as fontes primeiras da ordem processual numa linha de princípios que não destoe desse sentido político de toda nossa organização estatal". MARQUES, José Frederico. *Elementos de Direito Processual Penal*. vol. 1. Rio de Janeiro: Forense, 1961, pp. 74/75. Ver também: OLIVEIRA, Eugênio Pacelli. *Curso de processo penal*. 16ª ed. São Paulo: Atlas, 2012, pp. 31 e 34/35, LOPES Jr., Aury. *Direito processual penal*. 13ª ed. São Paulo: Saraiva, p. 103, NUCCI, Guilherme de Souza. *Princípios constitucionais penais e processuais penais*. São Paulo: Revista dos Tribunais, 2010, p. 62, e BADARÓ, Gustavo. *Processo Penal*. Rio de Janeiro: Campus Elsevier, 2012, p. 42.

[65] Convém referir que a descendência histórica concreta comum dos modelos acusatórios, inspirados no signo do caráter adversarial, herança referida por Mirjan Damaska, os filia à tradição que deriva da Inglaterra e que tem no devido processo legal sua pedra angular, sob a acentuação de um processo equitativo. DAMASKA, Mirjan R. *Las caras de la Justicia y el Poder del Estado*: análisis comparado del proceso legal. Santiago: Editorial Jurídica de Chile, 2000, p. 20. Sobre as garantias do devido processo legal: GRINOVER, Ada P. "Igualdade de partes e paridade de armas: a posição do MP no Superior Tribunal Militar". *O processo em evolução*. 2ª ed. Rio de Janeiro: Forense Universitária, 1998, pp. 312-316. Sobre o conceito de devido processo legal, formal (procedimental) e material no Direito norte-americano: CHEMERINSKY, Erwin. *Constitutional Law*: principles and policies. 4ª ed. New York: Wolters Kluwer Law & Business, 2011, pp. 557-559; e HALL, Daniel E. *Criminal Law and Procedure*. 6ª ed. Delmar Cengage Learning, pp. 283/284.

## INFILTRAÇÃO POLICIAL E INSTIGAÇÃO EM CADEIA: TENSÃO...

Adverte Kudlich que no Estado de Direito a lei processual penal deve ser a "lei de execução da Constituição".[66]

A temática deste estudo, em minha opinião, reveste-se de importância justo porque lida de maneira delicada com os limites impostos à tarefa de investigação criminal pelo princípio da legalidade, na dimensão objetiva deste princípio, que se refere aos pressupostos jurídico-legais para o enquadramento das ações de infiltração de agentes de polícia via sítios eletrônicos hospedados na *deep web* especificamente com o fim de, dissimuladamente, atrair suspeitos da prática de crimes envolvendo pornografia infantil.

A atividade probatória não gozava do prestígio do devido processo legal em tempos recentes de triste memória. O axioma "os fins justificam os meios" reinava absoluto e ainda se debatia o aproveitamento da prova ilícita.

A ordem constitucional brasileira de 1988 alterou este quadro, mas é possível afirmar, sem medo de errar, que a transformação de cunho ético, que reclama uma "leitura moral da Constituição", como propõe Ronald Dworkin,[67] influencia lentamente a dogmática e a jurisprudência penais, que avançam de forma paulatina, mas decisiva, na direção de um justo processo que contemple a defesa adequada dos valores implicados nos direitos fundamentais.

Manuel da Costa Andrade, em monografia de referência sobre a matéria das proibições de prova, assinala que seria difícil de compreender que, no âmbito das suas tarefas de persecução penal, o Estado "passasse

---

[66] "El principio de legalidad en el derecho procesal penal (en especial, en el derecho procesal penal alemán)". *In:* MONTIEL, Juan Pablo (coord.). *La crisis del principio de legalidad en el nuevo Derecho penal: ¿decadencia o evolución?* Barcelona: Marcial Pons, 2012, p. 436. Em verdade, Kudlich remete à proposição de Henkel, citada por Manuel da Costa Andrade: "o direito processual penal como verdadeiro direito constitucional aplicado". COSTA ANDRADE, Manuel. *Sobre as proibições de prova no processo penal.* Coimbra: Coimbra, 2006, p. 12.

[67] *O direito da liberdade*: uma leitura moral da Constituição norte-americana. São Paulo: Martins Fontes, 2006, pp. 10/11.

de boa consciência por sobre as normas que balizam a ilicitude penal".[68] Não se pode admitir a contradição normativa na qual incorreria o Estado que se propusesse a legitimar a punição recorrendo ele próprio ao ilícito criminal.[69]

O direito brasileiro paulatinamente tem dado passos em busca de aperfeiçoar os mecanismos de controle da atividade probatória para coibir as diversas formas de violação do mandamento constitucional da proibição de provas.

Da referência genérica do horizonte político e axiológico estampado na regra constitucional do inciso LVI do art. 5º à redução da complexidade operada com a entrada em vigor da Lei n. 11.690/2008, a caminhada do nosso Direito Processual Penal tem produzido seus frutos.

O tema central desse ensaio reivindica um estreitamento da complexidade para "colher" práticas que se referem a procedimentos probatórios concretos que, apesar da aparência de legalidade, comprometem os valores básicos que a Constituição tutela por intermédio da positivação dos direitos fundamentais.

O que se pretende, pois, é demonstrar que a dupla conformidade – legal/judicial – dos procedimentos probatórios adotados pela Polícia e sufragados pelo MP, em semelhante hipótese, não é observada, rastreando as graves consequências disso para a sanidade do próprio processo.

De início e para melhor compreender o regime jurídico atinente à ilicitude do procedimento probatório, é necessário deixar claro que a legalidade processual penal instaura um nexo funcional, no campo processual, equivalente ao que se verifica no direito material, evidente que tomando em conta o fato de as proibições penais terem como destinatária a sociedade, enquanto a tipicidade processual penal dirige-se,

---

[68] COSTA ANDRADE, Manuel. *Sobre as proibições de prova no processo penal*. Coimbra: Coimbra, 2006, p. 15.

[69] COSTA ANDRADE, Manuel. *Sobre as proibições de prova no processo penal*. Coimbra: Coimbra, 2006.

## INFILTRAÇÃO POLICIAL E INSTIGAÇÃO EM CADEIA: TENSÃO...

na enorme maioria dos casos, aos agentes públicos responsáveis pela persecução criminal.

Um dos efeitos da citada simetria consiste em haurir os elementos constitutivos da legalidade penal, característicos do Direito Penal, e ambientá-los no processo. A incidência destes elementos no processo penal projeta-se de maneira particular na oposição dicotômica entre um tipo de processo penal autoritário e seu reverso, aquele modelo processual conformado ao Estado de Direito.

A estrutura processual conhecida a partir da matriz inquisitória do Código de Processo Penal brasileiro de 1941, pelo conjunto de dispositivos que encerram desde a permissão da analogia (art. 3.) até a flexível tipicidade processual, com a convalidação dos atos processuais atípicos (art. 567), opera na frequência peculiar ao decisionismo. De notar que o decisionismo, inimigo do Estado de Direito, se caracteriza pela "possibilidade de decisão arbitrária, dependendo unicamente da possibilidade de decidir".[70]

A hermenêutica, no entanto, superou as deficiências do positivismo jurídico[71] de feição formalista.[72]

A relevância dessa ultrapassagem deixa suas pistas, pois um dos traços metodológicos atribuídos ao formalismo jurídico consiste na

---

[70] CHRISTENSEN, Ralph. "La paradoja de la decisión judicial. Teoría de sistemas y deconstrucción". *In*: MONTIEL, Juan Pablo (coord.). *La crisis del principio de legalidad en el nuevo Derecho penal*: ¿decadencia o evolución? Barcelona: Marcial Pons, 2012, p. 130.

[71] Não é uma questão simples definir o "positivismo jurídico" dado o uso diverso e até contraditório da expressão nos mais variados âmbitos, como alerta Iñigo Ortiz de Urbina Gimeno. URBINA GIMENO, Iñigo Ortiz. *La excusa del positivismo*: La presunta superación del 'positivismo' y el 'formalismo' por la dogmática penal contemporánea. Navarra: Thomson/Civitas, 2007, p. 28.

[72] Para Iñigo Ortiz, esta manifestação do positivismo formalista é marcada pela "confiança na possibilidade de resolução precisa dos problemas jurídicos mediante procedimentos lógico-formais e a partir exclusivamente do texto da lei e do jogo dos conceitos jurídicos". *La excusa del positivismo*: La presunta superación del 'positivismo' y el 'formalismo' por la dogmática penal contemporánea. Navarra: Thomson/Civitas, 2007, p. 33.

# GERALDO PRADO

"abstenção ético-normativa do teórico", que o demite da tarefa de elaborar e emitir juízos relativos à justiça da lei.[73] Em tema de infiltração de agentes a relação é direta e incontornável.

Para os fins deste artigo é desnecessário visitar a história da superação do formalismo jurídico como concepção positivista do direito, mas vale o registro de Iñigo Ortiz no sentido de que a tese de sujeição do juiz "exclusivamente" à lei é, antes de tudo, uma tese estritamente prescritiva e não descritiva.[74]

Assim é que "a lei somente existe em uma multiplicidade de interpretações",[75] que a moderna hermenêutica filosófica consagra ao sustentar que "todos os aspectos do entendimento humano pressupõem uma dimensão hermenêutica"[76] e não apenas aqueles que por suposição reclamam "estratégias hermenêuticas" em virtude de lapsos que tornem os textos incompreensíveis.[77]

---

[73] URBINA GIMENO, Iñigo Ortiz. *La excusa del positivismo*: La presunta superación del 'positivismo' y el 'formalismo' por la dogmática penal contemporánea. Navarra: Thomson/Civitas, 2007, p. 39.

[74] *La excusa del positivismo*: La presunta superación del 'positivismo' y el 'formalismo' por la dogmática penal contemporánea. Navarra: Thomson/Civitas, 2007, p. 42.

[75] CHRISTENSEN, Ralph. "La paradoja de la decisión judicial. Teoría de sistemas y deconstrucción". *In:* MONTIEL, Juan Pablo (coord.). *La crisis del principio de legalidad en el nuevo Derecho penal*: ¿decadencia o evolución? Barcelona: Marcial Pons, 2012, p. 128.

[76] LAWN, Chris. "Das hermenêuticas às hermenêuticas filosóficas". *Compreender Gadamer*. 3ª ed. Petrópolis: Vozes, 2011, pp. 65 e 67.

[77] Este posicionamento encontra respaldo na jurisprudência de nossos tribunais superiores, como no exemplo do voto do Ministro Marco Aurélio Bellizze – REsp 1.111.566, DF. Terceira Seção do Superior Tribunal de Justiça (STJ). Relator: Min. Adilson Vieira Macabu. Recorrente: Ministério Público do Distrito Federal. Julgamento em 28 de março de 2012: "O texto legal deve ser respeitado sempre como o ponto de partida obrigatório para o intérprete. Contudo, parece-nos superada a visão clássica na qual bastaria ao aplicador a mera subsunção do fato à hipótese legal, atividade que haveria de ser despida de todo e qualquer juízo de valor, como nas famosas palavras de Montesquieu: "Mais les juges de la nation ne sont, comme nous avons dit, que la bouche qui prononce les paroles de la loi; des êtres inanimés qui n'en peuvent modérer ni la force ni la rigueur" (De l'esprit des lois. Livre XI, chaptre VI, 1748). Por certo, tem sido recorrentemente admitido que a norma não se confunde com a letra da lei (ÁVILA,

## INFILTRAÇÃO POLICIAL E INSTIGAÇÃO EM CADEIA: TENSÃO...

O entendimento incorreto e o não entendimento são sempre uma possibilidade em aberto na interpretação. Daí que a tarefa do juiz será inevitavelmente epistêmica.

Evitar que o direito desapareça na decisão e dê lugar ao arbítrio, que assim em cada caso assumiria a condição de fonte do direito, escanteando o papel da lei, consiste em tarefa que somente é possível em um contexto de exigência de motivação dos pronunciamentos judiciais, por meio da qual "a decisão não poderá decidir por si mesma",[78] mas deverá estar articulada com a decisão política que a lei encarna, dialogando em termos racionais com as expressões empregadas no texto legal.

A norma jurídica que resulta desse processo dinâmico legitima-se no compartilhamento do significado pela comunidade a partir da capacidade da decisão de informar sobre si mesma, estruturando-se no plano da argumentação.

Releva notar que o resultado deste processo de interpretação/aplicação da norma jurídica processual penal que, como enfatizei, há de ser a "lei de execução da Constituição", cobra do ator político (legislador) que atenda, por sua vez, a uma série de requisitos na elaboração do preceito normativo (texto de lei) que sejam simétricos às exigências impostas no plano das leis penais materiais.

A atuação neste caso considera o mesmo nível e opera com base nas mesmas razões que imperam na dogmática penal. Não custa lembrar que a dogmática processual penal tem em comum com a dogmática penal o fato de serem ambas "o sistema de conceitos construído para descrever o Direito Penal [e processual penal], como setor do ordenamento

---

Humberto. *Teoria dos Princípios*: da definição à aplicação dos princípios jurídicos. 5ª ed. São Paulo: Malheiros, 2006, pp. 30/32), surgindo apenas como o resultado do trabalho interpretativo, da construção ou reconstrução de sentidos que se faz dos preceitos linguísticos".

[78] CHRISTENSEN, Ralph. "La paradoja de la decisión judicial. Teoría de sistemas y deconstrucción". *In:* MONTIEL, Juan Pablo (coord.). *La crisis del principio de legalidad en el nuevo Derecho penal*: ¿decadencia o evolución? Barcelona: Marcial Pons, 2012, p. 133.

jurídico que institui a política criminal... do Estado, o programa oficial de retribuição e de prevenção da criminalidade".[79]

Cirino dos Santos lembra que os conceitos produzidos no âmbito da citada dogmática têm diferentes características porque hão de cumprir importantes funções, de modo articulado e harmônico.

Assim, se "as definições de um conceito podem ter natureza *real*, *material*, *formal* ou *operacional*, conforme a origem, os efeitos, a natureza ou os caracteres constitutivos da realidade conceituada... as definições operacionais funcionam como 'critério de racionalidade da jurisprudência criminal' cumprindo a relevante função de 'contribuir para a *segurança jurídica do cidadão* no Estado Democrático de Direito'".[80]

A força normativa da Constituição, que as garantias processuais penais devem espelhar, na condição de garantias materiais dos direitos fundamentais que se projetam nos limites materiais que estes direitos estabelecem às investigações criminais, por exemplo, dependem de que as leis processuais penais, fontes limitadas do Direito Processual, existam previamente e que sejam suficientemente determinadas quanto ao seu conteúdo (*lex certa*).

Com razão Kudlich identifica a conexão entre o Direito Penal Material e o Processual Penal,[81] colocando em pauta questões metodológicas que somente fazem sentido no Estado de Direito e que o amadurecimento do processo penal brasileiro, a partir das Leis n. 11.690/2008 e 12.850/2013, justifica sejam trazidas para o centro do debate jurídico.

O tema que se define, portanto, a partir da rubrica "questões metodológicas", requisita posição acerca da possibilidade de "criação judicial" em matéria restritiva de direitos fundamentais, naqueles casos

---

[79] CIRINO DOS SANTOS, Juarez. *Direito Penal*. Parte Geral. 4ª ed. Florianópolis: Conceito Editorial, 2010, pp. 71/72.

[80] *Direito Penal*. Parte Geral. 4ª ed. Florianópolis: Conceito Editorial, 2010, p. 72.

[81] "El principio de legalidad en el derecho procesal penal (en especial, en el derecho procesal penal alemán)". *In*: MONTIEL, Juan Pablo (coord.). *La crisis del principio de legalidad en el nuevo Derecho penal: ¿decadencia o evolución?* Barcelona: Marcial Pons, 2012, pp. 436/437.

# INFILTRAÇÃO POLICIAL E INSTIGAÇÃO EM CADEIA: TENSÃO...

em que o processo criativo tem por escopo colmatar lacunas legais relacionadas ao método de aferição da responsabilidade penal das pessoas.

Regimes inquisitórios recorrem à analogia e à interpretação extensiva ou analógica é comum. Por meio dela escancara-se o horizonte de possibilidades de punição fora dos marcos legais que constituem o alicerce da noção de devido processo legal.

No lugar de estreitar a complexidade que a lei ordinária deve reduzir, relativamente ao comando constitucional da proibição da prova ilícita, a aplicação da analogia e da interpretação extensiva, potencializa esta complexidade e dificulta a compreensão e atuação especialmente dos juízes, que são "seduzidos" ou "tentados" por um suposto valor de verdade que a prova ilícita em tese autoconfere, deixando passar pelas dobras das citadas técnicas a ilicitude que a Constituição não quer permitir que contamine o processo.

Neste sentido não causa estranheza a redação do artigo 3º de nosso Código de Processo Penal (CPP), oriundo do Estado Novo, que incentiva a faceta de criação e integração de normas procedimentais por meio do recurso à analogia e à interpretação analógica.[82-83]

A moderna doutrina processual construída em clima de diálogo com os direitos fundamentais repudia a analogia – e a interpretação extensiva – quando estão jogo medidas processais penais restritivas do âmbito de proteção dos direitos fundamentais.

Matthias Jahn alude com autoridade a que "a equivalência das ingerências penal-materiais e processuais (...) se erige no Direito Processual Penal, consequente e diretamente, na proibição da analogia".[84]

---

[82] O artigo está lavrado nestes termos: "A lei processual penal admitirá interpretação extensiva e aplicação analógica, bem como o suplemento dos princípios gerais do direito".

[83] Sobre os temas "analogia" e "interpretação extensiva": BOBBIO, Norberto. *Teoria do Ordenamento Jurídico.* 10ª ed. Brasília: UNB, 2006, p. 150 e seguintes. A respeito, ainda, e sobre os princípios gerais do direito: NADER, Paulo. *Introdução ao Estudo do Direito.* 35ª ed. Rio de Janeiro: GEN/Forense, 2013, pp. 197 e 199-205.

[84] "Los fundamentos teórico-jurídicos del principio de reserva de ley en el derecho

# GERALDO PRADO

O professor de Direito Processual Penal da Universidade de Erlangen-Nuremberg sublinha:

> Em nada muda se a ingerência é uma medida coercitiva no sentido do direito processual penal ou uma medida do processo que incrimine o acusado só em algum outro modo. Neste sentido não é relevante, então, a questão acerca de se a proibição da analogia deriva já do princípio geral da reserva de lei para o direito público, tal como o tem admitido sobretudo a jurisprudência do Tribunal Constitucional Federal da Alemanha [BVerfG] – nenhuma analogia em prejuízo do titular do direito fundamental.[85]

A rigor, disposições processuais penais podem servir ao intento de comprovar os pressupostos dos tipos de injusto culpável ou da própria punibilidade da conduta, isso quando a tarefa não vem imbricada com ingerências na esfera jurídica das pessoas tutelada no âmbito dos direitos fundamentais. De observar que a instituição do sítio eletrônico com o propósito de cativar interessados em pornografia infantil é o ponto de convergência de questões penais e processuais penais reciprocamente influentes: a atipicidade das condutas de eventual imputado, estimuladas pela *interlocução* com o sítio eletrônico de compartilhamento de pornografia infantil, e a ilicitude da prova produzida neste contexto.

Por isso é inegável que em semelhante situação haja equiparação entre as interferências penais materiais e processuais penais que indicam a necessidade de um tratamento jurídico idêntico e a existência, relativamente à matéria, de um regime jurídico igualmente comum e abrangente.[86]

---

procesal penal". *In: La crisis del principio de legalidad en el nuevo Derecho penal: ¿decadencia o evolución?* Barcelona: Marcial Pons, 2012, p. 469.

[85] JAHN, Matthias. "Los fundamentos teórico-jurídicos del principio de reserva de ley en el derecho procesal penal". *In: La crisis del principio de legalidad en el nuevo Derecho penal: ¿decadencia o evolución?* Barcelona: Marcial Pons, 2012, (tradução livre).

[86] A título de exemplo, ainda Matthias Jahn: "Los fundamentos teórico-jurídicos del principio de reserva de ley en el derecho procesal penal". *In: La crisis del principio de legalidad en el nuevo Derecho penal: ¿decadencia o evolución?* Barcelona: Marcial Pons, 2012, pp. 466/467.

# INFILTRAÇÃO POLICIAL E INSTIGAÇÃO EM CADEIA: TENSÃO...

A infiltração configura prática processual excepcionalmente necessária para a apuração das infrações penais, mas a sua adoção carrega consigo imenso potencial de lesão aos bens jurídicos contemplados nos direitos individuais, danos produzidos às vezes de modo irreparável.

A compreensão moderna do que significa adotar medidas cautelares de teor tão invasivo dissolve a barreira que a dogmática própria dos sistemas autoritários erguera no século XX para separar o Direito Penal do Processual Penal.

O olhar diferenciado para determinadas categorias de caráter processual, em sua evidente relação com as de Direito Penal Material, implica em uma permeabilidade de características, que é traduzida pela incorporação dos mesmos requisitos de validade e legitimidade das normas penais incriminadoras.

O Direito Penal integra, em seu regime jurídico, nestes termos, as exigências de lei prévia, escrita, estrita e certa, que a tradição brasileira de há muito consagrara para as hipóteses de ingerência nos direitos individuais.[87]

O consenso sobre a adoção de idênticos critérios relativamente às normas processuais penais é alargado, ainda que, como assinalado, o

---

[87] Entre nós merecem destaque os trabalhos de Francisco de Assis Toledo e de Nilo Batista. O primeiro, em obra clássica, assinala a função de garantia da lei penal, que requisita os quatro elementos mencionados: lei prévia, escrita, estrita e certa. TOLEDO, Francisco de Assis. *Princípios básicos de direito penal*. 5ª ed. São Paulo: Saraiva, 2002, pp. 22-29. Nilo Batista ressalta a condição de base estrutural do princípio da legalidade, "pedra angular de todo direito penal que aspire à segurança jurídica, compreendida não apenas na acepção da 'previsibilidade da intervenção do poder punitivo do estado', que lhe confere Roxin, mas também na perspectiva subjetiva do 'sentimento de segurança jurídica' que postula Zaffaroni". BATISTA, Nilo. *Introdução Crítica ao Direito Penal*. 11ª ed. Rio de Janeiro: Revan, 2007, p. 67. Também, evidentemente, na doutrina alemã o próprio Roxin salienta que o princípio da legalidade tem capital significação para limitar o poder judicial no campo penal. ROXIN, Claus. *Fundamentos político-criminales del Derecho penal*. Buenos Aires: Hammurabi, 2008, p. 422. Ainda: BITENCOURT, Cezar Roberto. *Tratado de Direito Penal*. 16ª ed. São Paulo: Saraiva, 2011, p. 41; SILVA, Igor Luis Pereira e. *Princípios Penais*. Salvador: Juspodivm, 2012, pp. 13-20; e ZAFFARONI, Eugênio Raúl; BATISTA, Nilo; ALAGIA, Alejandro; SLOKAR, Alejandro. *Direito penal brasileiro*. Primeiro volume: Teoria Geral do Direito Penal. 2ª ed. Rio de Janeiro: Revan, 2003, pp. 193-210.

# GERALDO PRADO

suspeito ou acusado em determinadas circunstâncias deva suportar drásticas medidas processuais.

O tema da legalidade assume especial relevância por causa do reconhecido déficit de legalidade relativamente à infiltração de agentes de polícia em tarefa de investigação por meio da instituição de um sítio eletrônico, equivalente à constituição de uma empresa de fachada. Não há essa previsão na Lei n. 12.850/2013, que pelas razões apontadas obedece a critérios de interpretação restritiva materialmente adequada, expressão empregada por Roxin para semelhantes hipóteses.

Na atualidade, é inegável a expansão das técnicas especiais de investigação (TIES), que se valem com frequência de métodos invasivos de pesquisa de informações.[88]

Ingerências nas comunicações privadas, astuciosa intromissão na vida alheia e generalizado afastamento de sigilos contendem com a presunção de inocência, independentemente do grau de eficácia de que gozam em termos de aquisição de fontes e meios de prova. No mundo todo é assim.

O crescente temor na Europa e nos Estados Unidos da América de implementação de crimes graves, por exemplo, estimulou a pressão sobre os direitos fundamentais e a invocação, tantas vezes repelida pelos tribunais, da ponderação como técnica permissiva das citadas TIES.[89]

A reação em defesa dos direitos fundamentais à privacidade ou intimidade fez-se notar pelas decisões do Tribunal Europeu de Direitos Humanos (TEDH), por meio de sentenças que firmaram entendimento pela "férrea proteção do direito ao segredo das comunicações, que cobre não só o conteúdo do comunicado, mas também abarca todo o processo

---

[88] Em 05 de agosto (2013), foi sancionada a Lei n. 12.850, que dispõe sobre "organização criminosa" e busca definir alguns métodos invasivos de pesquisa: "colaboração premiada", "captação ambiental" e "interceptação" das comunicações, "ação controlada", "infiltração policial" e quebra de sigilos.

[89] DELMAS-MARTY, Mireille. *Por um direito comum*. São Paulo: Martins Fontes, 2004, pp. 153-162.

# INFILTRAÇÃO POLICIAL E INSTIGAÇÃO EM CADEIA: TENSÃO...

comunicativo",[90] com a valorização do disposto no art. 8º do Convênio Europeu de Direitos Humanos (CEDH).[91]

O fortalecimento da tutela à incolumidade de determinadas esferas da privacidade está de acordo com a regulação do art. 8º do CEDH, que limita de maneira bastante rigorosa as situações em que tal direito pode sofrer compressão em seu âmbito normativo.

Vale observar que o TEDH requisita a mencionada reserva de lei, que deve ser clara quanto às hipóteses de sua incidência e tem de ser proporcional,[92] relativamente aos bens jurídicos protegidos.

O segundo critério submete-se à influência do disposto no n. 2, do art. 8º do CEDH: Não poderá haver ingerência da autoridade pública no exercício do direito [à vida privada e às comunicações] salvo se esta ingerência estiver prevista em lei e constitua medida que, *em uma sociedade democrática*, seja necessária para a segurança nacional, a segurança pública, o bem-estar econômico do país, a defesa da ordem e a *prevenção de infrações penais*, a proteção da saúde ou da moral, dos direitos e das liberdades dos demais.[93]

---

[90] Tradução livre de texto de José Manuel Sánchez Siscart que analisa conjunto de julgados do Tribunal Europeu dos Direitos Humanos (TEDH) sobre o tema. Medidas de investigación instructoras limitativas de derechos: el secreto de comunicaciones. "Política legislativa de la Unión Europea y su repercusión en la legislación y jurisprudencia". *In: Derecho Penal Europeo*. Jurisprudencia del TEDH. Sistemas Penales Europeos. 155. Estudios de Derecho Judicial. Madrid: Consejo General del Poder Judicial, 2010, p. 513.

[91] WINTER, Lorena B. "Investigación penal y protección de la privacidad: la jurisprudencia del Tribunal Europeo de Derechos Humanos". *Revista de Proceso*, ano 32, n. 152 – out. 2007, 261-265. SARMIENTO, Daniel; MIERES, Luis Javier; PRESNO LINERA, Miguel. *Las sentencias básicas del Tribunal Europeo de Derechos Humanos*: estudio y jurisprudencia. Navarra: Aranzadí/Civitas, 2007, p. 70. RODRIGUES, Benjamim Silva. *Das escutas telefônicas*. Tomo I: a monitorização dos fluxos informacionais e comunicacionais. Coimbra: Coimbra, 2008, pp. 121-127 e 134-148.

[92] WINTER, Lorena B. "Investigación penal y protección de la privacidad: la jurisprudencia del Tribunal Europeo de Derechos Humanos". *Revista de Proceso*, ano 32, n. 152 – out. 2007, p. 167. "*la norma ha de ser suficientemente clara y indicar de manera adecuada a los ciudadanos en qué circunstancias y bajo qué condiciones están las autoridades publicas facultadas para adoptar determinadas medidas que restringen los derechos fundamentales de un ciudadano*".

[93] SISCART, José Manuel Sánchez. "Política legislativa de la Unión Europea y su repercusión en la legislación y jurisprudencia". *In: Derecho Penal Europeo*. Jurisprudencia

## GERALDO PRADO

O TEDH reafirmou o regime de garantias conforme um *standard* mínimo de direitos fundamentais, ainda que sob pressão da expansão do recurso a medidas de investigação penal secretas. Deliberou o TEDH, no caso *Jalloh vs. Germany*, de 11 de julho de 2006, que "mesmo nas circunstâncias mais difíceis, como é a luta contra o terrorismo e contra o crime organizado, a proteção dos direitos humanos é algo inegociável, mais além das exceções ou limitações que o próprio Convenio [CEDH] contempla".[94]

Os Estados produzem normativas que, para ampliar os recursos de repressão penal, acossam os direitos fundamentais em um cenário de tensão entre liberdade e segurança e sob a inspiração da retórica do risco.

Os efeitos das decisões do TEDH sobre as legislações penais europeias fizeram-se sentir e na Alemanha, por exemplo, a lei sobre os meios de vigilância das telecomunicações submeteu-se a critérios de adequação extraídos do acórdão do Tribunal Constitucional Federal, de 03 de março de 2004,[95] na linha preconizada pelo TEDH.

No plano da doutrina, certos métodos ocultos de investigação geram dura crítica, como a de Faria Costa[96] e Manuel da Costa Andrade.[97] Este realça a reação do Tribunal Constitucional Federal alemão à denominada "grande devassa" (*grosse Lauschangriff*), que renovou o significado e reforçou o regime de garantias em face dos citados "meios ocultos de investigação".

---

del TEDH. Sistemas Penales Europeos. 155. Estudios de Derecho Judicial. Madrid: Consejo General del Poder Judicial, 2010, p. 519.

[94] WINTER, Lorena B. "Investigación penal y protección de la privacidad: la jurisprudencia del Tribunal Europeo de Derechos Humanos". *Revista de Proceso*, ano 32, n. 152 – out., p. 163 (tradução livre).

[95] ROGALL, Klaus. "A nova regulamentação da vigilância das telecomunicações na Alemanha". *2ª Congresso de Investigação Criminal*. Coimbra: Almedina, 2010, p. 118. Os fundamentos são equivalentes às razões da edição da citada Lei n. 12.850/2013.

[96] FARIA COSTA. José Francisco. "A telecomunicações e a privacidade: o olhar (in) discreto de um penalista". *Direito Penal da Comunicação*: alguns escritos. Coimbra, 1998, pp. 174/175.

[97] COSTA ANDRADE, Manuel. *"Bruscamente no verão passado", a reforma do Código de Processo Penal*: observações críticas sobre uma lei que podia e devia ter sido diferente. Coimbra: Coimbra, 2009, p. 21.

# INFILTRAÇÃO POLICIAL E INSTIGAÇÃO EM CADEIA: TENSÃO...

Na mesma linha Manuel Lezertua, atuante no Conselho da Europa, refere-se à expansão do crime organizado, que tem gerado ações defensivas estatais por meio de medidas coercitivas limitadoras das liberdades públicas.[98]

Várias dessas ações de intromissão indiscriminada na vida privada de centenas de milhares de pessoas, como denunciadas após as revelações do "caso Snowden",[99] constituem atos que, flagrante e sistematicamente, violam direitos fundamentais, mas que se impõem à comunidade pelo fato de estarem alicerçados no exercício incontrastável do poder.[100]

Lezertua advertirá para a garantia da legalidade, sobre a qual se insiste neste parecer, pois "que [a legalidade] se traduz na exigência de um marco jurídico claro", a exigência de aderência a um caso concreto, a arrostar o emprego de medidas prospectivas, assim como ao caráter subsidiário das referidas providências, que obrigatoriamente cedem diante de "outros meios de investigação menos onerosos aos direitos e liberdades fundamentais".[101]

---

[98] LEZERTUA, Manuel. "Terrorismo y medios jurídico-tecnológicos de investigación penal". *In:* ARMAZA, Emilio José. *La adaptación del Derecho Penal al desarrollo social y tecnológico.* Granada: Comares, 2010, pp. 456/457 (tradução livre).

[99] CHOMSKY, Noam. *Is Eduard J. Snowden Aboard This Plane?* Disponível em http://truth-out.org/opinion/item/17923-is-edward-j-snowden-aboard-this-plane. Acesso em 06.08.2013. EPSTEIN, Kate. *Netflix, quando o entretenimento nos entorpece.* Disponível em http://www.viomundo.com.br/denuncias/kate-epstein-netflix-quando-o-entretenimento-nos-entorpece.html. Acesso em 06.08.2013. RAMONET, Ignacio. *Todos somos vigiados.* Disponível em http://outraspalavras.net/posts/ignacio-ramonet-somos-todos-vigiados/. Acesso em 02.08.2013.

[100] Noam Chomsky não poderia ter sido mais feliz, ao citar Santo Agostinho, para descrever este estado de coisas: "The reason was provided by St. Augustine in his tale about the pirate asked by Alexander the Great. "How dare you molest the sea?". The pirate replied, 'How dare you molest the whole world? Because I do it with a little ship only, I am called a thief; you, doing it with a great navy, are called an Emperor'". CHOMSKY, Noam. *Is Eduard J. Snowden Aboard This Plane?* Disponível em http://truth-out.org/opinion/item/17923-is-edward-j-snowden-aboard-this-plane. Acesso em 06.08.2013.

[101] "Terrorismo y medios jurídico-tecnológicos de investigación penal". *In:* ARMAZA, Emilio José. *La adaptación del Derecho Penal al desarrollo social y tecnológico.* Granada: Comares, 2010, p. 459.

## GERALDO PRADO

O Conselho da Europa editou princípios reitores, que orientam os Estados que o integram:

- A necessidade de uma base legal clara para o emprego das medidas de investigação de caráter secreto ou de intromissão;
- O respeito ao "princípio da proporcionalidade";
- *A existência de controles* (grifo nosso).[102]

A Recomendação 10, de 2005, do Conselho da Europa insiste na exigência de base jurídica apropriada precedente ao uso das TIES, que também deverá estabelecer "a admissibilidade das fontes de prova obtidas desse modo e a sua validade probatória".[103]

O princípio da legalidade desempenha, portanto, importante papel para controlar o poder e orientá-lo à legítima atuação das agências públicas de controle social.

Toda a preocupação com a legalidade se justifica na hipótese porque a infiltração via sítio eletrônico hospedado na *deep web*, gera por definição uma ação probatória invasiva, cuja fiscalização é necessária pela potencialidade danosa que resulta da execução descontrolada das providências cautelares. De considerar, por exemplo, que se o interlocutor do suspeito não é um agente de polícia em tarefa de investigação, os elementos colhidos a partir da suposta interação do suspeito com o sítio eletrônico constituem prova ilícita, independentemente da sua invalidade por conta da instigação por obra de agente provocador, adiante referida.

É de notar, pois, que a lei de base incidente no caso, Lei n. 9.034/1995, não autoriza a "criação judicial", com suposto apelo à analogia para a definição de procedimentos probatórios, porque não prevê, expressamente

---

[102] LEZERTUA, Manuel. "Terrorismo y medios jurídico-tecnológicos de investigación penal". *In:* ARMAZA, Emilio José. *La adaptación del Derecho Penal al desarrollo social y tecnológico.* Granada: Comares, 2010, p. 463.

[103] Na mesma linha segue a Convenção de Budapeste (2001). LEZERTUA, Manuel. "Terrorismo y medios jurídico-tecnológicos de investigación penal". *In:* ARMAZA, Emilio José. *La adaptación del Derecho Penal al desarrollo social y tecnológico.* Granada: Comares, 2010, pp. 464, 468 e 477/478.

# INFILTRAÇÃO POLICIAL E INSTIGAÇÃO EM CADEIA: TENSÃO...

e de maneira determinada, as providências concretas para a realização da infiltração via criação de sítio eletrônico, domínio de seus aspectos triviais e não triviais que poderiam ensejar abuso.

Pelas razões expostas é imperiosa a reserva de lei qualificada, embora haja na doutrina quem defenda a atividade criativa do juiz.[104] A prévia estipulação legal da possibilidade de *instituição* de expedientes orientados a reduzir o âmbito normativo da tutela contra a autoincriminação compulsória constituiria o mínimo indispensável para validar juridicamente a intervenção policial retratada na denúncia.

Na vigência da Lei n. 9.034/1995, o Supremo Tribunal Federal, no caso específico das medidas de ação controlada, infiltração de agentes e interceptação e escuta ambiental havia firmado entendimento de que o juiz poderia definir os requisitos para a sua aplicação em concreto, por causa da insuficiência daquela lei.[105] O advento da Lei n. 12.850/2013, que regulou a infiltração de agentes, sem autorizar expedientes do gênero mencionado no presente estudo, no entanto tornou obsoleto o entendimento, superado pelo regime de legalidade estrita e proporcional previsto no novo estatuto.

A lei que disciplina os meios de obtenção de prova dessa natureza necessita ser rigorosa quanto a seus requisitos, submetendo-se aos critérios que os juristas alemães Pieroth e Schlink denominam de reserva de lei proporcional ou qualificada, sem abertura para analogias.[106]

---

[104] WOLFF, Rafael. *Agentes infiltrados*. Coimbra: Almedina, 2012.

[105] Inq. 2.424 RJ. Tribunal Pleno do Supremo Tribunal Federal (STF). Relator: Cezar Peluso. Autor: Ministério Público Federal. Julgamento em 26 de novembro de 2008.

[106] *Direitos Fundamentais*: Direito Estadual II. Lisboa: Lusíada, 2008, p. 80. Estes autores, com base na experiência alemã, assinalam que no ponto o direito constitucional contemporâneo evoluiu do princípio da "reserva de lei" para o da "reserva de lei proporcional". Salientam, com efeito: "Até agora, os direitos fundamentais com as reservas de lei exigiam que houvesse uma lei, ou seja, saber quando era suficiente uma qualquer base legal (reserva de lei) e quando era necessária uma base legal que tome as decisões essenciais (reserva de parlamento). Qual *a forma* que a lei deve ter e que conteúdos deve apresentar, quanta liberdade pode retirar ao particular e quanta lhe tem de deixar, são aspectos que a reserva de lei deixa até ao presente ainda em aberto. Mas

# GERALDO PRADO

## Parte IV: A infiltração de agentes e a tutela contra a autoincriminação compulsória

No direito brasileiro a infiltração de agentes em tarefas de investigação está prevista na Lei n. 12.850/2013, nestes termos:

Seção III

Da Infiltração de Agentes

Art. 10. A infiltração de agentes de polícia em tarefas de investigação, representada pelo delegado de polícia ou requerida pelo Ministério Público, após manifestação técnica do delegado de polícia quando solicitada no curso de inquérito policial, será precedida de circunstanciada, motivada e sigilosa autorização judicial, que estabelecerá seus limites.

§ 1º Na hipótese de representação do delegado de polícia, o juiz competente, antes de decidir, ouvirá o Ministério Público.

§ 2º Será admitida a infiltração se houver indícios de infração penal de que trata o art. 1º e se a prova não puder ser produzida por outros meios disponíveis.

§ 3º A infiltração será autorizada pelo prazo de até 6 (seis) meses, sem prejuízo de eventuais renovações, desde que comprovada sua necessidade.

§ 4º Findo o prazo previsto no § 3º, o relatório circunstanciado será apresentado ao juiz competente, que imediatamente cientificará o Ministério Público.

§ 5º No curso do inquérito policial, o delegado de polícia poderá determinar aos seus agentes, e o Ministério Público poderá requisitar, a qualquer tempo, relatório da atividade de infiltração.

[...]

---

é precisamente nas *exigências de conteúdo* que se tem de revelar a vinculação do legislador aos direitos fundamentais. A forma como se apresentam as exigências de conteúdo que os direitos fundamentais fazem às leis torna-se clara nas *reservas de lei qualificada*. Estas estatuem uma vinculação do legislador, ao imporem ou ao proibirem, no caso de direitos fundamentais em concreto, eventualmente, para situações em concreto, fins determinados e meios determinados" (grifo dos autores).

# INFILTRAÇÃO POLICIAL E INSTIGAÇÃO EM CADEIA: TENSÃO...

> Art. 14. São direitos do agente:
>
> I – recusar ou fazer cessar a atuação infiltrada;
>
> II – ter sua identidade alterada, aplicando-se, no que couber, o disposto no *art. 9º da Lei n. 9.807, de 13 de julho de 1999,* bem como usufruir das medidas de proteção a testemunhas;
>
> III – ter seu nome, sua qualificação, sua imagem, sua voz e demais informações pessoais preservadas durante a investigação e o processo criminal, salvo se houver decisão judicial em contrário;
>
> IV – não ter sua identidade revelada, nem ser fotografado ou filmado pelos meios de comunicação, sem sua prévia autorização por escrito.

Em teoria a infiltração de agentes consiste em meio de obtenção de provas que desdobra e converte em lícitas ações do gênero de que é espécie o delito provocado.

A regra do artigo 13 da Lei n. 12.850/2013 revela essa filiação, ademais reconhecida pela doutrina de outros países, ao assegurar que, observados determinados limites, o injusto penal praticado pelo infiltrado não é punível.

> Art. 13. O agente que não guardar, em sua atuação, a devida proporcionalidade com a finalidade da investigação, responderá pelos excessos praticados.
>
> Parágrafo único. Não é punível, no âmbito da infiltração, a prática de crime pelo agente infiltrado no curso da investigação, quando inexigível conduta diversa.

Evidente que há uma diferença à partida, entre o tradicional delito provocado e aquele atribuível ao infiltrado em concurso com outros agentes. Esta diferença é menos nítida quando se trata de delito putativo, sendo certa a imbricação de efeitos penais e processuais penais.[107]

---

[107] Conforme verbete n. 145 das Súmulas do Supremo Tribunal Federal: Não há crime, quando a preparação do flagrante pela polícia torna impossível a sua consumação.

213

## GERALDO PRADO

Vale recorrer à lição de Suita Pérez no que toca à sobreposição dos efeitos processuais penais aos penais no caso do delito provocado:

> ### II. DIFERENCIA ENTRE EL DELITO PROVOCADO Y EL AGENTE ENCUBIERTO
>
> Se entiende por delito provocado aquel que llega a realizarse por una inducción engañosa de otra persona, de manera que lo que hay es una provocación para que tal actividad llegue a realizarse.[108]
>
> [...]
>
> Como consecuencia de ello, se entiende que tal actividad probatoria ha sido obtenida con vulneración de derechos fundamentales por consiguiente nula, careciendo por completo de efectos jurídicos y conduciendo ineludiblemente a la absolución de los imputados por carecer de pruebas suficientes para desvirtuar la presunción de inocencia.[109]

As ações do agente infiltrado, por esse ângulo, estão bastante próximas dos limites da invalidade jurídica, ultrapassando estes limites sempre que instigam o investigado a cometer infrações penais. Por isso, de um modo geral, as legislações dos diversos países que admitem este método oculto estipulam condições rigorosas e definem os propósitos da intervenção.

Em Portugal, salvo melhor juízo, o enfoque é claramente probatório, pelo viés retrospectivo e não prospectivo. O infiltrado não é estimulado a incentivar práticas delituosas, mas deve concentrar-se em obter informação de infrações já praticadas. Veja-se a opinião de Manuel Monteiro Guedes Valente e outros:

---

[108] SUITA PÉREZ, Nora. "Capítulo 14: La diligencia de investigación por medio del agente encubierto". *In:* MARTÍN GARCÍA, Pedro (coord.). *La actuación de la policía judicial en el proceso penal.* Madrid: Marcial Pons, 2006, p 238.

[109] "Capítulo 14: La diligencia de investigación por medio del agente encubierto". *In:* MARTÍN GARCÍA, Pedro (coord.). *La actuación de la policía judicial en el proceso penal.* Madrid: Marcial Pons, 2006, p. 239.

# INFILTRAÇÃO POLICIAL E INSTIGAÇÃO EM CADEIA: TENSÃO...

O agente infiltrado, por sua vez, através da sua actuação limita-se, apenas, a obter a confiança do suspeito(s), tornando-se aparentemente num deles para, como refere Manuel Augusto Alves Meireis, "desta forma, ter acesso a informações, planos, processos, confidências... que, de acordo com o seu plano construirão as provas necessárias à condenação".[110]

A razão fundamental dessa conformação da infiltração, no campo processual, ademais da contaminação dos efeitos penais antes referida, decorre da infiltração encontrar-se na fronteira – e, para alguns, ultrapassar mesmo a fronteira – da tutela contra a autoincriminação compulsória.

Em uma hipótese equivalente de proteção ao âmbito essencial da pessoa, ao tratar dos problemas inerentes à proibição da autoincriminação e as escutas ambientais no domicílio do vigiado, Claus Roxin sublinha que os efeitos destruidores próprios das nulidades, no âmbito da prova, não são o resultado necessário do emprego da força para obter a colaboração do suspeito, mas tornam-se inevitáveis também nos casos em que o Estado apela à autoincriminação sub-reptícia. Literalmente:

El Derecho Penal alemán dispone de una garantía contra la autoincriminación forzada o subrepticia. A este efecto, cualquier técnica de interrogatorio que afecte la voluntad libre del acusado está prohibida en virtud del §136ª de la Ordenanza Procesal Penal, la cual también afirma que cualquier violación de esta prohibición hará inadmisible la declaración. Las actuaciones explícitamente enumeradas como técnicas prohibidas son las siguientes: malos tratos, agotamiento, violencias corporales, administración de fármacos, tortura, engaño, hipnosis, la promesa de ventajas ilegales, así como cualquier medida capaz de menoscabar la memoria o la capacidad intelectual del acusado.[111]

---

[110] GONÇALVES, Fernando; ALVES, Manuel João; VALENTE, Manuel Monteiro Guedes. *Lei e Crime*: o Agente infiltrado *versus* o Agente provocador. Os Princípios do Processo Penal. Coimbra: Almedina, 2001, p. 264.

[111] *Pasado, presente y futuro del Derecho Procesal Penal*. Santa Fé: Rubinzal Culzoni, 2007, p. 93.

# GERALDO PRADO

A lo anterior se contrapone la tesis según la cual el § 136 de la Ordenanza Procesal Penal, y más allá, el principio *nemo tenetur* considerado como un todo, debe proteger ante 'autoinculpaciones condicionadas por el error y originadas por la actividad estatal'.[112]

Habla a favor de la interpretación amplia el que la coacción y el engaño en igual medida son apropiados para hacer de otros herramienta de intereses ajenos.[113]

Mais adiante, na mesma obra, Roxin trata especificamente do caso em que o agente de polícia omite essa condição para obter a declaração autoinculpatória do investigado. Nestes termos o jurista alemão se pronuncia:

Se asume que a policía sonsacaría ella misma en el lugar de los hechos al inculpado bajo la máscara de una simpática persona que quiere colaborar, o preguntaría telefónicamente haciéndose pasar por un amigo, hermano o incluso la pareja de él, las confesiones obtenidas de esta forma deberían ser utilizables? De acuerdo con los principios que valen para el denominado 'interrogatorio informativo', esto es imposible. Si un policía que se da a conocer como tal, interroga a alguien que él tiene como posible autor del hecho debido a una sospecha concreta, esto no es un sondeo informativo que esté libre de las instrucciones, sino el interrogatorio a un inculpado. La confesión del interrogado aparentemente de manera informal, es por consiguiente inutilizable probatoriamente al carecer de la instrucción del derecho a permanecer en silencio. Pero, obviamente, si esto es indiscutible, debe ser tanto más inutilizable una confesión cuando el interrogador no sólo omite la instrucción de los derechos, sino que además calla su identidad como policía! Pero si el policía no puede por sí mismo sonsacar información al inculpado sin la instrucción sobre sus derechos como un aparente particular, mucho menos resulta admisible que él inste

---

[112] ROXIN, Claus. *Pasado, presente y futuro del Derecho Procesal Penal*. Santa Fé: Rubinzal Culzoni, 2007, p. 180.

[113] ROXIN, Claus. *Pasado, presente y futuro del Derecho Procesal Penal*. Santa Fé: Rubinzal Culzoni, 2007, p. 180.

a quien no es policía para ello, pues lo que él mismo no puede hacer, tampoco puede hacerlo empleando particulares.[114]

Com efeito, na parte final de sua exposição, Roxin trata de hipótese semelhante à ação investigatória *infiltrada* do particular: "Pero si el policía no puede por sí mismo sonsacar información al inculpado sin la instrucción sobre sus derechos como un aparente particular, mucho menos resulta admisible que él inste a quien no es policía para ello, pues lo que él mismo no puede hacer, tampoco puede hacerlo empleando particulares".

Flávio Cardoso Pereira, ao analisar o tema da infiltração, adverte para riscos idênticos, muito embora seja de opinião de que o Estado, escrupulosamente e com base na lei, tem o poder jurídico de limitar o âmbito normativo da tutela contra a autoincriminação compulsória. Pelo caráter elucidativo da exposição do autor, pede-se desculpas por mais esta longa, todavia, importante transcrição:

> Este derecho se encuentra representado por la expresión latina *nemo tenetur se ipsum accusare,* que significa que la persona no es obligada a producir prueba contra sí mismo, o sea, que no puede ser impuesto a ella el deber de auto incriminarse.
>
> Además, el derecho a la no autoincriminación parte del principio de que la carga de la prueba corresponde al que acusa, pues en virtud de la presunción de inocencia al acusado no se le puede obligar a contribuir con su propia condena; o en otras palabras, tiene la libertad de decidir si desea introducir información o elemento de prueba al proceso que lo pueda incriminar.[115]
>
> [...]
>
> De otra parte, es pacífica la idea que el derecho a no autoincriminarse tiene como primer fundamento el reconocimiento del instinto

---

[114] *Pasado, presente y futuro del Derecho Procesal Penal.* Santa Fé: Rubinzal Culzoni, 2007, p. 182.

[115] PEREIRA, Flávio Cardoso. *Agente encubierto y proceso penal garantista*: límites y desafíos. Córdoba: Lerner Editora, 2012, p. 767.

natural del hombre atinente a la propia conservación pues, salvo excepciones patológicas, la tendencia de todo comportamiento humano va inconscientemente acompañada de un resguardo de la propia existencia, siendo entonces contrario a la naturaleza forzar al ser humano para que reconozca algo que le traerá aparejadas consecuencias perjudiciales.[116]

[...]

Importante también señalar, citando a Roxin, que el derecho a no autoincriminarse tiene como garantía el deber de información previa a cualquier declaración del investigado, la prohibición del uso de métodos ilegítimos para obtener información contra su voluntad, como malos tratos, agotamiento, ataques corporales, suministro de drogas, tortura, engaño, hipnosis, promesa de sentencias ilegales, detector de mentiras, alteración de la memoria o de la capacidad de compresión, y la prohibición de valorar la declaración realizada sin cumplir cualquiera de los anteriores requisitos.[117]

[...]

El problema surge entonces delante de la constatación de que debe tenerse en cuenta que, en el marco de un proceso de corte acusatorio y garantista, la colaboración del investigado o acusado en el esclarecimiento de la verdad de los hechos por los cuales se le formule una imputación, sólo debe obtenerse gracias a la plena voluntad consciente y libre del mismo, previamente informado y asesorado por su defensor, que ponderando los costos y beneficios de hablar o de no hacerlo, tome una decisión al respecto; solo así el investigado es tratado como persona y considerado como una de las partes en el proceso, el cual por lo mismo tiene derecho de ejercer su derecho de defensa como bien le plazca.[118]

[...]

---

[116] *Agente encubierto y proceso penal garantista*: límites y desafíos. Córdoba: Lerner Editora, 2012, p. 768.

[117] PEREIRA, Flávio Cardoso. *Agente encubierto y proceso penal garantista*: límites y desafíos. Córdoba: Lerner Editora, 2012, pp. 768/769.

[118] PEREIRA, Flávio Cardoso. *Agente encubierto y proceso penal garantista*: límites y desafíos. Córdoba: Lerner Editora, 2012, p. 769.

# INFILTRAÇÃO POLICIAL E INSTIGAÇÃO EM CADEIA: TENSÃO...

Así, frente a la utilización de la figura del agente encubierto como medio de investigación, se plantea la posibilidad de que el derecho fundamental a la no autoincriminación quede prácticamente anulado, debido a que es muy probable que el agente encubierto induzca al investigado para que le declare hechos o cosas autoincriminantes, que le faciliten luego obtener pruebas de cargo contra el mismo, sin el cumplimiento de las debidas cautelas para obtener tal información y elementos en el marco de un proceso justo.[119]

[...]

Estaríamos delante de una hipótesis clara e incontestable de provocación del delito por parte del agente encubierto, a la vez que el investigado ha sido forzado (en razón del engaño empleado) a declarar contra su propia defensa.[120]

[...]

Contestando esta interrogante, hemos de concluir afirmando que el Estado podrá restringir un derecho fundamental, mediante por ejemplo, una intromisión en la intimidad de la persona, sólo en aquellos supuestos en los que exista un grado suficiente de imputación de un delito, es decir, cuando existan razones objetivas que permitan la probabilidad de que ese sujeto esté cometiendo o haya cometido un delito. Únicamente la concurrencia de esos indicios legitima al Estado para rebasar el ámbito intangible de la libertad personal en el desarrollo de la investigación. En otro caso, se estaría otorgando a los órganos estatales una patente de corso para inmiscuirse en la vida privada de los ciudadanos, lo que resulta aún más grave en supuestos de actuación clandestina de agentes que ocultan su identidad.[121]

Assim, o agente infiltrado – ora tratado na legislação estrangeira como encoberto, ora diferenciado desse – caminha observando tênues

---

[119] PEREIRA, Flávio Cardoso. *Agente encubierto y proceso penal garantista*: límites y desafios. Córdoba: Lerner Editora, 2012, pp. 769/770.

[120] PEREIRA, Flávio Cardoso. *Agente encubierto y proceso penal garantista*: límites y desafios. Córdoba: Lerner Editora, 2012, p. 770.

[121] PEREIRA, Flávio Cardoso. *Agente encubierto y proceso penal garantista*: límites y desafios. Córdoba: Lerner Editora, 2012, p. 771.

# GERALDO PRADO

balizas que impõem o caráter oficial e reservado de sua atuação, a prévia definição legal de todas as questões que se referem ao agente (direitos e deveres), à infiltração e ao controle desta última, e a excepcionalidade da intervenção, em todos os casos na busca de prova de fatos em tese já ocorridos.[122]

Pela razão de contender com garantias constitucionais como a da tutela contra a autoincriminação compulsória, comprimindo seu âmbito normativo, a definição dos casos que autorizam o emprego do agente infiltrado obedece a critérios de interpretação restritiva materialmente adequada, como mencionado, expressão empregada por Roxin para semelhantes hipóteses.

É ilegal, segundo o entendimento do estudo, a infiltração orientada à colheita de provas prospectivamente, compreendendo-se neste quadro as hipóteses de crimes futuros. Indiscutivelmente a ilegalidade potencializa-se naqueles casos em que os pseudoautores das infrações penais são incitados a cometer crimes.

Tratando da instigação, o jurista alemão Hans-Heirich Jescheck aponta para aquele que é, sem dúvida, seu aspecto mais incisivo. Afirmava Jescheck:

2. La inducción exige el empleo de determinados medios que influyan sobre la psique del autor principal para conseguir la ejecución del hecho.[123]

A instigação merece no direito alemão um tratamento mais rigoroso que a cumplicidade, equivalendo à autoria, porque pretende provocar o nascimento do injusto penal alheio. Para isso, o instigador pode empregar os mais diversos meios, incluindo ardis, que tenham por

---

[122] Na Argentina: MONTOYA, Mario Daniel. *Informantes y técnicas de investigación encubiertas*: análisis constitucional y procesal penal. 2ª ed. Buenos Aires: Ad Hoc, 2001, p. 155. Em Portugal excepcionalmente admite-se a atuação de terceiro, conforme parâmetros rigorosamente fixados em lei: VALENTE, Manuel Monteiro Guedes. *Teoria Geral do Direito Policial*. 4ª ed. Coimbra: Almedina, 2014, pp. 498/499.

[123] *Tratado de Derecho Penal*: parte general. 5ª ed. Granada: Comares, 2002, p. 739.

## INFILTRAÇÃO POLICIAL E INSTIGAÇÃO EM CADEIA: TENSÃO...

propósito levar outrem à prática do delito, ainda que essa outra pessoa não seja conhecida.

Esta especial situação, de autor do fato inicialmente desconhecido do instigador, Jescheck denominava de *instigação em cadeia*. Vale a reprodução dos ensinamentos do mestre alemão:

> Básicamente, para la inducción son idóneos todos los medios en tanto que se trate de modos de influencia psíquica. La inducción también es imaginable en la forma de inducción a la inducción al hecho principal (inducción en cadena). El inductor que se encuentra en la cadena no necesita saber ni el número ni el nombre de los eslabones intermedios, así como tampoco del autor (BGH 6, 359 [361 ss.], 7, 234 [237]; basta con que posea una representación concreta del hecho principal.[124]

Para as forças de segurança pública é sedutora a ideia de uma instigação em cadeia, por provocação, para identificar supostos *criminosos habituais*, desviando a investigação criminal de seus regulares objetivos – investigar *fatos* – para transformá-la em método de controle de *pessoas* consideradas anormais. O parentesco com procedimentos autoritários vigentes no século passado não é mera coincidência.

Neste quadro, o mesmo Jescheck advertirá para o caráter não punível de instigações que não aspirem à consumação. Não punibilidade, lembrará, que se estende ao *instigado*, apesar de não ser essa a posição prevalente na jurisprudência alemã em casos de criminalidade organizada:

> La doctrina mayoritaria acepta que el inductor debe aspirar a la *consumación* del hecho principal; si tan sólo quiere que el hecho alcance el estadio de la tentativa (*agent provocateur*) quedaría entonces impune (RG 15, 315 [317]; 44, 172 [174]; BGH GA 1975, pág. 333). Más allá se acepta incluso que tampoco hay que castigar por inducción cuando, ciertamente, el agente provocador proyecta la comisión del hecho pero pretende evitar la lesión

---

[124] *Tratado de Derecho Penal*: parte general. 5ª ed. Granada: Comares, 2002, p. 739.

# GERALDO PRADO

material del bien jurídico (por ejemplo, mediante la distribución de la droga vendida a los consumidores).[125]

No direito brasileiro Cirino dos Santos é taxativo quanto a não punição do instigador e do instigado, na hipótese de provocação do primeiro:

> Primeiro, o objetivo do instigador é a consumação do fato principal – e não, apenas, a tentativa: se a instigação é realizada por *agente provocador,* que quer somente a tentativa, mas exclui a consumação do fato principal, ou quer a própria consumação formal, mas exclui a lesão material do bem jurídico, então a instigação é impunível – assim como o fato principal – por absoluta impossibilidade de lesão do bem jurídico: no flagrante preparado, a hipótese de permanência da droga fornecida pelo traficante em poder do consumidor, está excluída.[126]

A ascendência autoritária da instigação com fins de provocação foi percebida por Nilo Batista, que trata assim do tema em sua obra clássica:

> O agente provocador é um instigador sem dolo, e embora, como Califano frise, possam variar os motivos de sua conduta, o seu objetivo é basicamente, nas palavras de Raphael Cirigliano Filho, 'surpreender o agente na prática delituosa'.
>
> Alguns autores criticam duramente a figura. Eduardo Correia, fundando-se na opinião de Hafter – que nela vê crassa imoralidade – e de Singewald – que imputa sua criação ao Estado policial do absolutismo – é de parecer que ela deveria merecer punição. A chamada 'ação controlada', instituída entre nós pela Lei n. 9.034, de 3.mai.95 (art. 2º, inc. II), coloca questões delicadas quando, para obtenção de provas, o retardamento da iniciativa policial

---

[125] JESCHECK, Hans-Heinrich; WEIGEND, Thomas. *Tratado de Derecho Penal*: parte general. 5ª ed. Granada: Comares, 2002, p. 740.

[126] *A moderna teoria do fato punível*. 3ª ed. Curitiba: Fórum, 2004, p. 292.

# INFILTRAÇÃO POLICIAL E INSTIGAÇÃO EM CADEIA: TENSÃO...

(isto é, a omissão de um garantidor) permitir a consumação de um crime.[127]

O elemento essencial a ser considerado, todavia, ainda é a proteção que a Constituição e o Pacto de São José da Costa Rica oferecem contra a autoincriminação compulsória, tutela que não pode ser validamente burlada pelo Estado, por meio de ardis que incentivam as pessoas a participarem de uma antecipadamente frustrada ação delituosa.

A reafirmação do entendimento sumular do STF é um imperativo ético, mas também jurídico, relacionado ao propósito de tornar efetivas as garantias constitucionais e convencionais. Embora em caso no qual não havia crime putativo, ainda assim o Decano do Supremo Tribunal Federal fez questão de reafirmar a posição tradicional de repúdio *ao crime de ensaio*:

> Como se sabe – e disso constitui expressiva evidência a Súmula 145 do Supremo Tribunal Federal –, não há crime quando a preparação do flagrante torna impossível a sua consumação.
>
> O delito de ensaio, também denominado delito de experiência ou crime provocado, constitui modalidade de crime putativo, a cuja noção conceitual se subsume a ideia de absoluta impossibilidade de consumação do ato delituoso.[128]

## Parte V: O controle da fiabilidade probatória dos elementos informativos obtidos via infiltração de agentes

No caso concreto, releva notar que a infiltração cumpre uma função probatória, a reclamar a possibilidade de se atribuir valor

---

[127] BATISTA, Nilo. *Concurso de agentes:* uma investigação sobre os problemas da autoria e da participação no direito penal brasileiro. 4ª ed. Rio de Janeiro: Lumen juris, 2008, p. 185.

[128] Trecho do voto proferido pelo Ministro Celso de Mello no Habeas Corpus n. 82.124/SC. Segunda Turma do Supremo Tribunal Federal. Relator: Ministro Celso de Mello. Paciente(s): José Ivan Gonçalves e Luiz Antônio do Nascimento. Impetrante: Júlio Sérgio Freitas. Data de julgamento: 24 de setembro de 2002.

probatório às informações obtidas neste contexto. O peso probatório das informações oriundas da infiltração depende de o infiltrado converter-se em testemunha.[129]

Tendo em vista o disposto na Lei n. 12.850/2013, Guilherme Nucci identifica os seguintes requisitos para a infiltração de agentes: a) ser o agente policial; b) estar em *tarefa de investigação*, pelo que esclarece ser "fundamental a instauração de inquérito, em caráter sigiloso, para que se faça a infiltração"; c) autorização judicial motivada; d) indícios de materialidade; e) subsidiariedade da infiltração policial; f) prazo determinado; g) relatório circunstanciado; e h) momento para a infiltração.[130] Cezar Roberto Bitencourt e Paulo Busato alertam para que a medida seja tomada "pela coordenação das investigações criminais, com autorização judicial, tratando-se de intervenção de policial".[131]

O caráter manipulável de determinados elementos probatórios e seu potencial de influenciar a convicção judicial revelam-se caminhos tortuosos bastante conhecidos nos círculos de investigação das infrações penais. Em realidade são trajetórias que devem ser censuradas no âmbito do Estado de Direito. Assim, o que parece uma medida meramente protocolar, consistente em adotar providências correspondentes e identificar elementos informativos, por meio quer da inquirição do agente infiltrado, quer de outras provas adicionais que derivem das informações que ele forneça, em realidade consiste em garantia de fiabilidade da prova.

A verificabilidade do meio probatório, que consiste em uma das funções do contraditório, apenas é viável se for possível determinar a integridade das fontes de prova. Neste campo não há espaço para

---

[129] SUITA PÉREZ, Nora. "Capítulo 14: La diligencia de investigación por medio del agente encubierto". *In:* MARTÍN GARCÍA, Pedro (coord.). *La actuación de la policía judicial en el proceso penal.* Madrid: Marcial Pons, 2006, p. 256.

[130] *Organização criminosa.* 2ª ed. Rio de Janeiro: Forense, 2015, pp. 84-86.

[131] "Capítulo 8: As inovações da Lei 12.850/13 e a atividade policial". *In:* AMBOS, Kai; MALARINO, Ezequiel; VASCONCELOS, Eneas Romero de. (coord.). *Polícia e investigação no Brasil.* Brasília: Gazeta Jurídica, 2016, p. 235. BITENCOURT, Cezar Roberto; BUSATO, Paulo César. *Comentários à Lei de Organização Criminosa*: Lei n. 12.850/2013. São Paulo: Saraiva, 2014, p. 163.

## INFILTRAÇÃO POLICIAL E INSTIGAÇÃO EM CADEIA: TENSÃO...

conceitos da tradição autoritária do processo penal, como o da "fé pública", porque a interpretação dominante no âmbito das tradições democráticas a que nos filiamos, pós-1988, elege o princípio da "desconfiança" como norteador das ações e da avaliação judicial, em uma esfera de redução de complexidade da garantia do contraditório que a transforma em verdadeira e eficaz condição de validade do próprio processo penal.

Gilberto Lozzi, comentando decisão da Corte Constitucional italiana de 19 de fevereiro de 2007, assinala que é pelo contraditório que as partes podem constituir a sua interlocução e desse modo "objetivar" a prova. Em outras palavras, a prova nasce subjetiva, mas se "objetiva" pela via do contraditório, que tutela a função cognitiva do processo penal e transcende o interesse das próprias partes.[132]

Em outras palavras, não se parte da "boa-fé" dos responsáveis pela investigação, mas da desconfiança, que os obriga a serem criteriosos na execução das medidas de apropriação dos elementos probatórios e em sua preservação, com a identificação dos envolvidos no processo, pois do contrário estes elementos não possuirão valor probatório algum.

O tema das provas é complexo até porque são inúmeras as atividades probatórias e, se é certo que o fundamento comum é a fidelidade à Constituição da República, não é menos exato que o assunto envolve facetas jurídicas e epistemológicas, cada uma delas com características bastante peculiares. Por isso as coisas não se revelam tão evidentes. Interrogar sobre a fiabilidade de uma prova não é o mesmo que indagar acerca de seu "peso", isto é, de seu valor para a formação do convencimento do juiz.

Atualmente, uma das grandes referências como epistemólogo, o jurista catalão Jordi Ferrer Beltrán assinala que:

> [...] el grado de corroboración de una hipótesis deberá determinarse en el momento de la valoración de la prueba, como

---

[132] *Rivista Italiana di Diritto e Procedura Penale.* Fasc. 2, abril-junho de 2008, pp. 843-849.

## GERALDO PRADO

veremos más adelante, pero debe conformarse durante la práctica de la prueba. Una hipótesis tendrá un nivel de corroboración mayor cuanto mayores sean los controles y desafíos a los que haya sido sometida, habiéndolos superado con éxito (POPPER, 1935: 247-250).[133]

A denominada prática da prova caracteriza-se pelo concreto procedimento adotado para aceder à informação que poderá ou não vir a ser oportunamente valorada. A avaliação da prova, para qualquer fim (fundamentar o recebimento de uma denúncia, a decretação da prisão, condenar ou absolver), por sua vez cuida da corroboração de uma hipótese e se consubstancia em um juízo de valor relativamente ao grau de convencimento alcançado pelo juiz a partir do exame de determinado elemento probatório. Lógica e cronologicamente, a questão da avaliação da prova é posterior à da sua fiabilidade.

São coisas diversas, portanto, saber se um determinado elemento probatório está em condições de ser avaliado, ou seja, se o elemento probatório pode ser objeto de avaliação, e em caso de ser "avaliável", saber que valor o juiz lhe atribui. A primeira atividade é denominada "fiabilidade probatória".

A fiabilidade probatória refere-se ao esquema de ingresso do elemento probatório no procedimento em cujo âmbito, posteriormente, este elemento poderá ser objeto de avaliação e diz muito especificamente com a questão dos controles epistêmicos, compreendidos nesta etapa como "controles de entrada". Quando uma infiltração em ambiente virtual é realizada, como no caso do estudo, tende-se a isolar o registro audiovisual e a crer em seu conteúdo como *verdade absoluta*, desprezando-se eventual contexto que seria constituído por elementos informativos cujo conhecimento pode ter sido subtraído do juízo.

Marina Gascón Abellán ressalta o ponto, com absoluta precisão, ao tratar dos riscos ocasionados pela confusão entre fiabilidade e valor

---

[133] *La valoración racional de la prueba.* Madrid: Marcial Pons, 2007, p. 86.

probatório. O exemplo da prova pericial é equivalente ao da interceptação de dados. Salienta a Professora da Universidade Castilla-La Mancha:

> La admisibilidad es el control de entrada de la prueba en el proceso. Controlar que los informes periciales admitidos al proceso tengan un sólido fundamento científico es de un interés epistémico máximo, pues dicho control aspira a dejar a la pseudociencia fuera del ámbito de las decisiones judiciales. De hecho todos los esquemas de control de validez y fiabilidad (en definitiva, de calidad) de las pruebas científicas comparten ese objetivo. Cómo conseguir esto es lo que marca la diferencia entre ellos.[134]

Mais uma vez é Gascón Abellán quem nos alerta para o risco deste tipo de evidência:

> No puede desconocerse la gran capacidad de persuasión e influencia que una prueba científica puede tener sobre la convicción judicial, con lo que si se admite su entrada en el proceso sin ningún control se corre el riesgo de que, al final, la decisión venga determinada por pura y simple *junk science*. Por eso parece más apropiada la opción alternativa, esto es, la que aboga por establecer un estándar objetivo de admisibilidad científica de las pruebas junto al examen de su admisibilidad procesal.[135]

Para elidir derivas epistêmicas dessa natureza e assegurar a realização do propósito constitucional do "devido processo", impermeável a provas de origem ilícita, a dogmática processual penal concebe dispositivos e técnicas que cumprem a função de redutores de complexidade: as provas obtidas por meios ilícitos estão proibidas. Em cada caso concreto, no entanto, a maneira de aferir se houve ou não emprego de provas obtidas

---

[134] "Prueba científica. Un mapa de retos". *In:* VÁZQUEZ, Carmen (coord.). *Estándares de prueba y prueba científica:* ensayos de epistemología jurídica. Madrid: Marcial Pons, 2013, p. 191.

[135] "Prueba científica. Un mapa de retos". *In:* VÁZQUEZ, Carmen (coord.). *Estándares de prueba y prueba científica:* ensayos de epistemología jurídica. Madrid: Marcial Pons, 2013, p. 192.

## GERALDO PRADO

por meios ilícitos consiste na adoção de técnicas no âmbito de dispositivos idealizados pela doutrina para cumprir a função de *gatekeepers*, como assinala Gascón Abellán. Sem o uso de técnicas adequadas, em um procedimento ajustado a essa função, o preceito constitucional ficaria esvaziado.

Ferrer Beltrán sublinhará este aspecto ao alertar para a necessidade de harmonizar institutos jurídicos e epistemológicos concernentes a essa função de filtro. O Professor da Universidade de Girona alude a que:

> Dado que la finalidad institucional principal de la fase de prueba en el proceso judicial es la averiguación de la verdad, el sistema procesal jurídico, como no podía ser de otra manera, importa en forma de instituciones jurídicas los mecanismos epistemológicos necesarios para alcanzar esa finalidad.[136]

Relativamente ao controle da fiabilidade da prova isso se torna possível com o deslocamento do debate do campo da valoração – porque apenas podem ser avaliadas as provas obtidas licitamente e praticadas de maneira adequada – para o da fiabilidade, que implicará no exercício de uma "prova sobre a prova", isto é, na comprovação (demonstração) da correção do procedimento de obtenção dos elementos probatórios. Mais uma vez convém recorrer às lições de Ferrer Beltrán:

> La prueba sobre la prueba, por otro lado, supone un control sobre la fiabilidad de las pruebas existentes, que la confirme o la impugne. Se trata de pruebas que no versan directa ni indirectamente sobre los hechos del caso, sino sobre otras pruebas, y son esenciales en muchos casos para una correcta valoración individual de la prueba, en aras a determinar el grado de fiabilidad que ofrece.[137]

Na caminhada na busca por um procedimento penal que tenha como cumprir as exigências de um processo racional-legal, os mecanismos de controle da prática das provas desmistificam aparentes "verdades

---

[136] *La valoración racional de la prueba.* Madrid: Marcial Pons, 2007, p. 87.

[137] *La valoración racional de la prueba.* Madrid: Marcial Pons, 2007, p. 89.

# INFILTRAÇÃO POLICIAL E INSTIGAÇÃO EM CADEIA: TENSÃO...

absolutas" porque permitem questionar não somente seus critérios, mas ainda mais a própria base empírica: afinal, como confiar que as imagens não tenham sido produzidas pelo agente infiltrado, ou por outra pessoa, nos moldes do delito putativo, vizinho teórico e prático das ações regulares da infiltração?

Gascón Abellán lembra o recente, mas ao que parece imparável movimento descendente de "crença" em exames tradicionais da polícia científica, por exemplo, exames hoje questionados em um contexto de revisão de métodos e de aperfeiçoamento de critérios. Destaca a citada investigadora:

> Pero sí exige a los jueces – y esto es lo más significativo – escrutar de manera más estricta muchas pruebas científicas que hasta ahora no habían sido cuestionadas y conduce así a que éstos recuperen su papel de *gatekeeper*.
>
> [...]
>
> De hecho, después de esta sentencia, ámbitos tradicionales de la policía científica, como las huellas papilares, la grafística y la balística empiezan a ser puestos seriamente en cuestión.[138]

A questão problemática, na hipótese, decorre do mero fato de a ação poder ser praticada por agente não identificado e leva a que sejam excluídas da análise judicial as mencionadas informações, pela impossibilidade de perscrutar sua fiabilidade, efeito de exclusão que se estende às provas derivadas. Paradoxalmente, o não conhecimento pela defesa do nome do usuário que por suposição é agente de polícia, traz inevitavelmente esta implicação.

Como sublinhado, a atuação de agentes infiltrados no Brasil está disciplinada na Lei n. 12.850/2013.[139] A validade de eventual elemento

---

[138] "Prueba científica. Un mapa de retos". *In:* VÁZQUEZ, Carmen (coord.). *Estándares de prueba y prueba científica:* ensayos de epistemología jurídica. Madrid: Marcial Pons, 2013, pp. 192/193.

[139] Art. 3º Em qualquer fase da persecução penal, serão permitidos, sem prejuízo de outros já previstos em lei, os seguintes meios de obtenção da prova:

# GERALDO PRADO

probatório equivalente sujeita-se ao atendimento dos requisitos legais. Ademais, a fiabilidade probatória requisita a identificação e colaboração desta agente como testemunha em primeiro grau de jurisdição.

Pelo ângulo da fiabilidade probatória, tratado neste ensaio, as ressalvas da doutrina ao contributo do agente infiltrado são várias e eloquentes, como sublinham Valente e outros:

> Refira-se, finalmente, que, na medida em que o recurso à figura do agente infiltrado consubstancia, intrinsecamente em si mesma, uma técnica de investigação de moral duvidosa, uma vez que é o próprio suspeito que, actuando em erro sobre a qualidade do funcionário de investigação criminal produz, involuntariamente, a prova da sua própria condenação, ela só é de admitir no limite, ou seja, e recorrendo uma vez mais às palavras de Germano Marques da Silva, 'quando a inteligência dos agentes da justiça ou os meios sejam insuficientes para afrontar com sucesso a actividade dos criminosos e a criminalidade ponha *gravemente* em causa os valores fundamentais que à justiça criminal cabe tutelar...', e esgotados que estejam os restantes meios de investigação criminal (itálico nosso).[140]
>
> [...]
>
> A admissibilidade processual da figura do agente infiltrado como meio de obtenção de prova depende, assim, necessariamente, da sua consagração legal, a qual há-se estabelecer também os pressupostos e os limites de tal técnica de investigação.[141]

---

(...)
VII – infiltração, por policiais, em atividade de investigação, na forma do art. 11;
(...)
Art. 10. A infiltração de agentes de polícia em tarefas de investigação, representada pelo delegado de polícia ou requerida pelo Ministério Público, após manifestação técnica do delegado de polícia quando solicitada no curso de inquérito policial, será precedida de circunstanciada, motivada e sigilosa autorização judicial, que estabelecerá seus limites.

[140] GONÇALVES, Fernando; ALVES, Manuel João; VALENTE, Manuel Monteiro Guedes. *Lei e crime*: o agente infiltrado versus o agente provocador. Os princípios do processo penal. Coimbra: Almedina, 2001, p. 267.

[141] GONÇALVES, Fernando; ALVES, Manuel João; VALENTE, Manuel Monteiro

# INFILTRAÇÃO POLICIAL E INSTIGAÇÃO EM CADEIA: TENSÃO...

Consequência dessa vulnerabilidade é o prejuízo à própria constituição jurídica do elemento probatório. Neste sentido decidiu o Tribunal Europeu de Direitos Humanos:

> 3. *Infiltrado y su participación en juicio como testigo de cargo. Derecho a control.*
>
> Cuál será el rol del infiltrado en el proceso penal dirigido contra un delincuente, tema relacionado con el control del testigo, que tiene derecho a llevar a cabo el acusado de acuerdo con lo dispuesto por el art. 6º, pár. 3 d) de la Comisión Europea de Derechos del Hombre.
>
> Existe una fuerte resistencia de parte de los Estados a tolerar que pueda escapar a la obligación de testimoniar o a aportar sus conocimientos personales por vía indirecta, es decir mediante el testimonio de un superior, que tendría que presentarse en juicio para repetir lo que el infiltrado le comentó sobre el caso.
>
> [...]
>
> Esta forma de actuar no solo restringe los derechos de la defensa al control del testimonio que pueda influir en la suerte del acusado, sino que también priva al juez de información, trabando la investigación en la búsqueda de la verdad. La doctrina requiere un proceso verbal bajo control judicial y que los acusados reciban en tiempo oportuno una información completa.
>
> De acuerdo con la jurisprudencia relativa al art. 6º, párr. 3. d) de la Convención Europea de Derechos del Hombre el acusado tiene derecho a escuchar a un testigo por lo que el rechazo a su pretensión le ocasiona un agravio a un interés jurídico protegido que podría dar lugar a un recurso.
>
> El anonimato puede ser deducido del art. 4º de la Constitución; por su parte, el art. 6º de la CEDH no permite exigir las medidas probatorias inútiles para establecer los hechos pertinentes. El derecho a escuchar a los testigos no es limitado, el juez puede rechazar una medida probatoria cuando le parezca, mediante una

---

Guedes. *Lei e crime*: o agente infiltrado versus o agente provocador. Os princípios do processo penal. Coimbra: Almedina, 2001, p. 268.

apreciación no arbitraria de las pruebas, manifestando que su convicción ha sido adquirida en función de los elementos de que dispone y que podría ser dejada de lado la prueba que el acusado solicita.[142]

A complexidade inerente a este tipo de prova, a que se acrescenta a origem eticamente questionável, fruto de infiltração para provocação, exige que se assegure à defesa o conhecimento e acesso ao sítio eletrônico que instrumentaliza a medida de obtenção de prova, sob pena de violação do contraditório e prejuízo ao exercício do direito de defesa.

## Considerações finais

Por qualquer ângulo que se queira examinar a questão (fiabilidade probatória ou aquisição por meios ilícitos), em casos dessa natureza é inquestionável a violação de regras legais-constitucionais que garantem o caráter epistêmico da atividade processual penal. A lei de regência peculiar à infiltração de agentes não autoriza a instituição de sítios eletrônicos que provoquem a prática de infrações penais e no ponto não cabe excepcionar; a infiltração de agentes em tarefas de investigação, por disposição literal de lei, também é excepcional e no Brasil apenas é admitida para a investigação de crimes de organização criminosa e, com reserva, na peculiaríssima hipótese de infração penal de caráter transnacional, de sorte que a infiltração de agentes de polícia em tarefas de investigação, por meio da criação e manutenção de uma página na *deep web*, viola a Constituição no que concerne à legalidade processual penal.

Como salienta o homenageado, é difícil compreender que, no âmbito das suas tarefas de persecução penal, o Estado "passasse de boa consciência por sobre as normas que balizam a ilicitude penal".[143]

---

[142] MONTOYA, Mario Daniel. *Informantes y técnicas de investigación encubiertas*: análisis constitucional y procesal penal. 2ª ed. Buenos Aires: Ad-hoc, 2001, pp. 192-194.

[143] COSTA ANDRADE, Manuel. *Sobre as proibições de prova no processo penal*. Coimbra: Coimbra, 2006, p. 15.

INFILTRAÇÃO POLICIAL E INSTIGAÇÃO EM CADEIA: TENSÃO...

Certamente esta é a principal lição que a obra de Costa Andrade nos reserva: a responsabilização dos autores de infrações penais há de observar, escrupulosamente, as regras do devido processo legal, imperativo ético-jurídico fundamental para a preservação do Estado de Direito.

# REFERÊNCIAS BIBLIOGRÁFICAS

BACIGALUPO, Enrique. "Sobre la justicia y la seguridad jurídica en Derecho Penal". *In: La crisis del principio de legalidad en el nuevo Derecho Penal: decadencia o evolución?* Barcelona: Marcial Pons, 2012.

BADARÓ, Gustavo. *Processo Penal.* Rio de Janeiro: Campus Elsevier, 2012.

BATISTA, Nilo. *Concurso de agentes*: uma investigação sobre os problemas da autoria e da participação no direito penal brasileiro. 4ª ed. Rio de Janeiro: Lumen juris, 2008.

BATISTA, Nilo. *Introdução Crítica ao Direito Penal.* 11ª ed. Rio de Janeiro: Revan, 2007.

BAYTELMAN, Andrés A.; DUCE, Mauricio J. *Litigación penal, juicio oral y prueba.* México: Fondo de Cultura Económica, 2005.

BINDER, Alberto. "Perspectivas de la reforma procesal penal en América Latina". *In: Justicia Penal y Estado de Derecho.* 2ª ed. Buenos Aires: Ad-Hoc, 2004.

BINDER, Alberto. "Reforma de la Justicia Penal: del programa político al programa científico". *In: Ideas y materiales para la reforma de la Justicia Penal.* Buenos Aires: Ad-Hoc, 2000.

BITENCOURT, Cezar Roberto. *Tratado de Direito Penal.* 16ª ed. São Paulo: Saraiva, 2011.

BITENCOURT, Cezar Roberto; BUSATO, Paulo César. *Comentários à Lei de Organização Criminosa*: Lei n. 12.850/2013. São Paulo: Saraiva, 2014.

BOBBIO, Norberto. *Teoria do Ordenamento Jurídico.* 10ª ed. Brasília: UNB, 2006.

BONATO, Gilson. *Devido processo legal e garantias processuais penais.* Rio de Janeiro: Lumen Juris, 2003.

BUSATO, Paulo César. "Capítulo 8: As inovações da Lei 12.850/13 e a atividade policial". *In:* AMBOS, Kai; MALARINO, Ezequiel; VASCONCELOS, Eneas Romero de (coord.). *Polícia e investigação no Brasil.* Brasília: Gazeta Jurídica, 2016.

CABRAL, Antonio do Passo. "Questões processuais no julgamento do mensalão: valoração da prova indiciária e preclusão para o juiz de matérias de ordem pública". *Revista do Ministério Público*, n. 53 (jul/set 2014), Rio de Janeiro.

CAPPELLETTI, Mauro. *La jurisdicción constitucional de la libertad con referencia a los ordenamientos alemán, suizo y austriaco.* Lima: UNAM, 2010.

CAPPELLINI, Paolo. "Le ragioni de un dialogo". *In:* NEGRI, Daniele; PIFFERI, Michele. *Diritti individuali e processo penale nell'Italia republicana.* Ferrara, 12-13 novembre 2010. Milão: Giuffrè Editore, 2011.

CAVALIERE, Antonio. "Las garantías del procedimiento en la experiencia italiana: desde la instrucción a las investigaciones preliminares". *Los derechos fundamentales en la instrucción penal en los países de América Latina.* México: Porrúa, 2007.

CHEMERINSKY, Erwin. *Constitutional Law:* principles and policies. 4ª ed. New York: Wolters Kluwer Law & Business, 2011.

CHIAVARIO, Mario. *Diritto Processuale Penale:* profilo istituzionale. 5ª ed. Torino: UTET Giuridica, 2013.

CHOMSKY, Noam. *Is Eduard J. Snowden Aboard This Plane?* Disponível em http://truth-out.org/opinion/item/17923-is-edward-j-snowden-aboard-this-plane. Acesso em 06.11.2013.

CHOUKR, Fauzi Hassan. *As garantias constitucionais na investigação criminal.* 2ª ed. Rio de Janeiro: Lumen Juris, 2006.

CHRISTENSEN, Ralph. "La paradoja de la decisión judicial. Teoría de sistemas y deconstrucción". *In:* MONTIEL, Juan Pablo (coord.). *La crisis del principio de legalidad en el nuevo Derecho penal:* ¿decadencia o evolución? Barcelona: Marcial Pons, 2012.

CORDERO, Franco. *Procedimiento Penal.* vol. II. Bogotá: Temis, 2000.

CORDERO, Franco. *Procedura penale.* 9ª ed. Milano: Giuffrè, 2012.

## INFILTRAÇÃO POLICIAL E INSTIGAÇÃO EM CADEIA: TENSÃO...

COSTA, José Francisco Faria. "A telecomunicações e a privacidade: o olhar (in) discreto de um penalista". *In: Direito Penal da Comunicação*: alguns escritos. Coimbra: Coimbra, 1998.

COSTA, Pietro; ZOLO, Danilo. *Estado de Direito*: história, teoria e crítica. São Paulo: Martins Fontes, 2006.

COSTA ANDRADE, Manuel. *"Bruscamente no verão passado", a reforma do Código de Processo Penal*: observações críticas sobre uma lei que podia e devia ter sido diferente. Coimbra: Coimbra, 2009.

COSTA ANDRADE, Manuel. *Sobre as proibições de prova no processo penal*. Coimbra: Coimbra, 2006.

DAMASKA, Mirjan R. *Las caras de la Justicia y el Poder del Estado*: análisis comparado del proceso legal. Santiago: Editorial Jurídica de Chile, 2000.

DELMAS-MARTY, Mireille. *Por um direito comum*. São Paulo: Martins Fontes, 2004.

DWORKIN, Ronald. *O direito da liberdade*: uma leitura moral da Constituição norte-americana. São Paulo: Martins Fontes, 2006.

EPSTEIN, Kate. *Netflix, quando o entretenimento nos entorpece*. Disponível em http://www.viomundo.com.br/denuncias/kate-epstein-netflix-quando-o-entretenimento-nos-entorpece.html. Acesso em 06.11.2013.

FERREIRA, Marco Aurélio Gonçalves. *O devido processo legal*: um estudo comparado. Rio de Janeiro: Lumen Juris, 2004.

FERRER BELTRÁN, Jordi. *La valoración racional de la prueba*. Madrid: Marcial Pons, 2007.

FUENTES. Claudio. *Diez años de la reforma procesal penal en Chile*. Santiago: Universidad Diego Portales, 2011.

GASCÓN ABELLÁN, Marina. "Prueba científica. Un mapa de retos". *In:* VÁZQUEZ, Carmen (coord.). *Estándares de prueba y prueba científica*: ensayos de epistemología jurídica. Madrid: Marcial Pons, 2013.

GIMENO SENDRA, Vicente. *Derecho Procesal Penal*, 2ª reimpresión. Madrid: Colex, 2006.

## GERALDO PRADO

GONÇALVES, Fernando; ALVES, Manuel João; VALENTE, Manuel Monteiro Guedes. *Lei e Crime*: O Agente infiltrado *versus* o Agente Provocador. Os Princípios do Processo Penal. Coimbra: Almedina, 2001.

GRINOVER, Ada P. Igualdade de partes e paridade de armas: a posição do MP no Superior Tribunal Militar. *In: O processo em evolução.* 2ª ed. Rio de Janeiro: Forense Universitária, 1998.

HALL, Daniel H. *Criminal Law and Procedure.* 6ª ed. New York: Delmar, 2012.

JAHN, Matthias. Los fundamentos teórico-jurídicos del principio de reserva de ley en el derecho procesal penal. *In: La crisis del principio de legalidad en el nuevo Derecho penal:* ¿decadencia o evolución? Barcelona: Marcial Pons, 2012.

JESCHECK, Hans-Heinrich; WEIGEND, Thomas. *Tratado de Derecho Penal*: Parte General. 5ª ed. Granada: Comares, 2002.

KUDLICH, Hans. El principio de legalidad en el derecho procesal penal (en especial, en el derecho procesal penal alemán). *In:* MONTIEL, Juan Pablo (org.): *La crisis del principio de legalidad en el nuevo Derecho penal:* ¿decadencia o evolución? Barcelona: Marcial Pons, 2012.

LANDA ARROYO, César. *Jurisprudencia de la Corte Interamericana de Derechos Humanos.* Lima: Palestra, 2005.

LAWN, Chris. Das hermenêuticas às hermenêuticas filosóficas. *In: Compreender Gadamer.* 3ª ed. Petrópolis: Vozes, 2011.

LEZERTUA, Manuel. Terrorismo y medios jurídico-tecnológicos de investigación penal. *In:* ARMAZA ARMAZA, Emilio José (coord.). *La adaptación del Derecho Penal al desarrollo social y tecnológico.* Granada: Comares, 2010.

LOZZI, Gilberto. *Rivista Italiana di Diritto e Procedura Penale.* Fasc. 2, abril/junho de 2008.

LOPES Jr., Aury. *Sistemas de Investigação Preliminar no Processo Penal.* 3ª ed. Rio de Janeiro: Lumen Juris, 2005.

LOPES Jr., Aury. *Direito Processual Penal.* 13ª ed. São Paulo: Saraiva, 2016.

MALJAR. Daniel E. *El Proceso Penal y las Garantías Constitucionales.* Buenos Aires: Ad Hoc, 2006.

INFILTRAÇÃO POLICIAL E INSTIGAÇÃO EM CADEIA: TENSÃO...

MARQUES, José Frederico. *Elementos de Direito Processual Penal*. vol. 1. Rio de Janeiro: Forense, 1961.

MARRAFON, Marco Aurélio. *O caráter complexo da decisão em matéria constitucional*: discursos sobre a Verdade, radicalização hermenêutica e fundação ética na práxis jurisdicional. Rio de Janeiro: Lumen Juris, 2010.

MONTIEL, Juan Pablo. "La 'mala costumbre' de vulnerar derechos humanos: análisis y pronóstico de la costumbre como fuente del derecho penal nacional internacional". *In:* MONTIEL, Juan Pablo (coord.). *La crisis del principio de legalidad en el nuevo Derecho penal: ¿decadencia o evolución?* Barcelona: Marcial Pons, 2012.

MONTOYA, Mario Daniel. *Informantes y técnicas de investigación encubiertas*: Análisis Constitucional y Procesal Penal. 2ª ed. Buenos Aires: Ad Hoc, 2001.

MOURA, Maria Thereza Rocha de Assis. *Justa causa para a ação penal*: doutrina e jurisprudência. São Paulo: RT, 2001.

NADER, Paulo. *Introdução ao Estudo do Direito*. 35ª ed. Rio de Janeiro: GEN/ Forense, 2013.

NEVES, Rita Castanheira. *As ingerências nas comunicações eletrônicas em processo penal*: natureza e respectivo regime jurídico do correio eletrônico enquanto meio de obtenção de prova. Coimbra: Coimbra, 2011.

NUCCI, Guilherme de Souza. *Organização criminosa*. 2ª ed. Rio de Janeiro: Forense, 2015.

NUCCI, Guilherme de Souza. *Princípios constitucionais penais e processuais penais*. São Paulo: Revista dos Tribunais, 2010.

OLIVEIRA, Eugênio Pacelli. *Curso de processo penal*. 16ª ed. São Paulo: Atlas, 2012.

PADOVANI, Tulio. "Prefácio". *In:* BRICCHETTI, Renato; RANDAZZO, Ettore. *Le indagini della difesa*. 2ª ed. Milano: Giuffrè, 2012.

PALAZZO, Francesco. "Conclusioni". *In: Diritti Individuali e Processo Penale Nell'Italia Repubblicana*: Ferrara, 12/13 novembre 2010. Milano: Giuffrè, 2011.

PALMA, Maria Fernanda. "O problema penal do processo penal". *In: Jornadas de Direito Processual_Penal e Direitos Fundamentais*. Coimbra: Almedina, 2004.

# GERALDO PRADO

PEÑARANDA LÓPEZ, Antonio. *El proceso penal en España, Francia, Inglaterra y Estados Unidos*: descripción y terminología. Granada: Comares, 2011.

PEREIRA, Flávio Cardoso. *Agente encubierto y proceso penal garantista*: límites y desafios. Córdoba: Lerner Editora, 2012.

PIEROTH, Bodo; SCHLINK, Bernhard. *Direitos fundamentais:* direito estadual II. Lisboa: Lusíada, 2008.

PRADO, Geraldo. "La reforma del proceso penal en Brasil". *In: Em torno da Jurisdição*. Rio de Janeiro: Lumen Juris, 2010.

PRADO, Geraldo. *Sistema Acusatório*: a conformidade constitucional das Leis Processuais Penais. 4ª ed. Rio de Janeiro: Lumen Juris, 2006.

RAMONET, Ignacio. *Todos somos vigiados*. Disponível em http://outraspalavras. net/posts/ignacio-ramonet-somos-todos-vigiados/. Acesso em 02.11.2013.

RODOTÀ, Stefano. *A vida na sociedade da vigilância*: a privacidade hoje. Rio de Janeiro: Renovar, 2008.

RODRIGUES, Benjamim Silva. *Das escutas telefônicas*. Tomo I: a monitorização dos fluxos informacionais e comunicacionais. Coimbra: Coimbra, 2008.

ROGALL, Klaus. "A nova regulamentação da vigilância das telecomunicações na Alemanha". *In: 2. Congresso de Investigação Criminal*. Coimbra: Almedina, 2010.

ROXIN, Claus. *Fundamentos político-criminales del Derecho penal*. Buenos Aires: Hammurabi, 2008.

ROXIN, Claus. *Pasado, presente y futuro del Derecho Procesal Penal*. Santa Fé: Rubinzal Culzoni, 2007.

ROXIN, Claus; ARZT, Gunter; TIEDDERMANN, Klaus. *Introdução ao Direito Penal e Direito Processual Penal*. Belo Horizonte: Del Rey, 2007.

SANTOS, Juarez Cirino dos. *A moderna teoria do fato punível*. 3ª ed. Curitiba: Fórum, 2004.

SANTOS, Juarez Cirino dos. *Direito Penal*: parte Geral. 4ª ed. Florianópolis: Conceito Editorial, 2010.

SARMIENTO, Daniel, MIERES MIERES, Luis Javier; PRESNO LINERA, Miguel. *Las sentencias básicas del Tribunal Europeo de Derechos Humanos*: estudio y jurisprudencia. Navarra: Aranzadí/Civitas, 2007.

SCHÜNEMANN, Bernd. *Obras*. Tomo II. Buenos Aires: Rubinzal-Culzoni, 2009.

SILVA, Igor Luis Pereira e. *Princípios Penais*. Salvador: Juspodivm, 2012.

SISCART, José Manuel Sánchez. "Política legislativa de la Unión Europea y su repercusión en la legislación y jurisprudencia". *In: Derecho Penal Europeo*. Jurisprudencia del TEDH. Sistemas Penales Europeos. Estudios de Derecho Judicial, 155. Madrid: Consejo General del Poder Judicial, 2010.

SOUSA, Stenio Santos. *Prevenção e repressão do abuso e da exploração sexual infanto-juvenil praticados por organizações criminosas através da internet*: investigação criminal cibernética no Brasil. 140 f. Dissertação de Mestrado apresentada ao Instituto Superior de Ciências Policiais e Segurança Interna. Lisboa, 23 de janeiro de 2015.

SUITA PÉREZ, Nora. "Capítulo 14: La diligencia de investigación por medio del agente encubierto". *In:* MARTÍN GARCÍA, Pedro (coord.). *La actuación de la policía judicial en el proceso penal*. Madrid: Marcial Pons, 2006.

TARUFFO, Michele. *El proceso civil adversarial en la experiencia americana*: el modelo americano del proceso de connotación dispositiva. Bogotá: Temis, 2008.

TOLEDO, Francisco de Assis. *Princípios básicos de direito penal*. 5ª ed. São Paulo: Saraiva, 2002.

TONINI, Paolo. *Manuale di Procedura Penale*. 13ª ed. Milano: Giuffrè, 2012.

URBINA GIMENO, Iñigo Ortiz. *La excusa del positivismo*: la presunta superación del 'positivismo' y el 'formalismo' por la dogmática penal contemporánea. Navarra: Thomson/Civitas, 2007.

TRIBUNAL EUROPEU DE DIREITOS HUMANOS. "Caso Barberá, Messegué y Jabardo contra España". *In:* REVORIO, Francisco Javier (coord.). *Jurisprudencia del Tribunal Europeo de Derechos Humanos*. Lima: Palestra, 2004.

TRIBUNAL EUROPEU DE DIREITOS HUMANOS. "Caso Colmenero Menéndez de Luarca". *In: Revista Aranzadi de Derecho y Proceso Penal*, n. 18. Navarra: Thomson, 2007.

VALENTE, Manuel Monteiro Guedes. *Teoria Geral do Direito Policial*. 4ª ed. Coimbra: Almedina, 2014.

WINTER, Lorena B. "Investigación penal y protección de la privacidad: la jurisprudencia del Tribunal Europeo de Derechos Humanos". *In: Revista de Proceso*, ano 32, n. 152 – out. / 2007.

WOLFF, Rafael. *Agentes infiltrados*. Coimbra: Almedina, 2012.

ZAFFARONI, Eugênio Raúl; BATISTA, Nilo; ALAGIA, Alejandro; SLOKAR, Alejandro. *Direito penal brasileiro*. vol I: Teoria Geral do Direito Penal. 2ª ed. Rio de Janeiro: Revan, 2003.

# AÇÕES NEUTRAS E A INCRIMINAÇÃO DA ADVOCACIA[1]

Com muita frequência constato casos em que a atividade da advocacia sofre tentativas de incriminação, quer de forma dissimulada, a título de suposta colaboração de advogados, por seu ofício, na prática delitiva de outrem, com a insidiosa comparação da conduta do causídico a formas comuns de coautoria ou participação, quer de maneira bastante clara, ao se pretender coibir atos próprios da atividade, como aconselhamentos e orientações estratégicas respaldados na garantia que têm os clientes contra a autoincriminação compulsória, subvertendo-se o julgamento jurídico em pretenso julgamento moral.

Os dois tipos de situação têm em comum: i) o fato de não raras vezes a incriminação ser precedida da censura pública, pelos meios de comunicação social; ii) configurarem ações das agências públicas que propõem colmatar lacunas probatórias em casos rumorosos valendo-se de argumentos morais que visam intimidar e cercear o exercício do direito de defesa.

Isso explica a proliferação de requerimentos que visam afastar sigilos entre advogados e clientes, reservas que são essenciais ao

---

[1] Artigo originalmente publicado no site Empório do Direito em 15 de março de 2015 (Disponível em http://emporiododireito.com.br/leitura/acoes-neutras-e-a-incriminacao-da-advocacia).

cumprimento do dever de confidencialidade, assim como obrigar os primeiros a se converterem em custódios dos interesses do Estado em detrimento do de seus assistidos.

Em várias oportunidades ao longo do ano passado pronunciei-me de público contra esse "esforço concentrado" de diminuição da reputação do *munus* da advocacia, em especial da exercida em âmbito criminal, porque as garantias, tais como a mencionada – contra a autoincriminação compulsória –, em suas facetas passiva e ativa, requisitam profissionais que devem gozar da liberdade de atuação que é condição indispensável à realização do Estado de Direito.

Tomo a liberdade de mencionar, com reservas, uma situação específica que, no âmbito de consulta sobre temas do meu ofício (processo penal), levou-me a me deparar com hipótese flagrante de transferência dos deveres de vigilância do Estado para o advogado, transferência operada coativamente por meio da incriminação de atos da rotina da advocacia.

A hipótese exemplar chama atenção pelo modo como os profissionais das agências repressivas naturalizaram juízos morais como deveres jurídico-penais, muito provavelmente sem consciência de que esta "naturalização" agride garantias constitucionais e prerrogativas da advocacia. É contra este tipo de "naturalização" que vem à luz o presente ensaio.

O caso: a acusação imputou a advogado a prática do crime de peculato, porque em tese concorreu na conduta de procurador de autarquia, consistente em "subtrair da autarquia, em proveito próprio, dinheiro do qual não tinham posse". O *modus operandi*, de acordo com a inicial, caracterizou-se por postular a homologação judicial, em nome de segurados e de autarquia, de acordos por valores hipoteticamente superiores ao devido em revisão de benefícios previdenciários. O peculato, por óbvio, teria sido praticado em concurso necessário entre o procurador da autarquia e o advogado, todavia a prova do vínculo entre os personagens traduziu-se com exclusividade, afirmada pelo MP, na presunção de que, se houve acordo judicial em torno de valores superiores ao devido, é porque os personagens estavam adrede acertados.

# AÇÕES NEUTRAS E A INCRIMINAÇÃO DA ADVOCACIA

No caso concreto há séria controvérsia acerca de se os valores eram indevidos, mas interessa para mais do que isso observar o fenômeno recorrente da incriminação da advocacia.

Isto é: para além de um crime funcional (cujo autor teria sido o citado procurador autárquico), a conduta somente seria punível se pudesse estar enquadrada, no que respeita ao advogado, no modelo dos crimes concernentes à violação do exercício de atividade profissional rotineira, regulamentada e autorizada de advogado que em regra é lícita.

A participação penalmente relevante de advogados em delitos alheios é um tema delicado, que tem merecido a atenção da doutrina penal porque não raro toca nas fronteiras do exercício do direito de defesa, consagrado como fundamental em todos os tratados internacionais de direitos humanos.

Em prefácio à obra de referência acerca da responsabilidade penal dos profissionais da área jurídica, Gonzalo Fernández adverte sobre o incremento de normas jurídico-penais que se propõem a tolher o exercício de direito das pessoas representadas por advogados. Textualmente:

> Pois bem, em meio a essa confusão de leis imperfeitas e regulamentações todavia piores, os autores deste livro abrem o caminho e estudam com comprometimento a responsabilidade penal dos profissionais jurídicos e os limites que mediam entre a prática lítica e a participação delitiva.
>
> Para tanto, começam com uma visão sinóptica das figuras do autor e dos partícipes acessórios, onde não falta referência à teoria do domínio do fato e, sobretudo, uma reformulação normativista da teoria da imputação. Sob dita rubrica, o livro aborda um compêndio da teoria da imputação objetiva na versão de Günther Jakobs, catedrático emérito de Bonn, até concluir descartando a *fidelidade a direito* ou *infração objetiva da função,* como fundamentos da atribuição de responsabilidade.[2]

---

[2] FERNÁNDEZ, Gonzalo D. "Prefácio". *In:* CERVINI, Raúl; ADRIASOLA, Gabriel. *Responsabilidade penal dos profissionais jurídicos.* São Paulo: Revista dos Tribunais, 2013, p. 6.

A incriminação dos comportamentos de autoria e participação por conta de condutas de rotina da advocacia reclama, portanto, elementos típicos que são bastante mais rigorosos que os que de ordinário se apresentam.[3]

No campo concreto tratei da problemática do "erro", que não será objeto deste artigo, mas que é relevante para compreender a questão central, concernente à transferência funcional ao advogado de deveres de vigilância e de informação especial (infração objetiva da função), típicos de um Estado policial. No aspecto particular do "erro" remeto à lição do jurista Alaor Mendes.[4]

Sublinho, todavia, que estão equivocados os que sustentam que no crime de peculato, conforme o mencionado exemplo, a proteção penal ao bem jurídico tutelado deva ser deslocada para o campo – perigoso e autoritário – da tutela de função. Isso implicaria em transferir ao profissional liberal deveres de vigilância que são deveres da autoridade, isto é, do agente público.

A impossibilidade jurídica dessa conversão é inquestionável. Vale aqui a lição de Cervini e Adriasola:

> No que concerne à concepção que se centra na atividade própria do Poder Judiciário como uma função do Estado, corremos o risco de confundir bem jurídico com função. A distinção entre bem jurídico e função estatal torna-se hoje essencial para delinear uma concepção redutora do direito penal. Dissemos que é preciso diferenciar a noção de bem jurídico da noção de função. Esta última compreende atividades administrativas do Estado, referentes ao controle sobre determinado setor da vida de relação ou de seu próprio organismo. A função tem sempre uma característica de instrumentalidade ou dependência de outro objeto, é uma

---

[3] Hipótese, ordinária, por exemplo, é a do escrivão judicial que deixa de recolher taxa judiciária ao erário, pois que recebe a importância em razão do cargo ocupado. (TJRS – AC 70011290459 – 4ª C. Crim. – Rel. Gaspar Marques Batista – j. 12.05.2005).

[4] *Dúvida e erro sobre a proibição no direito penal*: a atuação nos limites entre o permitido e o proibido. São Paulo: Atlas, 2013, pp. 152/153.

# AÇÕES NEUTRAS E A INCRIMINAÇÃO DA ADVOCACIA

atividade dirigida à consecução de um fim cuja definição é de menor amplitude. Sob essa ótica, a atividade judicial encaminhada à realização do ideal de Justiça é uma função. A função não existe por si mesma, sua natureza é instrumental para a configuração da efetiva aplicação da lei por parte do Poder Judiciário. Portanto, não podemos aceitar que o direito penal tutele funções, devendo estas distinguirem-se dos bens jurídicos. Se assim não fosse, se a tutela recaísse sobre funções e não sobre bens jurídicos, isso teria uma relevante repercussão sobre a construção dos tipos penais, permitindo ao legislador tipificar condutas de obstrução tipicamente autoritárias, ampliando, por exemplo, o elenco de obrigações de denunciar e de delitos de omissão ou adiando a tutela penal.[5]

Os atos de formalização de acordo em juízo inscrevem-se como práticas profissionais rotineiras. Eventual incriminação ficaria na dependência de distingui-los *a priori* das atividades profissionais comuns.

De outra maneira, ainda que por meio do ato de proposta ou aceitação de acordo em juízo o funcionário público tenha cometido peculato, o comportamento do profissional liberal deve ser considerado "ação neutra" e, portanto, atípica, salvo se demonstrada deliberação e articulação prévia com o propósito de lesar o bem jurídico.

Para entender o ponto é necessário partir do conceito jurídico-penal de ações neutras. Segundo Luís Greco, "ações neutras seriam todas as contribuições a fato ilícito alheio não manifestamente puníveis".[6]

Em que circunstâncias essas "ações neutras" surgem?

A rigor, as "ações neutras" aparecem em contextos delimitados de atuação profissional, cotidiana ou habitual. Nesta esfera o autor da ação neutra realiza os comportamentos ordinários de sua profissão e estes atos, todavia, configuram contribuição à ação delitiva alheia.

---

[5] *Responsabilidade penal dos profissionais jurídicos*. São Paulo: Revista dos Tribunais, 2013, pp. 83/84.

[6] GRECO, Luís. *Cumplicidade através de ações neutras*: a imputação objetiva na participação. Rio de Janeiro: Renovar, 2004, p. 110.

## GERALDO PRADO

Salienta Landa Gorostiza:

> [...] se trata al parecer de un problema principalmente de delimitación de algunos supuestos límite que por desarrollar-se cómo contribuciones en el marco de la actividad laboral, cotidiana, habitual, suscitan dudas sobre su calificación en el caso concreto como cooperación punible.[7]

A doutrina penal e a jurisprudência alemãs elaboraram o critério da "ação neutra", na sequência do desenvolvimento da problemática da imputação objetiva, com a finalidade de conter o processo de incriminação das condutas cotidianas que bem poderiam partilhar do propósito delituoso do agente principal (autor) ou não. No caso das "ações neutras", a impossibilidade concreta de aferir o fim de colaboração no delito alheio resulta na não punição desses comportamentos.[8]

Wolfgang Frisch esclarece que as "ações neutras" não são responsáveis pela criação de um risco tipicamente desaprovado. Ao revés, inserem-se nas práticas comuns e disso resulta a impossibilidade de punição.[9] Os exemplos referidos por este autor na obra citada são autoexplicativos.[10] Inexistente a prova do ajuste prévio para a prática do crime, a ação do advogado é atípica, malgrado em teoria possa ter concorrido para o crime do funcionário público.

Em resumo: a participação penalmente relevante de advogados em delitos alheios é tema que toca nas fronteiras do exercício do direito de defesa, consagrado como fundamental em todos os tratados internacionais de direitos humanos, mas que, à semelhança da postulação

---

[7] *La complicidad delictiva en la actividad laboral "cotidiana"*: contribución al "límite mínimo" de la participación frente a los "actos neutros". Granada: Comares, 2002, p. 5.

[8] LANDA GOROSTIZA, Jon-Mirena. *La complicidad delictiva en la actividad laboral "cotidiana"*: contribución al "límite mínimo" de la participación frente a los "actos neutros". Granada: Comares, 2002, pp. 3/4.

[9] *Comportamiento típico e imputación del resultado*. Madrid: Marcial Pons, 2004, p. 316.

[10] FRISCH, Wolfgang. *Comportamiento típico e imputación del resultado*. Madrid: Marcial Pons, 2004, p. 316.

# AÇÕES NEUTRAS E A INCRIMINAÇÃO DA ADVOCACIA

das mais variadas medidas de afastamento de sigilo, compõem arsenal ao qual autoridades públicas têm recorrido com lamentável frequência para enfraquecer as garantias próprias da advocacia.

Os advogados que cometem crimes devem ser investigados e punidos, mas isso não se confunde com a incriminação de condutas inerentes à advocacia, estratégia ilícita que persegue a punição de crimes pela via da redução do âmbito normativo do exercício profissional de atividade essencial à Justiça e pela conversão de advogados em agentes encarregados de reforçar a vigilância e castigo das pessoas que recorrem a eles.

## REFERÊNCIAS BIBLIOGRÁFICAS

BRASIL. 4ª Câmara Criminal do Tribunal de Justiça do Rio Grande do Sul. *Ação Criminal n. 70011290459*. Relator: Des. Gaspar Marques Batista. Julgamento em: 12 de maior de 2005.

CERVINI, Raúl; ADRIASOLA, Gabriel. *Responsabilidade penal dos profissionais jurídicos*. São Paulo: Revista dos Tribunais, 2013.

FERNÁNDEZ, Gonzalo D. "Prefácio". *In:* CERVINI, Raúl; ADRIASOLA, Gabriel. *Responsabilidade penal dos profissionais jurídicos*. São Paulo: Revista dos Tribunais, 2013.

FRISCH, Wolfgang. *Comportamiento típico e imputación del resultado*. Madrid: Marcial Pons, 2004.

GRECO, Luís. *Cumplicidade através de ações neutras*: a imputação objetiva na participação. Rio de Janeiro: Renovar, 2004.

LANDA GOROSTIZA, Jon-Mirena. *La complicidad delictiva en la actividad laboral "cotidiana"*: contribución al "límite mínimo" de la participación frente a los "actos neutros". Granada: Comares, 2002.

LEITE, Alaor. *Dúvida e erro sobre a proibição no direito penal*: a atuação nos limites entre o permitido e o proibido. São Paulo: Atlas, 2013.

# O ÓDIO IRRACIONAL ÀS GARANTIAS DO PROCESSO, O JULGAMENTO DE SALEM E OS FAMILIARES NA "SANTA INQUISIÇÃO NAS MINAS"[1]

Jaime I da Inglaterra – Jaime IV da Escócia – governou em um tempo áureo da cultura inglesa, do final do século XVI ao início do século XVII, tendo sido contemporâneo das obras de Shakespeare e do pensamento fundamental de Francis Bacon.

A era de Jaime I foi a do advento do racionalismo, com Galileu Galilei (1564/1642) e René Descartes (1596/1650), e também dos primórdios do empirismo, sob alguma influência da ruptura provocada parcialmente pelo nominalismo.[2]

Naquele momento surgia no Ocidente a filosofia moderna, "tendo como questão central a *epistemologia*, a investigação sobre o conhecimento".[3]

---

[1] Artigo originalmente publicado na coluna Justiça & Liberdade do site Justificando em 02 de agosto de 2017 (Disponível em http://justificando.cartacapital.com.br/2017/08/02/justica-liberdade-uma-nova-coluna-semanal-no-justificando/).

[2] VILLEY, Michel. *A formação do pensamento jurídico moderno*. São Paulo: Martins Fontes, 2005, p. 229.

[3] MARCONDES, Danilo. *Filosofia analítica*. Rio de Janeiro: Jorge Zahar, 2004, pp. 9/10.

# GERALDO PRADO

Considerado o contexto da *Era de Ouro* da literatura inglesa e da emergência do empirismo e do racionalismo, convém sublinhar que Jaime I gozava de boa reputação acadêmica e conduziu os destinos da Inglaterra e da Escócia com relativa segurança. Katherine Howe,[4] todavia, recupera em perspectiva crítica talvez a principal contribuição intelectual do monarca e a interpreta como necessária chave de leitura de uma época de instabilidade política na qual a definição *do inimigo do bom governo* cumpriria papel essencial no controle social: trata-se do livro "Demonologia",[5] versão dotada de refinamento teórico e mais inspirada que seus equivalentes atuais, os manifestos contra os *inimigos da ordem e da segurança e seus adoradores.*

Em "Demonologia" Jaime I lança mão da estrutura dialética para opor suas convicções mágicas ao ceticismo racionalista quanto aos poderes nefastos do Diabo. A tese do Rei afirmava a influência demoníaca sobre mulheres, convertidas em bruxas e feiticeiras, e estava apoiada na interpretação das Sagradas Escrituras. Às objeções de Filomates sobre a credibilidade de algo como a "bruxaria", o personagem Epistemon responde com a lógica fundada nas palavras da Bíblia, exercitando um tipo de raciocínio que controvertia com o materialismo a partir da ideia do transcendente como estrutura e função da consciência humana.[6]

Howe adverte para o fato de que a estratégia consciente ou não de Jaime I consistiu em transferir para o transcendental – no caso, o *Diabo* – as causas primeiras da desordem e da ingovernabilidade na Inglaterra histórica, elegendo primordialmente as mulheres como as *escolhidas* pelo demônio para representá-lo na terra, de modo tal a que Jaime I pudesse invocar, no âmbito da ordem jurídico-política, poderes

---

[4] *El libro de las brujas*: casos de brujería en Inglaterra y en las colonias norteamericanas (1582-1813). Tradução de Catalina Martinez Muñoz. Barcelona: Alba Clásica, 2016, p. 68.

[5] *Daemonologie*. Disponível em https://archive.org/details/daemonologie25929gut. Acesso em 05 de agosto de 2017.

[6] A tese da oposição do transcendente ao materialismo emergente no século XVII é de Hans Ulrich Gumbrecht. *Nosso amplo presente*. Tradução Ana Isabel Soares. São Paulo: UNESP, 2015, p. 13.

250

# O ÓDIO IRRACIONAL ÀS GARANTIAS DO PROCESSO, O JULGAMENTO...

extraordinários para governar os homens a partir da punição das *bruxas* e *feiticeiras*.[7]

O ódio irracional às *bruxas* e *feiticeiras* converteu-se em poderoso instrumento ou *Razão de Estado* para manejar o sistema de justiça criminal de maneira a provocar significativa adesão social a determinado projeto de governo, mesmo entre as mulheres.

Inevitável que o êxito de uma empreitada político-jurídica dessa natureza implicasse na prática em renegar – ou, simplesmente, ignorar – o regime de provas judiciais e os métodos de acertamento da verdade que por força do empirismo de John Locke vieram a influenciar decisivamente o processo penal anglo-americano.[8] A razão fora destronada em favor da superstição, que contava com adeptos *cultos* e conquistava as pessoas pela via da emoção.

Garantias do processo, como a imparcialidade do juiz, a iniciativa acusatória distinta da tarefa de julgar, a publicidade da produção das provas e dos argumentos das partes, o contraditório, a adoção de critérios racionais de admissão e valoração dos elementos probatórios e, o mais importante, a presunção de inocência, em todos os tempos são obstáculos insuperáveis à condenação dos *inimigos das pessoas de bem* que esteja fundada na convicção prévia de que estes *demônios, bandidos* que atentam contra a nossa paz e tranquilidade, devem ser punidos independentemente da demonstração de sua responsabilidade penal caso a caso.

Neste sentido, como mencionado, "Demonologia" é um ancestral vistoso e mais sofisticado dos contemporâneos manifestos contra a ordem constitucional democrática e o Estado de Direito, ordem constitucional e Estado de Direito convertidos artificialmente em anteparos à *indispensável punição dos inimigos* da paz pública e da segurança. Sua eficácia – da "Demonologia" – dependeu da capacidade de fazer as pessoas

---

[7] HOWE, Katherine (coord.) *El libro de las brujas*: casos de brujería en Inglaterra y en las colonias norteamericanas (1582-1813). Tradução de Catalina Martinez Muñoz. Barcelona: Alba Clásica, 2016, p. 68.

[8] Sobre a influência de John Locke: TWINING, William. *Theories of Evidence*: Bentham & Wigmore. Stanford: Stanford University Press, 1985, pp. 2-5.

comuns acreditarem que os métodos probatórios e as garantias do processo eram indesejáveis práticas de arbitramento de responsabilidades manejadas por *adoradores das bruxas* para assegurar a impunidade das *feiticeiras*.

O ódio às garantias do processo e à racionalidade que sob este aspecto deve presidir a intervenção dos agentes do Estado configurou e ainda configura estratégia punitiva central para o êxito das investidas de incriminação em razão da pessoa a ser castigada e não do fato punível. Mobilizar a opinião pública contra as garantias – criação do *Demônio* visando deixar desprotegidas *as pessoas de bem* – é fundamental.

Ao refletir sobre os séculos XVI e XVII pode parecer estranho aos que vivemos hoje que formas tão antagônicas de sentir e interpretar o mundo hajam convivido e que essa convivência tenha operado em um *lugar* onde a rigor pareceria impossível: o processo criminal. Afinal, como preconceitos e superstições puderam coexistir com os *conceitos* de base da verificação da responsabilidade penal que são a sua negação peremptória?

Como a razão, instrumentalizada para delimitar os fatos e as provas, pode seguir seu curso teórico ao mesmo tempo em que chamados à punição impuseram-se unicamente sustentados no clamor popular do sacrifício das *inimigas das pessoas de bem*? Como, em determinados casos, a prática estribada em ódio irracional às garantias, prevaleceu com tamanha facilidade sobre o pensamento ilustrado que se difundia?

Este mesmo sentimento de perplexidade pode ser percebido entre os que se surpreendem com as novas manifestações *demiológicas*, mais claramente apontadas contra as regras jurídicas que o Pós-Segunda Guerra Mundial buscou espalhar pelo mundo por meio da Declaração Universal dos Direitos Humanos (1948) e do Pacto de Direitos Civis e Políticos de 1966.

Manifestos contra as garantias do processo são publicados e a defesa das garantias do processo são equiparadas à adoração das *bruxas* e *feiticeiras* contemporâneas, identificadas em acusados de tráfico de drogas, de roubos, corrupção etc. Como referido, estes manifestos são a versão rejuvenescida da "Demonologia" de Jaime I.

# O ÓDIO IRRACIONAL ÀS GARANTIAS DO PROCESSO, O JULGAMENTO...

Penso que uma explicação possível deriva do olhar histórico. Lembra Giuliano Milani, ao tratar da condenação política pela via do processo criminal, ou do uso dos tribunais criminais como arma política, tomando como exemplo os processos e sentenças criminais de 1268-1269 e 1302 de Florença, que a história do direito, ao ser separada do "plano dogmático dos ordenamentos imutáveis e incluída no contexto da história política e institucional", nos oferece uma visão realista das instituições jurídicas e uma percepção mais clara dos "sistemas de definição de poder".[9]

O *poder* de fazer incidir as garantias processuais ou de suspender a sua aplicação nos casos concretos resulta de decisões políticas conexas a interesses políticos e econômicos reais, ainda que o discurso público de sua atuação apele a elementos emocionais e aparentemente resista à análise racional.

Com efeito, no emblemático exemplo anglo-americano da oposição dicotômica entre a racionalidade do método processual e a aparente irracionalidade da perseguição *às inimigas do povo*, no caso as chamadas *Bruxas de Salem*, basta fixar que dezenove mulheres inocentes foram condenadas e mortas em um processo criminal realizado em fins do século XVII (1692), no Condado de Essex, em um âmbito de acusação criminal que, operando com a categoria da *conspiração*, chegou a envolver como suspeitas cento e cinquenta pessoas.

Isso ocorreu na proximidade temporal do advento da obra de John Locke, "Ensaio sobre o Entendimento Humano" (1689), e quase simultaneamente com o conhecimento do trabalho de Baron Gilbert, discípulo de Locke, autor de "Law of Evidence" (1720). "Law of Evidence", explicitamente baseada na filosofia de Locke e na noção da melhor regra probatória, destacou-se pela sistematicidade e seguiu a tendência da produção dogmática de juristas práticos dirigida à análise do direito probatório na Inglaterra, direito aplicado na Colônia do norte da América.[10]

---

[9] MILANI, Giuliano. "Crímenes y procesos políticos en las comunas italianas". *In:* CONTE, Emanuele; MADERO, Marta (coord.) *Procesos, inquisiciones, pruebas.* Buenos Aires: Manatial, 2009, p. 186.

[10] TWINING, William. *Theories of Evidence*: Bentham & Wigmore. Stanford: Stanford University Press, 1985, pp. 3/4.

# GERALDO PRADO

Não aplicar as regras processuais de cunho racional e fundar a convicção condenatória em crenças mágicas acerca de uma *pseudo influência do Demônio* sobre as mulheres acusadas de bruxaria, em Salem, no entanto, foi fundamental para encobrir o embate genocida que os colonos travavam com as populações indígenas "do outro lado da fronteira do Maine", não por outro motivo coincidindo as *descrições das manifestações do Demônio* com as usualmente empregadas para caracterizar as mencionadas populações indígenas.[11]

Salienta Howe que "Os vizinhos de Salem eram um 'povo de Deus afincado em territórios que antigamente haviam pertencido ao Diabo', e as tensões pessoais, políticas e psicológicas em uma comunidade tão caracterizada pela violência e incerteza unicamente podiam encontrar sua expressão, naquela cultura e naquele momento, em um processo por bruxaria".[12]

A forma jurídica do julgamento em Salem, com depoimentos de testemunhas, etc., contrastou com o que se compreendia mesmo à época como processo *racional* de determinação da responsabilidade criminal. Com os riscos implícitos em toda *tradução* do passado para o presente – já se disse que o *passado* é um país estrangeiro – o fato é que o êxito das condenações dependeu de algo que nos dias atuais é definido como suspensão da aplicação das garantias do processo. A acusação posterior de *irracionalidade* do procedimento não teria como alterar a trajetória histórica, ressuscitar pessoas e reputações, e a realidade é que o genocídio indígena viabilizou a expansão da colonização nos territórios do norte da América.

Esta é a questão principal encoberta pelos manifestos contra as garantias do processo: a tensão entre métodos racionais-legais de arbitramento de responsabilidade criminal e os julgamentos conforme juízos a priori não envolve mera opção por processos de melhor ou pior

---

[11] HOWE, Katherine (coord.) *El libro de las brujas*: casos de brujería en Inglaterra y en las colonias norteamericanas (1582-1813). Tradução de Catalina Martinez Muñoz. Barcelona: Alba Clásica, 2016, p. 207.

[12] *El libro de las brujas*: casos de brujería en Inglaterra y en las colonias norteamericanas (1582-1813). Tradução de Catalina Martinez Muñoz. Barcelona: Alba Clásica, 2016.

# O ÓDIO IRRACIONAL ÀS GARANTIAS DO PROCESSO, O JULGAMENTO...

qualidade em termos de decisão. Ainda que alguns dos protagonistas do debate não se deem conta, a disputa é antes e fundamentalmente *política* no sentido de decidir quem está em condições de definir o futuro alheio e controlar o conjunto da sociedade.

Como acentuou Giuliano Milani, o deslocamento do olhar do "plano dogmático dos ordenamentos imutáveis" para o do "contexto da história política e institucional", nos oferece uma visão realista das instituições jurídicas e uma percepção mais clara dos "sistemas de definição de poder".[13] Trata-se de compreender a própria facticidade social do Direito, algo que dificilmente se alcança sem que se recorra ao contexto de sua aplicação.

A compreensão da facticidade social do direito é o que permite rastrear em estatutos jurídicos como "Demonologia", por exemplo, os ancestrais do discurso de manifestos voltados ao deslocamento da responsabilização criminal dos fatos para as pessoas e das estratégias jurídico-políticas consistentes no abandono provisório das garantias processuais do direito, o que denomino de *ódio às garantias*.

Evidente que não é necessário recorrer ao estatuto inglês para perceber o fio condutor da retórica de repúdio às garantias do processo no Brasil.

O que se exprime na atualidade como *ódio às garantias* ecoa a experiência inquisitorial brasileira pelo menos desde as primeiras visitações do Santo Ofício, interessando a perseguição criminal às camadas populares em meados do século XVIII, na capitania das Minas, sob o rótulo de repressão às feitiçarias e práticas mágicas.

Como em Salem, a persecução às feitiçarias costurou interesses e culturas bastante distintos na capitania das Minas. Se em Essex, os colonos estavam entre a cultura cosmopolita do porto e a resistência da população indígena na fronteira, e o processo por *bruxaria,* com acusação de

---

[13] "Crímenes y procesos políticos en las comunas italianas". *In:* CONTE, Emanuele; MADERO, Marta (coord.) *Procesos, inquisiciones, pruebas.* Buenos Aires: Manatial, 2009, p. 186.

conspiração, revelou-se funcional à expansão do poder e a dominação dos subalternos, o fato é que no apogeu do ciclo do ouro no Brasil "quase 50% da população da capitania era composta por escravos e dois terços dos cativos eram negros africanos".[14]

O controle social da população escrava foi levado a cabo por meio da incriminação de blasfêmias, desacatos e feitiçarias e não apenas pelo Tribunal da Inquisição. Como sublinha Corby, "a feitiçaria nas Minas era considerada crime de foro misto".[15]

O que importa à presente análise é que tanto em Salem como em Mariana os interesses políticos e econômicos que justificaram a repressão criminal fora dos marcos da racionalidade que hipoteticamente presidiria os procedimentos penais encontraram fortíssimo eco nas pessoas comuns.

Foram elas que incentivaram, testemunharam e levaram à morte dezenove mulheres inocentes em Salem. Também foram as pessoas comuns, na condição de agentes do Santo Ofício – Os Familiares do Santo Ofício – que puseram a funcionar as engrenagens que, baseadas em delações, aprisionaram e puniram centenas de inocentes, além de terem, pessoalmente, participado dos inquéritos, auxiliado o Tribunal, efetuado prisões e policiado consciências.[16]

Quando são aproximadas experiências históricas tão distintas – Jaime I e sua "Demonologia", o Regimento Inquisitorial de 1640 e a repressão às feitiçarias no Brasil, e suas respectivas aplicações – não há como esconder algo que aos investigadores das práticas punitivas desde há muito é incontroverso: as práticas penais são exercício de poder político e de dominação; a grande maioria das pessoas acredita emocionalmente nas virtudes da punição como meio de estabelecimento de um estado de segurança pessoal e prega a exacerbação do castigo

---

[14] CORBY. Isabela de Andrade Pena Miranda. *A Santa Inquisição nas Minas*: heterodoxias, blasfêmias, desacatos e feitiçarias. Belo Horizonte: D'Plácido, 2017, p. 246.

[15] CORBY. Isabela de Andrade Pena Miranda. *A Santa Inquisição nas Minas*: heterodoxias, blasfêmias, desacatos e feitiçarias. Belo Horizonte: D'Plácido, 2017, p. 244.

[16] CORBY. Isabela de Andrade Pena Miranda. *A Santa Inquisição nas Minas*: heterodoxias, blasfêmias, desacatos e feitiçarias. Belo Horizonte: D'Plácido, 2017, p. 84.

como forma de alcançar este objetivo, ainda que contra todos os dados que a razão possa lhes opor.

Este é em minha opinião o pano de fundo histórico que ajuda a entender *o ódio irracional às garantias* e o discurso que subverte o sentido das próprias garantias, convertidas retoricamente em ode às bruxas e feiticeiras de todos os tempos, incluindo o amplo tempo presente.

Ps: Tempo não por acaso de contração da economia, precarização do trabalho, vilipêndio jurídico das garantias sociais e eliminação acelerada do pacto social... encontro marcado entre política, economia e sistema penal.

## REFERÊNCIAS BIBLIOGRÁFICAS

CORBY. Isabela de Andrade Pena Miranda. *A Santa Inquisição nas Minas*: heterodoxias, blasfêmias, desacatos e feitiçarias. Belo Horizonte: D'Plácido, 2017.

GUMBRECHT, Hans Ulrich. *Nosso amplo presente*. Tradução Ana Isabel Soares. São Paulo: UNESP, 2015.

HOWE, Katherine (coord.). *El libro de las brujas*: Casos de brujería en Inglaterra y en las colonias norteamericanas (1582-1813). Tradução de Catalina Martinez Muñoz. Barcelona: Alba Clásica, 2016.

KING JAMES I. *Daemonologie*. Disponível em https://archive.org/details/daemonologie25929gut. Acesso em 05.11.2017.

MARCONDES, Danilo. *Filosofia analítica*. Rio de Janeiro: Jorge Zahar, 2004.

MILANI, Giuliano. "Crímenes y procesos políticos en las comunas italianas". *In:* CONTE, Emanuele; MADERO, Marta (coord.). *Procesos, inquisiciones, pruebas*. Buenos Aires: Manatial, 2009.

TWINING, William. *Theories of Evidence*: Bentham & Wigmore. Stanford: Stanford University Press, 1985.

VILLEY, Michel. *A formação do pensamento jurídico moderno*. São Paulo: Martins Fontes. 2005.

# NOTAS

# NOTAS

# NOTAS

# NOTAS

# NOTAS

# NOTAS

A Editora Contracorrente se preocupa com todos os detalhes de suas obras!
Aos curiosos, informamos que esse livro foi impresso no mês de Agosto
de 2018, em papel Polén Soft, pela Gráfica R. R. Donnelley.